Tristan Jones • Abenteuer eines eigensinnigen Seemanns

Tristan Jones
Abenteuer
eines eigensinnigen Seemanns

pietsch

Paperback edition published in 1995 by Sheridan House, Inc.,
145 Palisade St., Dobbs Ferry, New York 10522, USA
under the title: *Saga of a Wayward Sailor*

Copyright © 1979 by Tristan Jones

Deutsche Fassung: Frina und Willi Zeiss

Einbandgestaltung: Andreas Pflaum

Titelbild: Wilson McLean

Bildnachweis: Tristan Jones

Redaktionelle Betreuung: Astrid Breuer-Greiff

ISBN 3-613-50358-1

Copyright © by Pietsch Verlag, Postfach 103743, 70032 Stuttgart
Ein Unternehmen der Paul Pietsch Verlage GmbH + Co
1. Auflage 2000

Lektor: Oliver Schwarz
Innengestaltung: Satz & mehr, 74354 Besigheim
Gesamtherstellung: Fotolito LONGO, I-39100 Bozen
Printed in Italy

Inhalt

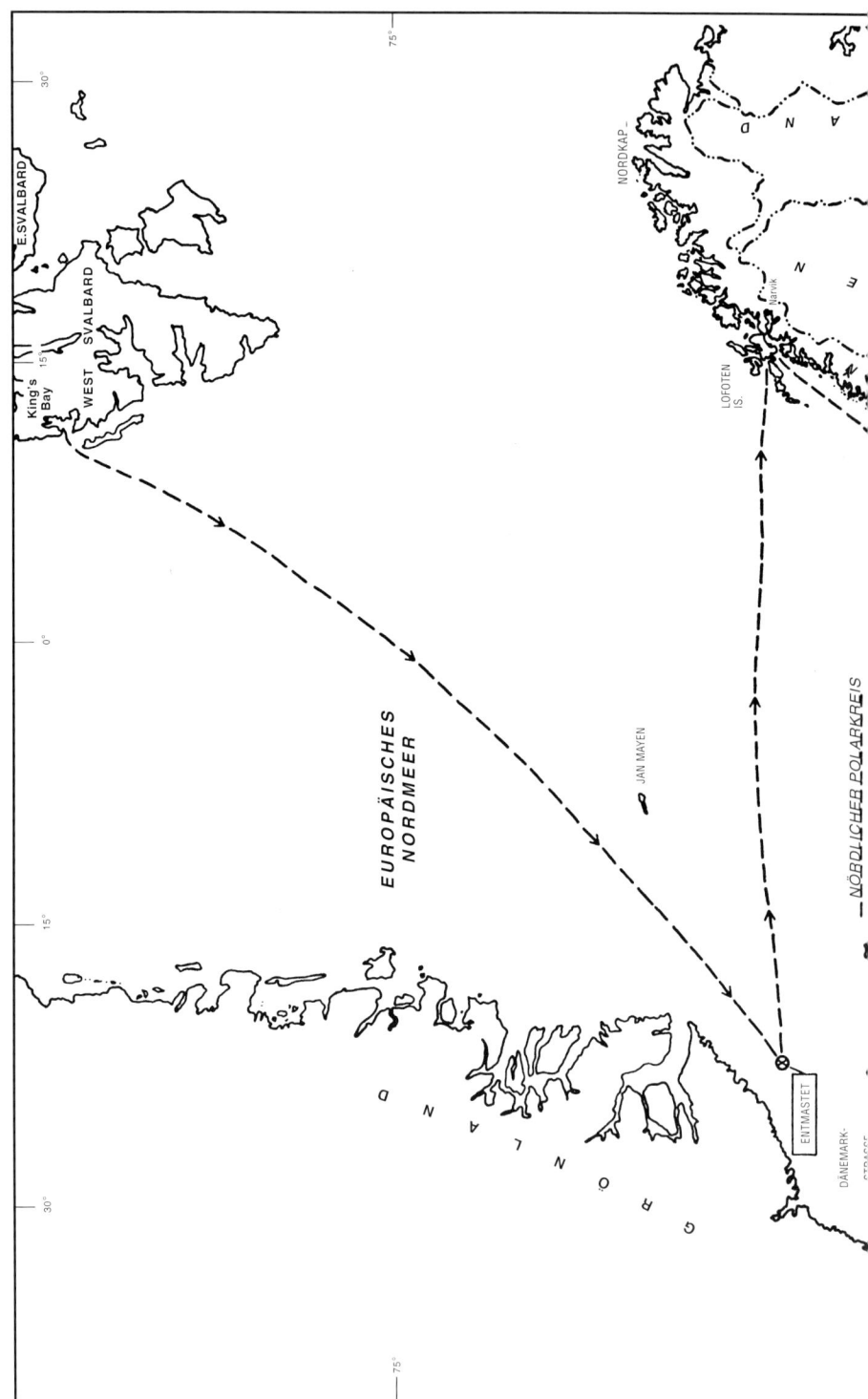

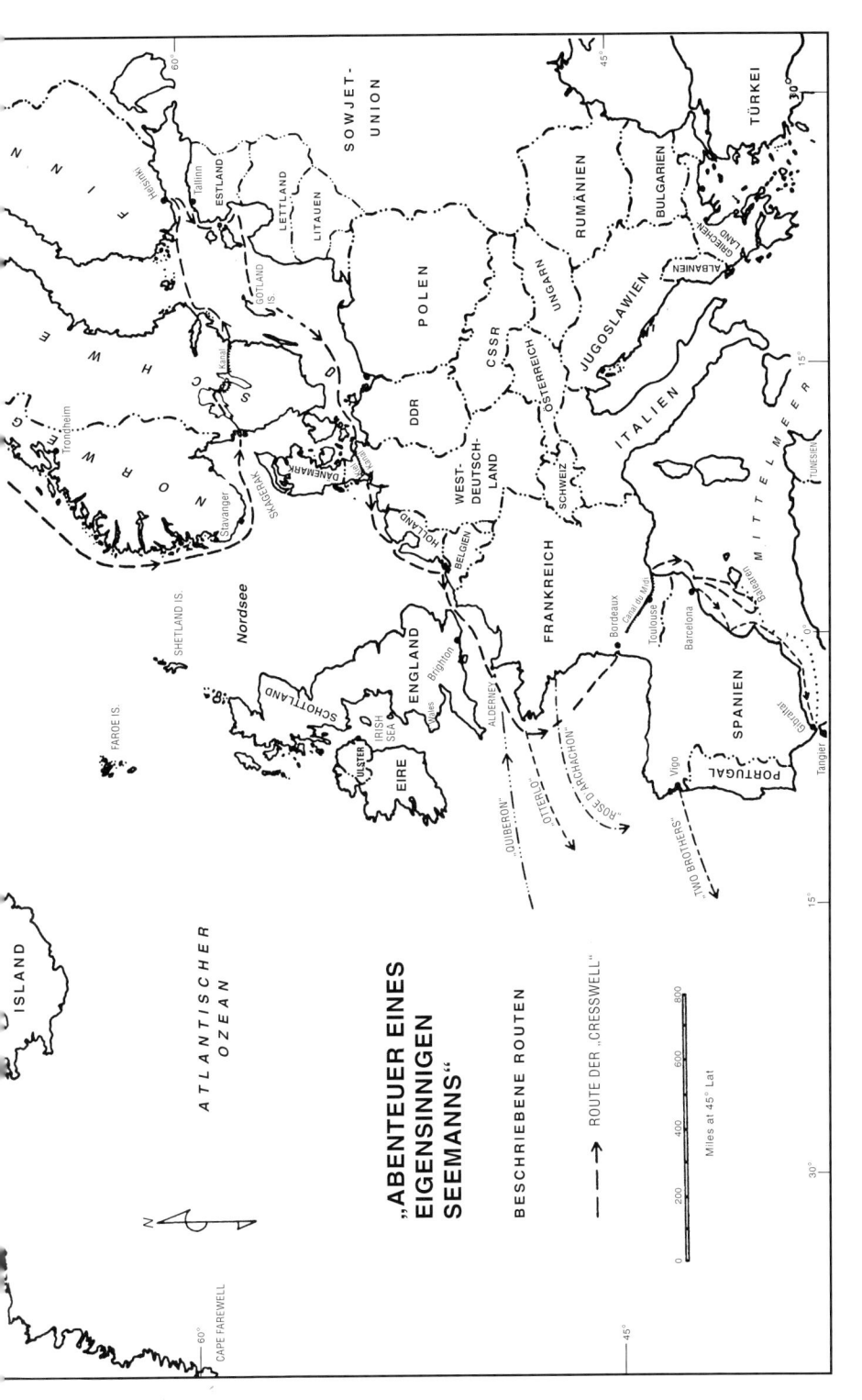

"ABENTEUER EINES EIGENSINNIGEN SEEMANNS"

BESCHRIEBENE ROUTEN

– – – ▸ ROUTE DER „CRESSWELL"

Miles at 45° Lat

0   200   400   600   800

Den Frauen dieser Welt
ohne die es keine Reisen geben würde.
In Erinnerung an Megan Roberts,
die mir das Leben schenkte.

Des Weiteren an:
Neils Arblom, Lofoten
Karl Böhm, Düsseldorf
Paul Condamine, Bordeaux
Alex Fougeron, Paris
Simon Godolphin, London
Jean-Pierre Berton, Brest
Bob Perko, Santa Barbara/ Kalifornien
Ruy Vidal Molinharo, Portugiesische Marine
Steve Llewellyn, London
Mr. Ballcock, Chef-Ingenieur, Harrods, London
Milt Johnson, Bill Karr und Keith Miles, von Boat Loft, Edmonds, Washington, die freundlicherweise auf die *Sea Dart* aufpassten, während ich dieses Buch schrieb.

Entschuldigen möchte ich mich bei meinen britischen, dänischen, deutschen, französischen, portugiesischen und spanischen Lesern: meine Kinderstube war Wales, meine Schule war das Unterdeck der Royal Navy, meine Sprache prägten die Segelschiffe und Hafenkneipen dieser Welt und meine Universität war das Meer. Ich entschuldige mich ferner für jede mir möglicherweise unterlaufene Missachtung allgemeingültiger sprachlicher Umgangsformen.

Tristan Jones
London, Antarktis und Manhattan
Ostern 1976 bis Neujahr 1979

Vorwort

$\mathcal{M}$eine Arktisreise, von 1959 bis 1961, die in meinem Buch „Gefangen im Eis" beschrieben ist, war vielleicht eine der sinnlosesten Expeditionen überhaupt. Ich hatte sie aus den falschen Gründen unternommen, mit dem falschen Schiff, mit unzureichenden Mitteln und mit einer ungeeigneten Ausrüstung. Die Reise war ein klassisches Beispiel dafür, wie man so ein Vorhaben nicht angehen sollte. So dachte ich jedenfalls damals, bis mir klar wurde, dass ich bis an die Grenzen der menschlichen Existenz vorgedrungen war.

Der erste Schlag dieser Reise führte mich ins Baltikum, ich machte einen Umweg von zweitausend Seemeilen oder so, um eine finnische Freundin zu besuchen. Ich fand sie auch, aber sie war längst verheiratet. Ich will das nicht weiter ausbauen, denn ein paar Ecken im Leben eines Mannes gehören nur ihm allein, und jammern ist nicht meine Sache.

Lieber Leser, haben Sie bitte ein wenig Geduld mit einem einfachen Überlebenden, der seine Geschichte loswerden will. Lesen Sie weiter, und erleben Sie die Dinge so, wie sie mir widerfahren sind. Erkennen Sie, wie die Zeit, obwohl sie alte Wunden nicht so schnell zum Heilen bringt, zumindest dem Schmerz einen Sinn gibt. Lernen Sie mit mir, dass eines Menschen Freiheit Opfer fordert.

* * *

Nelson war ein Labrador-Retriever und bei Beginn dieses Buches vierzehn Jahre alt. Er hatte seine rechte Vorderpfote und sein linkes Auge verloren, bevor ich ihn von seinem früheren Herrn, meinem Skipper Tansy Lee, der mich vierundzwanzig Jahre vorher an Bord genommen hatte, erbte.

Cresswell war ein ehemaliges Seerettungsboot der früheren Royal National Lifeboat Institution. Sie war im Jahre 1908 in London gebaut worden. Viele Jahre lang versah sie ihren Dienst, bis ich sie für 700 Dollar kaufte und sie zu einer groben stäbigen Hochseeketsch umbaute. Ihre Maschine hatte ehemals im „Blitzkrieg" die Spritze eines Anhängers der Londoner Feuerwehr angetrieben. *Cresswell* war knapp 11 Meter lang, und 1,98 Meter breit; sie hatte einen Tiefgang von 85 Zentimetern. Zu dem Zeitpunkt, in dem dieses Buch beginnt, konnte sie 67 Quadratmeter Segelfläche tragen. Sie hatte gewachsene portugiesische Eichenspanten und war mit westafrikanischem Mahagoni doppelt diagonal beplankt. Sie hatte flache Doppelkiele und ein außenbords aufgehängtes Ruder, das zum Trockenfallen abgenommen werden konnte. Bei Beginn der Reise war sie 54 Jahre alt, und ich war 38. Damit ergab sich für Nelson, *Cresswell* und mich ein Gesamtalter von 106 Jahren. Die Mittel, die uns dreien gemeinsam zur Verfügung standen, beliefen sich auf zehn Dollar in der Woche plus dem, was ich mit gelegentlichen Überführungen von Yachten dazu verdienen konnte, aus meiner Schläue und Nelsons Hundetreue.

Das Buch *Die unglaubliche Seereise*, das ich vor dem vorliegenden Buch geschrieben habe, wurde von den Lesern immer wieder gelobt. Zahlreiche Briefe kamen zum Beispiel aus Krankenhäusern oder Gefängnissen, wo Menschen glaubten, „total am Ende" zu sein. Mein Buch hat ihnen wieder Lebensmut gegeben. Wenn die vorliegenden Schilderungen, neben der Freude am Lesen, ebenfalls anderen Menschen helfen können, dann war jede Zeile den Aufwand des Schreibens wert.

Zweites Vorwort des Autors zur zweiten Auflage der englischen Ausgabe

Graham Greene, der berühmte Schriftsteller und einer der Direktoren meines Londoner Verlags, hat sich angeblich einmal beschwert, dass ich mehr „Fanpost" bekäme als er selbst.

Wenn das stimmt, dann muss es etwas mit diesem Buch zu tun haben, das im Jahre 1979 erschienen ist. Aus meinen Unterlagen geht hervor, dass bis heute über zehntausend Leute an mich geschrieben haben, aus allen Teilen der Welt, und die meisten Leute schreiben, dass sie viel Spaß beim Lesen hatten.

In späteren Jahren habe ich viele Menschen, die in diesem Buch vorkommen, wiedergetroffen. Keiner davon war mir böse, noch nicht einmal Sissie, die Schwester des Bischofs. Wie hätte sie auch auf mich böse sein können, nachdem ihr klar geworden war, dass ich sie in eine Art Schutzpatronin für alle Seeleute dieser Welt verwandelt hatte.

Tristan Jones
An Bord von *Outward Leg* in Phuket, Thailand
1. Juni 1987

Teil 1: Let's go!

Juli 1961 – November 1963

Sweet are the uses of adversity
Which, like the toad, ugly and venomous
Wears yet a precious jewel in his head;
And this our life, exempt from public haunt
Finds tongues in trees, books in the running brooks,
Sermons in stones, and good in everything.

(Süß ist die Frucht der Widerwärtigkeit,
Die gleich der Kröte, hässlich und voll Gift,
ein köstliches Juwel im Haupte trägt.
Dies unser Leben, vom Getümmel frei,
Gibt Bäumen Zunge, findet Schrift im Bach,
In Steinen Lehre, Gutes überall!)

William Shakespeare
Wie es Euch gefällt
(2. Akt, 1. Szene)

Ja, vi elsker dette landet,
som det stiger frem
furet, værbitt over vannet
med de tusen hjem.
Elsker, elsker det, og tenker
på vår far og mor
og den saganatt som senker
drømme på vår jord.

(Ja, wir lieben unsere Heimat,
Die vom Meer zernagt
Und durchfurcht mit tausend Heimen
Aus den Fluten ragt.
Lieben sie, wie jeder liebend
Seiner Eltern denkt
Und der Saganacht, die träumend
Sich hernieder senkt.)

Norwegische Nationalhymne

1 Hölle und Hochwasser

Der Sturm kam am dritten August aus Südwest. Er entwickelte sich schnell. Innerhalb von nur ein paar Stunden veränderte sich das Wetter von einer steifen Brise zu einer heulenden Mischung aus Wolken, Regen und Sturm. Alle vier Himmelsrichtungen kamen wie die Reiter der Apokalypse auf mich zu galoppiert. Und ich war mitten unter ihnen. Wartend, verwundbar, geduldig.

„Halt' deinen Hut fest, alter Junge, jetzt kommt Freude auf", sagte ich zu Nelson, meinem dreibeinigen Labrador-Retriever und sah zu, wie der Himmel sich erst in ein bedrohliches Grau färbte, dann pechschwarz wurde und Blitze hervorzuckten. Die gesamte grau-grüne Wasseroberfläche meines Horizontes wurde in grelles Licht getaucht. *Cresswell* stampfte einfach voran und entfernte sich weiter vom Polarkreis, den wir erst gestern überquert hatten. Als der Wind Sturmstärke erreichte, war ich ziemlich fertig.

Am 10. Juli 1961 waren wir von Svalbard mit Kurs auf Island, 800 Seemeilen südwestlich, losgesegelt. Durch den anhaltenden Gegenwind hatte sich diese Distanz fast verdoppelt.

Ich dachte, dass ich während meines Aufenthalts in Svalbard wieder zu Kräften gekommen wäre, auch in mentaler Hinsicht, und auch *Cresswell* schien wieder seetüchtig zu sein. Ich nahm zunächst Kurs auf den 71. Breitengrad, um Eisbergen auszuweichen, die vielleicht vom Packeis losgebrochen waren. Dann steckte ich einen Kurs nach Jan Mayen ab mit dem Hintergedanken, dass ich auf diesen einsamen Inseln vielleicht Schutz finden könnte, wenn irgend etwas schief gehen sollte. Aber der Wind drehte auf Nordwest und zwang mich nach Süden. Jan Mayen anzulaufen, war einfach nicht drin.

Am 25. Juli war ich 180 Seemeilen nördlich der Nordostspitze Islands. Da der Wind aus Nordwest kam, konnte ich mit halbem Wind segeln und kam gut voran. Ich hielt Kurs auf Kap Farewell an der Südspitze von Grönland. Ich wollte noch vor dem 30. August dort ankommen. Von dort könnte ich mit Unterstützung des Grönlandstroms in westlicher Richtung weitersegeln, bis ich zirka 800 Seemeilen vor Neufundland den südwärts laufenden Labradorstrom erreichen würde. Wenn mir das Glück treu bleiben sollte, könnte ich bis Ende September dort ankommen. Ich musste mich beeilen, meine Proviantreserven waren sehr knapp – nur noch drei Wochen.

Am 31. Juli war ich in der Dänemarkstraße und lief vor dem Wind in südlicher Richtung über die bewegte See. Manchmal sah ich isländische und britische Fischereischiffe über den weißen und silbernen Köpfen der grünen See. Jetzt kam der August und mit ihm das Ende des kurzen arktischen Sommers.

In den fast zwei Jahren, die ich in der Arktis gewesen war, hatte meine Nahrung hauptsächlich aus Reis, Seehundspeck, Fisch und Corned Beef bestanden. Zu dieser Zeit war ich auf vierundfünfzig Kilo abgemagert. Daneben litt ich an etwas, das ich als „Arktitis" bezeichnete, eine Art Mattigkeit, die einen geradezu lähmt. Alles passiert in Zeitlupe, aber man ist sich dessen nicht bewusst, bis man jemanden trifft, der nicht davon betroffen ist. Es ist so ähnlich, wie es einem Mann aus den Bergen geht, der jahrelang sein eigenes Tempo beim Laufen einhält, das ihm absolut normal erscheint. Auf einmal steht er mitten in New York, und urplötzlich ist er einem anderen Tempo ausgesetzt. Das muss ihm erscheinen wie ein Zeitsprung. Nach zwei Jahren alleine in der Arktis würde selbst der Mann aus den Bergen im Vergleich zu mir aussehen wie ein Großstadtmensch.

Jedenfalls blies es wie der Teufel, und eine Monstersee baute sich auf. Ich lag beigedreht, nur unter gerefftem Besansegel, als plötzlich dieser Wasserberg aus dem Nichts auf *Cresswell* herabkam. Um den Rumpf hatte ich keine Angst, der war doppelt diagonal beplankt, auf gewachsenen portugiesischen Eichenspanten, mit geöltem Tuch zwischen den Mahagoni-Planken, die wunderschön mit Kupferhalterungen befestigt waren. Das Deckshaus hatte ich selbst nachträglich hinzugefügt, aber ganz im Stil der Originalkonstruktion. Die Masten standen in galvanisierten Stahlkokern an Deck. Das sollte hauptsächlich das Legen der Masten erleichtern, wenn die Gefahr bestand, dass sie zu stark vereisten.

Die See, die an Bord kam, war schwer und stark genug, um das zwölf Millimeter dicke Stahlblech der Koker zu verbiegen. Dies führte zu einer solchen Beanspruchung der Püttingplatte auf der Steuerbordseite, dass sie einfach aus dem Rumpf gerissen wurde. Eigentlich verwunderlich, denn sie war mit sechs Stück 18-mm-Bolzen aus Phosphorbronze durch die Wand des Rumpfes hindurch befestigt. Natürlich fiel der Mast sofort nach Backbord, als die Wanten auf der Steuerbordseite aufgaben. Zur gleichen Zeit wurde das ganze Schiff empor gehoben und irgendwie zur Seite geworfen, ich weiß nicht wie weit. Dann klatschte es mit solcher Wucht leewärts in die See, dass die Maschine aus ihrer Verankerung gerissen wurde und unter Deck anfing, herum zu tanzen. Alles, was ich tun konnte war, sie irgendwie mit einer Art Lasso einzufangen und sie mit einer spanischen Winde fest zu zurren. Wenn der Propellerschaft aus seinem Lager herausgezogen worden wäre, das war mir klar, hätte ich im Beiboot lange rudern müssen, um nach Island zu kommen – dreihundert Meilen nach Südost. Aber ich hatte Glück, und nach viel Mühe und Plage hatte ich die Maschine schließlich gesichert.

Der Anblick, der mich empfing, als ich an Deck kam, hätte einem Bischof dazu gereicht, seine Bibel zu verbrennen.

Der Großmast war bis zu den Mastbacken (bis dahin, wo das Vorliek des Großsegels reicht) aufgedröselt wie eine Bananenschale. Er baumelte in einem Gewirr von Wantendrähten über der Seite. Die zerrissenen Segelreste hingen über das gesamte Deck.

Im tosenden grauen Licht der Dämmerung, mit dem höllisch heulenden Wind in den Ohren, der über die ganze Distanz von Kap Farewell bis hierher kam, begann ich langsam und geduldig, das Chaos aufzuräumen. Die Wanten bekam ich mit einer Axt los, die ich extra für solch einen Augenblick rasiermesserscharf geschliffen hatte. Dann machte ich mich an die Arbeit am Großmast. Am Ende gelang es mir, das ganze Rigg, das in den wilden Bewegungen der See immer wieder an den Rumpf donnerte, über die Seite zu befördern. Ich fühlte eine riesige Erleichterung, als ich es endlich los war. *Cresswell* bestand jetzt wieder aus einem Stück und nicht aus einem Dutzend sich gegenseitig bekämpfender Einzelteile.

Ich kroch hinunter, um die Situation zu überdenken. Ich war immer noch unter gerefftem Besan beigedreht, und das hielt *Cresswells* Bug in Richtung der ankommenden Seen. Selbst wenn sie querschlagen sollte, hätte mich das nicht allzu sehr aufgeregt, denn ich wusste, dass sie wie ein Fass gebaut war, und ohne Mast hätte sie sich bestimmt einfach wieder aufgerichtet.

Ich entschied mich abzuwarten, bis der Sturm sich ausgeblasen hatte. Dann machte ich ein Notrigg, indem ich eine Art Vorstag von der Mastspitze des Besans bis zum Bug anbrachte. Ich versuchte, einen Kurs nach Reykjavik oder Hunafloi auf Island anzulegen. Sicher vor Anker, hätte ich dort das Chaos aufräumen und die notwendigen Reparaturen planen können.

Aber, wie es sich herausstellte, war es mit diesem Rigg unmöglich, nach Island zu segeln. Ich war gezwungen, einen Kurs nach dem tausend Meilen entfernten Norwegen, auf der anderen Seite des arktischen Ozeans, zu steuern.

Ich brauchte sechsundsiebzig Tage, vom dritten August bis zum achtzehnten Oktober, in denen ich an neunundvierzig Tagen Wind in Sturmstärke erlebte.

Mein Kombüsenofen stellte sich als wertlos heraus, nachdem die Leitung, die das Petroleum zu den Brennern führt, kaputt ging und ich keine Ersatzteile hatte. Ein Nadelmechanismus war eingebaut, der die Brennstoffzufuhr regelt. Es war mir unmöglich, irgendeine Notlösung zu finden. So musste ich auf der ganzen Strecke kalt essen – Trockenfisch und Haferflocken, mit ein wenig Wasser gemischt. Ich hatte auch noch einen Vorrat an Nüssen, der mich eine Weile aufrecht hielt. Auch Nelson wurde auf Sparflamme gesetzt, das heißt eine halbe Tagesportion alle zwei Tage. Bevor ich endlich ein Schiff der norwegischen Fischfangflotte erreichte und die Besatzung mir ein paar gekochte Kartoffeln und Brot übergab, hatte ich mir schon überlegt, ob ich Nelson essen sollte.

Zweihundert Meilen westlich von Narvik traf ich auf norwegische Heringsboote. Als sie meine Lage erkannten, warfen sie ein Fass mit Vorräten über die Seite. Die See war zu rau, und es gab keine Chance, längsseits zu gehen. Danach schickte die norwegische Luftwaffe zweimal am Tag ein Flugzeug, das nach mir Ausschau hielt und das mich in den Westfjord und zu den Lofoten lotste. Als ich dort endlich ankam, war ich weiß Gott reif für eine richtige Mahlzeit und ein paar Bier.

Da war ich also, wie man so sagt, „fern der Heimat und die Schnauze gestrichen voll". Mein Schiff war ein Trümmerhaufen, die alte Feuerwehrpumpenmaschine war aus ihren Lagern gerissen, ich hatte keinen Großmast mehr, und meine Vorräte bestanden aus zwei Dosen Corned Beef im Schapp und fünf Pfund Lipton's Tee, sorgfältig eingepackt im Reserveölzeug. Auf den Lofoten ist es im September nicht gerade wie in Südfrankreich oder in Miami Beach. Es ist kalt genug, um sich die Eier abzufrieren, und der Fischgestank dringt überall durch.

Aber zumindest war mein Schiff sicher, und das war die Hauptsache.

Cresswell war längsseits an einem Fischereidock festgemacht, etwas einsam und weiter weg, weil es nicht zum Hauptdock gehörte, an dem Tag und Nacht mit viel Lärm und Aktivität gearbeitet wurde. Da ich walisischer Abstammung bin und in den Augen der Norweger sowieso total verrückt, hatten sie mich in einen unbenutzten Teil des Hafens abgeschoben, wo es außer ein paar Wracks von alten Fischerbooten nicht viel gab. Draußen fiel der Eisregen herunter und gemahnte daran, dass es wieder einen harten Winter geben würde. Obwohl ich mir alle Mühe gegeben hatte, die Dinge in Ordnung zu bringen, sah *Cresswell* unter Deck aus wie ein Gammelschiff aus Port Said – zerrissene, zerlumpte Segel, zerrissene zerlumpte Decken, die zum Himmel stanken, und ein zerrissener, zerlumpter Skipper, der dankbar sein musste, dass er wenigstens noch etwas Tee übrig hatte. Mein lahmer, alter Hund verzog sich resigniert nach vorn, während die schneebedeckten Berge um uns herum geduldig auf den Winter warteten.

Ich machte ein Essen aus Tee, gekochten Kartoffeln und Soße. Glücklicherweise hatte ich noch Petroleum für die Kabinenlampe und den Kocher, und so wurde es doch warm in der Kajüte.

Ich trug gerade das Essen auf, das heißt, ich nahm den Deckel vom Topf – kein vornehmes Getue mit Tellern und so auf der guten alten *Cresswell* –, als plötzlich jemand auf das Kabinendach klopfte. Ich legte den Deckel wieder auf den Topf, um das vorzügliche Aroma der Kartoffeln zu erhalten. „Einen Moment, Alter, bin gleich oben", rief ich.

Draußen war es stockdunkel, feucht und kalt. Alles was ich ausmachen konnte, war eine schattenhafte Gestalt.

„N' Abend, Kumpel", sagte ich, „was kann ich für dich tun?"

Auf dem Kai stand ein schwerer, untersetzter Mann in einem langen Regenmantel und einem Schlapphut. Er war rundlich und glattrasiert, ein blonder Mann von etwa fünfundvierzig mit einem besorgten Gesichtsausdruck.

„Guten Abend", sagte er. „Ich ging an deinem Schiff vorbei, sah die britische Flagge und habe mich gewundert, was du hier machst."

Sein Akzent war fremdartig und klang nicht norwegisch.

„Also, komm' schon runter. Es ist viel zu kalt draußen zum Rumstehen. Trink eine Tasse Tee mit mir!"

Wir gingen den Niedergang hinunter, erst ich, dann er. Er schien an kleine Schiffe nicht gewöhnt zu sein, aber mit einiger Unbeholfenheit schaffte er es, sich auf die Steuerbordkoje zu setzen, oder vielmehr auf das nackte Brett, das ich so nannte und das der Länge nach durch die Kajüte ging. In den langen bitteren Monaten, als *Cresswell* im Eis eingeschlossen war, und während der langanhaltenden Flaute in der Dänemarkstraße hatte ich dort gesessen und mit mir selbst Schach gespielt.

„Ich bin Karl Böhm", sagte er, „aus Hamburg."

„Tristan Jones – Liverpool, Yokohama, New York, und alle Häfen westlich davon", sagte ich fröhlich. Wenn einer eine Aufmunterung brauchen konnte, dann war es der hier. Er sah aus wie ein regnerischer Sonntagabend in Schottland.

„Das Wetter macht dich fertig, oder?", fuhr ich fort, als wir uns die Kartoffeln teilten und den bitteren Tee schlürften, denn schon vor Wochen war mir der Zucker ausgegangen.

„Ach nein, nicht das Wetter, es sind die Geschäfte."

„Was meinst du damit? Welche Geschäfte?"

„Also, weißt du, ich bin Vertreter für eine deutsche Firma, die Maschinen für die Fischkonservenindustrie herstellt. Aber in Norwegen läuft gar nichts. Seit dem Krieg hassen sie die Deutschen. Ihre Fabriken sind veraltet und nicht mehr modern, aber sie wollen nicht mit mir abschließen. Ich bin schon einen Monat hier. Sie sind immer sehr freundlich, immer ein Glas Schnaps oder zwei, aber kein Abschluss." Er erzählte seine jammervolle Geschichte eine gute halbe Stunde lang.

„Also hör' mal, Karl, nimm's nicht so schwer! Ich sag' dir was. Morgen schmeiß' ich mich in meine besten Klamotten und komm' mit dir mit."

„Gute Idee, Tristan. Und wenn wir etwas verkaufen, dann bekommst du eine Provision, das verspreche ich dir."

„Es gibt nur ein kleines Problem."

Er sah mich fragend an. „Und das wäre?"

„Ich weiß überhaupt nichts von Fischkonservenmaschinen. Ich brauch' schon meine ganze Zeit, diese verdammte ehemalige Feuerwehr-pumpendieselmaschine am Laufen zu halten, und sogar jetzt, nach drei Jahren Herumfummelei, macht sie immer nur Saugen-Pressen-Bäng-Bumm. Wie zum Teufel soll ich etwas so Kompliziertes wie deine Anlagen verkaufen?"

„Setz dich hin, ich will es dir erklären. Vielleicht verstehst du es dann besser."

Er holte eine Flasche aus der Tasche. Schnaps! Und ich hatte seit drei Monaten keinen Tropfen getrunken! Heiliges Kanonenrohr – für eine hal-be Flasche Schnaps hätte ich mich selbst mit Hitler an den Tisch gesetzt.

So saßen wir bis in die frühen Morgenstunden in der warmen, gemüt-lichen Kajüte, während draußen der Wind und der Eisregen zunahmen. Der Schnaps beflügelte uns, und begeistert wies Karl mich in die Fein-heiten deutscher Fischkonservenmaschinen-Technologie ein. Doch lei-der war irgend wann mal Ebbe in der Schnapsflasche. Endlich, nach lan-gem Händeschütteln, ging er zurück in sein Hotel, und ich verholte mich in meine verwüstete Koje. Ich träumte von grünen Wiesen, Kir-chenglocken, von Kricket und englischen Pubs, in denen Bier in Strömen floss und die Gemütlichkeit zu Hause war.

Am nächsten Morgen, der grau verhangen und neblig war, aber zu-mindest trocken, stieg ich, wie immer außer meinen Seestiefeln voll-ständig angezogen, aus der Koje. In der Arktis war ich oft der Versu-chung ausgesetzt, es den Ausländern gleich zu tun, oder den „niedrige-ren Kasten ohne Gesetz". Aber ich machte es mir zur Regel, niemals in meinen Seestiefeln zu schlafen, nur im Ausnahmefall, wenn das Rigg vereiste. Dann musste ich ohnehin alle zwei Stunden oder so hinaus und nach oben auf die Saling, um das blanke Eis vom Mast und den Wanten wegzuschlagen.

Zum Frühstück gab es Tee und eine Zigarette, die Karl am Vorabend da gelassen hatte. Ich goss zwei Tropfen Wasser in die leere Schnapsflasche, schüttelte sie so vorsichtig, wie der Ober-Barkeeper im Waldorf Astoria einen *Cognac flambé* vorbereitet, und kippte es die Kehle hinab. Dann war ich bereit für den Tag.

Karl tauchte exakt um neun Uhr auf, wie wir es abgemacht hatten, und wir gingen zusammen mit Nelson in die Stadt und zu der Fischfabrik. Trotz seiner Größe, lief Karl so agil wie ein Boxer.

„Hast du schon gefrühstückt, Tristan?"

„Tasse Tee und eine Zigarette – Marinefrühstück."

Er lächelte und klopfte mir auf die Schulter, seine einhundertzehn Kilo renkten meinem Fünfundfünfzig-Kilo-Skelett fast die Schulter aus.

„Dann werden wir erst mal Kaffee trinken, und ein gutes Frühstück nehmen. Du bist Engländer ..."

„Waliser."

„Ja, ich bitte um Verzeihung. Ihr Waliser mögt aber auch *kippers*, denke ich?"

„Wahnsinnig gern, her damit!"

Wir gingen in ein kleines Restaurant und waren bald gefüllt mit Kippers (geräuchertem Fisch), Kaffee, knusprigem norwegischem Brot und Käse. Das alles wurde von bildhübschen Bedienungen serviert, die sich allerdings sehr zugeknöpft gaben. Offensichtlich kannten sie Karls Nationalität. Auch mich schauten sie an, als hätte mich der Wind unter der Tür durchgeweht, aber daran hatte ich mich inzwischen gewöhnt, sogar zu Hause. Dem Mädchen hier besser nicht in den Po kneifen, dachte ich, als ich das erste gute Essen seit drei Monaten verputzte.

Vom Café aus machten wir uns auf den Weg zum Hauptbüro der Fischfabrik. Ich hatte bereits telefonisch eine Besprechung mit der Sekretärin des Chefingenieurs vereinbart. Nachdem wir von Untergebenen empfangen worden waren, die uns misstrauisch beobachteten, kamen wir endlich in das richtige Büro. Karl wartete draußen.

Ich ging hinein und sah einen dünnen, asketisch aussehenden Mann mit randloser Brille und Vollglatze, außer ein paar Haarbüscheln über den Ohren.

„Guten Morgen, Sir, ich möchte gerne mit Ihnen über die Fischkonservenmaschinen sprechen, für die wir ein Angebot abgegeben haben."

„Nur mal langsam", sagte er mit einem dicken schottischen Akzent und schaute mich intensiv an. „Langsam ... ich kenne Sie doch von irgendwo her."

„Vielleicht, kann sein, ich bin schon ein bisschen herumgekommen."

„Wart' mal eine Minute ... beim heiligen Neptun ... ja, Tristan ... Tristan Jones! Ich kenn' dich! Wir waren zusammen auf dem alten Zerstörer *Chieftain*, zum Teufel, das war 1942! Konvoifahrten vom Seydisfjord nach Russland. Erinnerst du dich nicht mehr an mich?" Er sprang aus seinem Stuhl hoch und schüttelte mir die Hand.

Für ein paar Sekunden war ich ratlos, aber dann dämmerte es mir. „Ja doch ... wart' mal eine Minute. Ja, jetzt weiß ich's. Evan McTavish, Mechaniker erster Klasse! Ja, zum Teufel, jetzt erkenn' ich dich wieder. Wie geht's dir, alter Kumpel?" Ich packte ihn an der Schulter und lachte.

„Setz dich alter Kerl, und sag' mir, was ich für dich tun kann."

Ich sagte ihm die Wahrheit – dass mein Schiff ein Trümmerhaufen sei, dass der deutsche Vertreter für mich so etwas bedeutete wie ein Strohhalm für einen Ertrinkenden, dass ich überhaupt nichts von Fischkonservenmaschinen verstand, dass der Deutsche mir eine Provision versprochen hatte, die mich und *Cresswell* durch den Winter bringen würde, und er solle uns doch bitte einen Auftrag geben. Jetzt lachte Ewan laut heraus.

„Das mach' ich schon, Tristan. Wir haben morgen eine Sitzung. Ich weiß, dass die Maschinen gut sind, es ist nur, weil die Norweger nicht gut auf die Deutschen zu sprechen sind. Sie haben im Krieg sehr unter den Deutschen gelitten. Aber ich werfe mein Gewicht in die Waagschale. Schnall' dich an, Kumpel, deine Provision ist schon unterwegs!"

„Ewan, weißt du, was das für mich bedeutet?"

„Klar weiß ich das. Keine Sorge. Und komm' heute Abend zum Essen zu mir, bring deinen Freund ruhig mit, er scheint sowieso ganz in Ordnung zu sein."

„Ja, er ist ein guter Kerl. Es ist mir ganz egal, ob er Deutscher, Eskimo oder ein verrückter Schotte ist, so lange er in Ordnung ist". (Nichts macht einen Mann demokratischer als eine harte Reise).

Draußen saß Karl und wühlte mit düsterem Gesicht in irgendwelchen Papieren.

„Karl, mein Freund, wir haben's geschafft. Wir haben es geschafft!"
Er schaute mich ungläubig an.

„Was, wie? Das ist unmöglich! Du warst nur 'ne Viertelstunde da drin! Wie soll das gehen?"

Ich erklärte ihm, was passiert war, und sein Gesicht strahlte. „Wir müssen auf deinen großen Erfolg und deinen ersten Versuch als Verkäufer anstoßen, Tristan."

„Ja, auf meinen ersten und letzten!", sagte ich.

Nachdem wir eine ziemliche Menge Schnaps intus hatten, wurde Karl auf seine deutsche Art sentimental. Endlich fragte ich ihn gerade heraus, was los wäre.

„Tristan, ich habe dir noch nicht gesagt, dass ich in der deutschen Kriegsmarine war."

Ich legte meine Hand auf seinen Arm. „Komm' Karl, wir trinken noch einen von dem verdammten Schnaps hier."

Zwei Monate später, als die Fischkonservenmaschinen installiert waren, war ich auf dem Weg nach Süden, um in dem bequemen norwegischen Hafen Stavanger zu überwintern, bevor ich mich auf den Weg in die Ostsee machen wollte. Ich hatte einen neuen Mast und Vorräte für sechs Monate an Bord.

Oh, as I was a-walking down Lime Street one day ...
Hey! Weigh! Blow the man down!
A pretty young maiden she happened my way ...
Give me some time to blow the man down!

I said to my folly „Oh how d'ye do?" ...
Hey! Weigh! Blow the man down!
Said she „None the better for seeing of you" ...
Give me some time to blow the man down!

„For sailors is tinkers and tailors is men" ...
Hey! Weigh! Blow the man down!
„And I hope that I never will see you again..."
Give me some time to blow the man down!

So we'll blow the man up and we'll blow the man down ...
Hey! Weigh! Blow the man down!
We'll blow the man up unto Liverpool town ...
Give me some time to blow the man down!

(Als ich eines Tags durch die Lime Street ging ...
He! Zieh an! Weh' den Mann runter!
Kam ein junges hübsches Mädchen vorbei ...
Gib' mir nur Zeit, ich weh' den Mann runter!

Ich sagte dem Mädchen: „Wie geht es uns heut' ?"
He! Zieh an! Weh' den Mann runter!
Sie sagte: „Nicht besser, wenn ich dich sehe" ...
Gib' mir nur Zeit, ich weh' den Mann runter!

„Seeleute sind Kesselflicker, und Schneider sind Männer" ...
Hey! Zieh an! Weh' den Mann runter!
„Ich hoffe, ich werd' dich nie wieder seh'n!" ...
Gib' mir nur Zeit, ich weh' den Mann runter!

So wehen wir rauf und so wehen wir runter ...
Hey! Zieh an! Weh' den Mann runter!
Wir wehen den Mann bis nach Liverpool town ...
Gib' mir nur Zeit, ich weh' den Mann runter!)

Gangspillshanty aus der Mitte des 19. Jahrhunderts
(„Den Mann runterwehen" bedeutete, das Großsegel hissen.)

2 Wer den Penny nicht ehrt ...

Östlich der Lofoten, in der Stadt Narvik auf dem norwegischen Festland, machte mir die einheimische Schiffswerft einen wunderschönen Großmast aus Fichtenholz. Er war innen hohl und hatte drei Mastbänder. Die Segmente, an denen das stehende Gut mit Schlaufen befestigt war, hatten Kragen aus Eisenholz. Dieses war extra dafür von einem norwegischen Schiffseigner, der von meinem Unglück gehört hatte und mir aus irgendeinem unerklärlichen Grund Sympathie entgegenbrachte, importiert worden. Großzügigerweise bezahlte er auch für die ganze Arbeit, und Ende Oktober 1961 hatte *Cresswell* einen brandneuen Großmast in ihrem Mastkoker sitzen, sechsfach lackiert.

Bei einem gaffelgeriggten Schiff ist das Großsegel mit einem fierbaren Rack am oberen Liek angeschlagen. Dieses hängt an einem schweren eisernen Mastring mit Holzkugeln, und dadurch kann die Klau einfach nach oben gezogen werden. Die Beschaffung der Holzkugeln war ein Problem, so gab ich mich damit zufrieden, dass wir in die von Ewan McTavish spendierten Golfbälle Löcher bohrten. Sie arbeiteten fabelhaft. Das neue Großsegel machte ich aus einer ehemaligen Ladelukenabdeckung aus schwerer Leinwand, die ein norwegischer Trawlerskipper spendierte.

Das neue stehende Gut des Riggs wurde aus Zugdrähten für Trawler geschnitten und gespleißt – fünfundzwanzig Millimeter Durchmesser. Zum Schutz pinselte ich alles mit einer Mischung aus Benzin und Leinsamenöl ein. Die Zugabe von Benzin hilft dabei dem Öl, in die galvanisierten Stränge und den Hanfkern einzudringen. Macht man das alle sechs Monate, dann hält so ein Rigg viele Jahre und bleibt flexibel.

Meine Provision aus dem Geschäft mit der Fischkonservenfabrik betrug etwas über dreihundert Dollar, was in diesen Tagen ein kleines Vermögen war. Damit konnte ich Seekarten für die Ostsee kaufen, zwei Fünfzig-Kilo-Säcke Reis und einen Sack Zucker, zehn Kilo Tee, Kakao, Mehl, Haferflocken, ein Fass getrockneten Fisch (den ich die „gelbe Gefahr" nannte) und einen großen Sack Rinderknochen für Nelson.

Ende November ist nicht gerade die beste Zeit, um in der Norwegischen See herumzusegeln, besonders nicht in einem gaffelgeriggten dreiundfünfzig Jahre alten Ex-Rettungsboot von 36 Fuß Länge und 2 m Breite mit wenig Tiefgang. Ich war jetzt schon fast drei Jahre in der Arktis, und ich dachte, es wäre an der Zeit, ein wenig auszuspannen. So entschied ich mich für einen Schlag in die Ostsee, entweder nach Schweden oder Dänemark. Vielleicht würde ich dort mehr Glück haben und eine Arbeit an Land finden, die mich durch den Winter bringen würde. War ich erst einmal in der Ostsee, könnte ich auch vielleicht nach Finnland segeln.

Ich begann meinen 800-Meilen-Schlag nach Süden Anfang Dezember und trieb das alte Mädchen an, so gut ich konnte. Ende Dezember kam ich in Göteborg an. Wir überquerten den rauen Vestfjord, und die dort vorherrschenden Winde von der Nordsee aus Südwest heulten in unseren Ohren, und die kurzen steilen Seen um diese Jahreszeit machten uns zu schaffen. Als wir in die Ausläufer des Festlands kamen, wurde es einfacher, und ich konnte die meiste Zeit in Lee der vorgelagerten Inseln segeln. Ich musste sehr oft wenden, aber die gute alte *Cresswell* liebte eine frische Brise am Wind. Mit gut ausbalancierten Segeln steuerte sie sich selbst. Das gab mir Zeit, heißen Tee zu machen und mir eine Pfanne „Burgoo" aufzutischen.

Burgoo ist ein traditionelles Schlechtwettergericht der Arktissegler und der Fischer. Man macht es, indem man ein altes gereinigtes Fischfass langsam mit Haferbrei füllt. Alle fünf Zentimeter oder so fügt man eine Lage aus getrockneten Heringen oder Makrelen ein. Die Fische werden vorher in Whisky, Schnaps oder was sonst an Bord ist, eingeweicht. Das Fass bleibt an Deck und wird am Groß- oder Besanmast festgezurrt. Wann immer man hungrig ist, egal bei welchem Wetter, klatscht man ein wenig Burgoo in eine Pfanne, macht es warm, und schon hat man eine gute, nahrhafte Mahlzeit. Ist das Wetter besonders schlimm, so dass man nicht zum Kochen nach unten kann, schnappt man sich einfach eine Handvoll und isst es kalt.

Sogar der alte Nelson liebte seinen Schlag Burgoo zweimal am Tag. Ich kann mich nicht erinnern, dass er jemals im Leben krank war. Er war immer noch der Schrecken aller Rüden und der Schwarm aller Hündinnen an der Küste Norwegens. Drei Jahre später, als ich in Spanien war, bekam ich einen Brief von Ewan McTavish, der immer noch auf den Lofoten arbeitete. Er schrieb, dass sich die Hundepopulation auf diesen einsamen Inseln enorm vermehrt hätte. Viele der Neuankömmlinge hätten bemerkenswerte Ähnlichkeit mit Nelson.

Die Reise an der Küste Norwegens hinunter war faszinierend. Trotz der Dunkelheit, der Kälte, dem Schnee und der rauen See vor der Küste kann ich mir kein schöneres Segelrevier für einen Sommertörn vorstellen. Es gibt Hunderte langer Einschnitte, die meilenweit in das Hinterland der Berge hineinführen. Alle sind tief, alle haben gute sichere Ankerplätze, und die einheimische Landbevölkerung ist überall freundlich und ausgesprochen ehrlich, was ich nicht von allen anderen Teilen der Welt sagen kann. Sogar in den häufigen Schneestürmen war es erheiternd, durch die sich windenden Fjorde zu segeln, entlang der Inseln, die uns von der stürmischen Nordsee abschirmten.

Auf dem Weg nach Süden, machte *Cresswell* in zwei größeren Städten fest, in Trondheim und in Stavanger. Nachdem ich in Stavanger einen guten Wetterbericht der BBC empfangen hatte, überquerte ich das Skagerrak, die achtzig Seemeilen breite Strasse, die Norwegen und Dänemark trennt. Ich war nicht zu begierig, in Dänemark anzulegen, nachdem man mir in Island enorm hohe Hafengebühren hatte aufbrummen wollen, die ich überhaupt nicht hätte bezahlen können. Die Verwaltung von Island war damals eng mit der von Dänemark verkoppelt, und ich wollte nicht, dass vielleicht die Bürokraten zu mir an Bord stapfen und mich mit ihrem Papierkrieg festhalten würden. Ich beschloss daher, dieses Land auszulassen und stattdessen nach Schweden hinauf zu segeln, um über den Götakanal in die Ostsee zu gelangen.

Das machte viel Freude nach dem rauen Törn vom Norden Norwegens herunter. Ich hatte Spaß daran, im glatten Wasser durch den Kanal zu tuckern und mit den Bauern und ihren Familien am Abend illegalen hausgebrannten Schnaps zu trinken. Da es einfach war, den auf Deck stehenden Großmast in seinem Koker zu stellen und zu legen, segelte ich über die zwei großen Seen im Kanal.

Jedes Schiff, das nach Norden geht, sollte solch einen Mast haben, der in seinem Koker direkt auf Deck steht. Wenn man vor Anker liegt und das Schiff aufgrund des vereisten Masts mit seinem Toppgewicht zu kentern droht, kann man den Mast legen und somit das Risiko vermindern. Kommt man in einen ungewöhnlich starken Sturm, kann man ebenfalls den Mast legen und den Sturm in verhältnismäßig großer Sicherheit abwettern. Aber für einen Mann in rauer See ist das natürlich so gut wie unmöglich. Deshalb hatte *Cresswell* damals in der Dänemarkstrasse, nördlich von Island, auch ihren Großmast verloren.

Für die Passage durch den Götakanal ließ ich mir viel Zeit, nicht zuletzt wegen des Treibeises und eines gelegentlichen Katers. Die schwedische Landbevölkerung ist sehr gastfreundlich, und eine Reise durch Schweden kann ich jedem empfehlen, der in Gefahr ist, seinen Glauben an die Menschheit zu verlieren. Sein Geist wird sich erholen, aber wenn er so wie ich auf viel Eis und Schnaps trifft, wird er seine ganze Hartnäckigkeit, Willenskraft und Zielstrebigkeit brauchen, um auf Kurs zu bleiben.

Die schwedischen Mädchen sind natürlich sowieso in der ganzen Welt berühmt. Auf der ganzen zweihundertfünfzig Meilen langen Strecke zwischen Göteborg und Norrköping, für die ich dreißig Tage brauchte, war ich fast nie allein, und nur selten musste ich das Schiff selbst steuern oder Essen machen. Es war, als wenn ein Seemannstraum wahr würde, abgesehen vom Wetter und den langen Nächten. Aber in so einer Gesellschaft stört es einen wenig, wie lang die Nächte sind.

Es gelang mir, in Norrköping anzukommen, bevor der Kanal endgültig zufror. Die Ostsee begann, ebenfalls um diese Jahreszeit zuzufrieren, und ich beschloss, bis zum März in Norrköping zu überwintern. Anschließend könnte ich quer über die Ostsee nach Finnland. Ich hatte einen guten Vorrat an Verpflegung und an Petroleum für die Lampen und den Kocher.

Im März 1962 legte ich in Norrköping ab und segelte über die Aland-Inseln in Richtung Helsinki. Die Inseln, die Teil eines ausgedehnten Archipels sind, wollte ich besuchen, weil sie die Heimat vieler früherer Windjammersegler waren. Ich fand auch einige Siebzig- und Achtzigjährige und hörte viel gutes Seemannsgarn von ihnen. Sie sprachen alle Englisch und erinnerten sich noch an die alten Seglerausdrücke. Ich blieb einen Monat lang dort, dann legte ich Kurs auf Helsinki an, wo ich im Mai ankam und auch einen Monat lang blieb. Ich besuchte Freunde, schaute mir die Gegend an und traf viele Leute. Ein wunderschönes Land und großartige Menschen.

Ich verließ Helsinki in Richtung Visby, auf der schwedischen Insel Gotland, wo ich einklarieren wollte. Im Sommer gibt es in der Ostsee oft anhaltende Flauten mit absoluter Windstille. Wenn man schnell ans Ziel kommen will, ist eine gute Maschine empfehlenswert. So war es auch, als ich in Helsinki ablegte. Meine alte Ex-Feuerwehrpumpenmaschine lief zunächst ganz akzeptabel, obwohl sie manchmal hustete und stöhnte. Ich wollte motoren, bis ich aus dem finnischen Meerbusen hinaus war, der an die Sowjetunion, genauer gesagt, an Estland, angrenzt. Den ganzen Tag und die Nacht hindurch tuckerte die Maschine vor sich hin und tanzte auf ihrem Fundament wie ein Derwisch, aber dann blieb sie mit einem letzten Stöhnen und einem merkwürdigen Klopfen plötzlich stehen. Ich lag in einer absoluten Flaute. Es war früh am Morgen, und da ich vierundzwanzig Stunden lang am Rad gestanden hatte, ging ich erst mal eine Runde schlafen, bevor ich mir die Maschine ansehen wollte.

Nach einem Nickerchen von drei Stunden und einem Schlag Burgoo, neben dem Trockenfisch und Schnaps noch zusätzlich mit Speck angereichert, nahm ich die Zylinderkopfverkleidung meiner Coventry-Vixen-Ex-Feuerwehrpumpen- Zweizylinderboxermaschine ab und fand heraus, dass beide Zylinder endgültig ihren Geist aufgegeben hatten. Ersatzteile hatte ich keine, und die Maschine war sowieso längst nicht mehr in Produktion. Mit einem großen Seufzer der Erleichterung zog ich die Schlussfolgerung, dass die Reise nach Holland jetzt unter Segeln stattfinden würde. Ganz zufrieden legte ich mich wieder schlafen; es war immer noch total windstill. Nelson blieb an Deck und übernahm die Wache. Er hatte seine eigene Kiste im Cockpit, wo er seinen täglichen Knochen aufbewahrte. Er würde zufrieden daran nagen und gleichzeitig aufpassen, wenn andere Schiffe in die Nähe kommen sollten.

Das funktionierte auch, denn nach einer Weile weckte mich Nelson. Ich schnappte Seestiefel und Jacke und kletterte mit schläfrigen Augen die Leiter des Niedergangs hinauf. Ich hörte das Röhren einer starken Maschine in der Nähe.

An Deck erwartete mich ein befremdlicher Anblick. Hundert Meter an meiner Steuerbordseite lag ein sowjetischer Zerstörer. Alle seine Kanonen zeigten genau auf mich. An Deck standen ein paar Matrosen und zielten mit Maschinenpistolen auf *Cresswell*. Eine weitere Gruppe machte sich zum Entern bereit.

„Zum Kuckuck!"

In einem Dreißig-Fuß-Motorboot kamen sie längsseits. Nelson knurrte und wollte sein Territorium verteidigen. „Ruhig, Junge", sagte ich, „erst mal abwarten, was die überhaupt wollen."

Ein junger Offizier kletterte an Bord. Drei Matrosen folgten ihm und richteten ihre Maschinenpistolen auf mich. Der Offizier brüllte etwas auf Russisch, und ich schüttelte den Kopf. Dann benutzte er eine andere Sprache, entweder Finnisch oder Estnisch. Es hätte ebenso gut Chinesisch sein können. Ich schüttelte wieder den Kopf und fragte: „*Parlez-vous Francais?* Sprechen Sie Deutsch? *¿Habla español?*"

Er schüttelte den Kopf, während er versuchte, so ernst und so militärisch als möglich dreinzuschauen. Ich konnte kaum mein Lachen zurückhalten. Dann rief ich: „Schnaps?"

„Da", kam die Antwort.

Ich tauchte hinunter in die Kajüte und brachte die Flasche an Deck, die reihum ging. Dann benutzte der Offizier Zeichensprache, um mir mitzuteilen, dass ich nach Tallinn, der alten Hauptstadt Estlands, geschleppt würde.

Der Zerstörer kam von achtern heran und übergab eine lange Schleppleine. Als wir nach Tallinn kamen, wurde das Motorboot längsseits festgemacht, und *Cresswell* wurde in den Hafen hineinbugsiert, wie ein Betrunkener in die Ausnüchterungszelle. Inzwischen hatte ich mich mit der bizarren Situation abgefunden, und irgendwie begann mir die Sache sogar ein wenig Spaß zu machen. Ich war mir zu diesem Zeitpunkt nicht bewusst, dass *Cresswell* vielleicht das erste private westliche Schiff war, dem es erlaubt war, die Sowjetunion zu besuchen.

Immer noch unter den wachsamen Augen der Matrosen wurde mein Schiff an einem anderen Zerstörer, anscheinend ein Reserveschiff, längsseits sicher festgemacht. Nach einer Weile erschien ein englisch sprechender Offizier.

„Sie und Ihr Schiff stehen unter Arrest!"

„Warum?"

„Sie habe sich in Gewässern aufgehalten, die ausschließlich für die sowjetische Marine reserviert sind! Man wird sie verhören, und wenn wir herausfinden, dass Sie irgendwelche Spionagetätigkeiten ausgeübt haben, werden Sie einige Zeit in der Sowjetunion verbringen, mein Freund."

„Spionage? Was ist das?"

„Machen Sie keine Späße mit mir!"

„Das wäre auch sehr schwierig, nicht wahr?"

„Herr Kapitän, morgen wird man Sie an einen anderen Platz verlegen. Es ist Ihnen untersagt, an Land zu gehen, bis eine Entscheidung getroffen wurde, was mit Ihnen zu tun ist. Guten Tag."

Am folgenden Morgen wurde ich zu einer kleinen Mole direkt vor dem Verwaltungsgebäude geschleppt. Eine Wache wurde an Bord gestellt, vier ältere Männer, offensichtlich Zeitsoldaten. Sie saßen mit finsteren Gesichtern in der Kabine und starrten in die Luft. Mein Radio konnte ich nicht benutzen, da man es an Land gebracht hatte, aber ich kramte mein Schachbrett hervor und lud den zugänglichsten Mann der Wache zu einem Spiel ein. Seine Augen hellten sich auf. Bald vertrieben wir uns die Zeit während der Abende viel gemütlicher.

Am dritten Tag schmuggelte er eine Flasche Wodka an Bord. Er sprach ein wenig Deutsch, aus seiner Zeit im Zweiten Weltkrieg. Er erzählte mir, dass er fünf Kinder hätte und nur noch zwei Jahre in der sowjetischen Marine Dienst tun müsse. Mit der Zeit wurde er immer freundlicher. Am Ende des vierten Tages lachten wir zusammen, und er gab mir die Hand, wenn seine Wache zu Ende war.

Ich zermarterte mir das Gehirn, was ich ihm schenken könnte. Schokolade oder Kaugummi, beides war damals in Tallinn ein kleines Vermögen wert, hatte ich nicht an Bord. Dann kam ich auf eine Idee.

Damals waren die englischen Pennies noch riesengroß, etwa fünfundzwanzig Millimeter im Durchmesser und eineinhalb Millimeter dick. Sie bestanden aus einer Legierung von Kupfer und Nickel. Mit einem Loch, in der Mitte durchgebohrt, ergaben sie die besten und haltbarsten Unterlegscheiben, die man sich denken kann. Deshalb hatte ich auch immer einen Sack davon für Notreparaturen an Bord. Ich suchte in dem Schapp, wo ich solche Kleinigkeiten verstaut hatte, und holte vier Pennies heraus, die ich polierte, bis sie wie neu glänzten.

Als Igor an diesem Abend mit der üblichen Flasche erschien, gab ich ihm die vier Pennies. Als er sie sah, glänzten seine Augen, genau wie die Münzen. Diese Nacht ließ ich ihn sogar beim Schach gewinnen, aber ich fühlte, dass er etwas auf dem Herzen hatte. Kurz bevor seine Wache um Mitternacht zu Ende ging, sagte er: „Diese Pennies, hast du noch mehr davon?"

„Zirka zweihundert."

„Mein Freund", sagte er, „wir können viel Geld machen! Du polierst sie, und ich verkaufe sie meinen Freunden. Wir bekommen sicher fünf Rubel pro Stück!"

„Fünf Rubel?"

Ich schnappte den Sack mit den Münzen und die Politur. Am Morgen hatte ich fünfzig Münzen, die aussahen, wie frisch geprägt. Igor verkaufte sie so schnell, wie ich polieren konnte, und am Ende der Aktion besaß ich eine dicke Rolle Banknoten.

Ich war zwei Wochen lang in Tallinn unter Arrest, während die russische Marine mich ernährte und mich regelmäßig verhörte. Diese Verhöre liefen ungefähr so ab:

„Also, mein Freund, wir wissen, dass es unmöglich ist, auf See herumzufahren, ohne dass Sie jemand dafür bezahlt. Wir sind sicher, dass Sie vom britischen Geheimdienst bezahlt werden! Ja?"

„Nein, ich bekomme meine Pension aus der Marinezeit, wie ich Ihnen schon mehrfach erklärt habe – sechs Dollar die Woche. Das ist die normale Rente. Außerdem verdiene ich ab und zu etwas Geld hier und da, zum Beispiel wenn ich anderer Leute Schiffe irgendwohin bringe. Wenn Sie meinen, ich würde noch etwas anderes machen, dann sind Sie auf dem Holzweg."

Er schaute mich fragend an.

„Ihr zieht die falschen Schlüsse", sagte ich. „Um für den britischen Geheimdienst zu arbeiten, muss man intelligent sein, oder? Welcher intelligente Mann, der noch ganz bei Trost ist, würde denn in einem leckenden Kahn wie meinem im Norden von Europa herumsegeln? Ich habe weder

Strom an Bord noch ein Echolot. Meine Uhr ist ein Billigprodukt. das ich vor fünf Jahren auf dem Flohmarkt in London gekauft habe."

Und so weiter und so weiter ... Schließlich wurde ich freigelassen. Ende Juli schleppte man mich zwanzig Meilen auf See hinaus, und mit einem guten Nordwind lief ich die Insel Gotland an. In Visby verkaufte ich die Rubel an einen polnischen Trawlerskipper. Obwohl ich nur die Hälfte des Umrechnungskurses bekam, hatte ich am Ende zweihundert Dollar.

Nach einer guten Nacht an Land mit den Polen in Visby rechnete ich nach. Ich war zwei Wochen lang von den Sowjets kostenlos gefüttert worden, und dabei hatte ich noch glatte zweihundert Dollar verdient. Ich ergänzte meine Vorräte mit gutem schwedischen Schinken, mit Marmelade, mit Hefe (um mein eigenes Brot zu backen), zwei Kisten Dosenfisch und Corned Beef. Dann lief ich aus, Richtung Nord-Ostsee-Kanal, und dann über die Nordsee nach Holland.

In Amsterdam there lives a maid
(Mark well what I do say)
In Amsterdam there lives a maid,
And she is the mistress of her trade;
I'll go no more roving with you, fair maid!

A-roving, a-roving, since roving's been my ru-eye-in,
I'll go no more roving with you, fair maid!

(In Amsterdam lebt eine Maid
Passt auf, was ich singe
In Amsterdam lebt eine Maid
In ihrem Gewerbe ist sie Meisterin
Ich werd' nicht mehr mir dir wandern, liebe Maid!

Wandern, wandern, das Wandern ist noch mein Ruin
Ich werd' nicht mehr mir dir wandern, liebe Maid!)

Britischer Seemannssong aus dem 17. Jahrhundert

(Die meisten Seemannslieder und Shanties des 17. Jahrhunderts waren ziemlich vulgär, wenn sie richtig vorgetragen wurden. Im 19. Jahrhundert wurden sie stark gezähmt und verloren ihre simple Ehrlichkeit und Würze. Das vorstehende Lied hat überlebt und klingt harmlos, nur für Seemannsohren nicht. „Roving" war der Seemannsausdruck für den Einschuss im Segeltuch, er bezeichnet das „Eindringen" oder „Durchfädeln". Das Wort „Gewerbe" ist natürlich auch im sexuellen Zusammenhang gemeint.)

3 Alles Käse

*M*eine Maschine hatte also ihren Geist aufgegeben, und ich hatte weder die Zeit noch das Geld, sie überholen zu lassen. Demzufolge musste ich *Cresswell* unter Segel von der schwedischen Insel Gotland, in der Ostsee, nach Holland oder England bringen. Ich entschied mich für Holland, weil ich bereits arrangiert hatte, ein Vierzig-Fuß-Schiff von der Van-der-Stadt-Werft, wo es im Bau war, zu den Westindischen Inseln zu überführen. Aber das Schiff würde nicht vor Dezember fertig werden, und es war erst Juli 1962.

Da ich unbedingt vermeiden wollte, in dänische Gewässer zu geraten, bedeutete das, dass ich durch den Nord-Ostsee-Kanal musste. Mit einer guten Brise aus Ost segelten wir die meiste Strecke der fünfundsechzig Meilen des Kanals. Erst ungefähr zehn Meilen vor dem Ende des Kanals, bei Brunsbüttel an der Elbe, gelang es mir, ein Schiff zu finden, das mich für den Rest der Strecke in Schlepp nahm.

Vom Ausgang des Kanals in Brunsbüttel legte ich Kurs auf Cuxhaven an, wo ich mich eine Woche lang ausruhte, bevor ich nach Düsseldorf fuhr, um Karl Böhm, den Vertreter für Fischkonservenmaschinen, den ich auf den Lofoten getroffen hatte, zu besuchen. Er war hoch erfreut, mich zu sehen. Meine Geschichten von den Ereignissen in der Ostsee gefielen ihm sehr. Ich hatte Nelson zur Bewachung mit einem Sack Knochen und einem großen Topf Burgoo an Bord zurückgelassen. Er reiste nicht gerne an Land, und die Deutschen mochte er auch nicht besonders. Sein früherer Besitzer, der alte Tansy Lee, war in zwei Kriegen sechs Mal von ihnen versenkt worden.

Mit dem Zug kam ich aus Düsseldorf zurück, beladen mit dreißig Kilo deutscher Wurst, zwei großen Schinken und drei Flaschen Whisky. Karl hatte sich große Mühe gegeben, und ich kam zurück an Bord wie ein Krösus. Es war inzwischen September, und ich wollte Holland erreichen, bevor die Herbststürme einsetzten. Also peilte ich Den Helder an, so lange das Wetter noch gut war.

Die Reise von Cuxhaven nach Den Helder war angenehm, trotz der komplizierten Navigation, die wegen der Untiefen und Sandbänke nötig ist, und einem Tag mit rauem Wind und peitschendem Regen. Nach fünf

Tagen hart am Wind und gegen die vorherrschenden Westwinde war ich außerhalb der Friesischen Inseln. In der Passage durch den *Vlie Stroom*, einen der Haupteinlässe in die *Wadden Zee*, zwischen den Inseln Vlieland und Terschelling, wünschte ich mir sehr, die Maschine würde funktionieren. Auf Vlieland hatte ich nämlich eine Freundin, Marlieka. Auf meinem Schlag nach Den Helder, am Beginn des Nord-Neederland-Kanals, war der Tidenstrom stark und der Wind böig, aber gutmütig. Also hielt ich mich zurück, biss die Zähne zusammen und legte Kurs auf Den Helder an, zwanzig Meilen westlich. Kurz nach Einbruch der Dunkelheit kam ich dort an. In Lee der großen Hafenmauern kickte ich den Anker über die Seite, schlief ein und träumte von Windmühlen, Tulpenfeldern, hübschen Mädchen und Zigarillos.

Wenn ich zu jener Zeit in der Dunkelheit in einem Hafen ankam, ließ ich gewöhnlich meinen 25-Kilo-Yachtanker (wir nannten ihn auch Fischeranker) fallen, nahm die Gaffel herunter, tuchte das Groß auf und ließ den Besan dichtgeholt stehen. Dann setzte ich ein petroleumbetriebenes Ankerlicht, erledigte mein Geschäft, in den Plastikeimer oder über die Seite, wenn niemand in der Nähe war (zu jener Zeit gab es nur wenig Langzeitsegler, und wir kannten uns alle ganz gut). Dann heize ich eine Pfanne Burgoo mit Wurst auf und machte mir's unter Deck gemütlich, um meine Hauptmahlzeit zu vertilgen. Die Würste hatte ich am Besanbaum aufgehängt (einen Kühlschrank hatte ich nicht). Die Nationale rollte ich am Achterstag des Besans zusammen, damit sie nicht im Nachtwind flatterte.

Nach einer Stunde oder so, in der ich Teewasser kochte, Bratwurst in der Pfanne heiß machte und zwei oder drei Pfeifen Sobranie-Tabak rauchte, fing die Kajüte auf ihre besondere Art zu glühen an, rauchig, warm und urgemütlich. (Damals hatte man noch nichts von Luftverschmutzung gehört). Nelson und ich liebten das, mit dem warmen Licht der Petroleumlampe in ihrer Mahagoniverkleidung an der Seite des Schiffes, den kleinen Tröpfchen Kondenswasser im Vorratsglas der Lampe, wie langsam versinkende Perlen, und all den Büchern im Schapp, meinen treuen Begleitern, die mir durch manche lange Nacht in der Arktis hindurchgeholfen hatten. Shakespeare, Milton, Byron, Dickens, Mark Twain, Conrad, D.H. Lawrence und Shaw.

Am vorderen Schott waren fünf gerahmte Bilder: Ernest Shackleton, der mutigste der Antarktis-Erforscher, rechts davon der ungestüme Nansen und links Robert Scott, der tragischste. Ihre Majestät, die Queen, hing in der Mitte und hatte ein ernstes Auge darauf, dass unter Deck der *Cresswell* die Dinge nie ganz aus dem Gleichgewicht gerieten. Es gab da auch noch ein paar Souvenirs aus der Arktis: einen Walrosszahn, eine Plakette der norwegischen Luftwaffe, das Rangabzeichen eines Maats der sowjetischen Flotte und zwei wunderschöne norwegische Teller, die ich auf den Lofoten von einem Trawlerskipper erworben hatte. Daneben hatte ich noch zwei große schwere Kanonenrohrdeckel aus Messing – mit denen die 4,5-Zoll-Kanonen auf Zerstörern geschützt werden. Einer war von H.M.S. *Cheviot*, der andere von H.M.S *Chieftain*, von zwei Schiffen also, auf denen ich gedient hatte. Ich hatte schon ein gemütliches Heim auf *Cresswell*.

Am Morgen öffneten sich die großen Tore, und *Cresswell* wurde von einem Schlepper der holländischen Marine in die Schleuse bugsiert. Der Wasserspiegel sank um sieben bis acht Meter. Und da waren wir, in einem holländischen Kanal – unter dem Meeresspiegel.

Das holländische Kanal- und Deichsystem ist eines der großen Wunder dieser Welt. Ungefähr ein Drittel von Holland liegt unter dem Meeresspiegel und ist vor der Gewalt der Nordsee durch tausend Meilen lange große Deiche geschützt. Jahrhunderte lang hat man geduldig und zäh daran gearbeitet – ein Wunder der Wasserbaukunst. Die Holländer sagen: „Gott hat die Welt erschaffen, aber die Niederländer haben Holland gemacht."

Im Austausch für eine meiner Flaschen Whisky arrangierte ich einen Schlepp mit dem Kapitän einer Barke durch den Kanal bis nach der Stadt Alkmaar, etwa zwanzig Meilen von Den Helder entfernt. Ich machte kein schlechtes Geschäft, denn als der Skipper meine Leinen loswarf, warf er mir auch eine Packung Zigarillos hinterher.

Eine Fahrt durch die holländischen Kanäle ist ein Leckerbissen. Alles ist so sauber und gepflegt. All' die kleinen Häuser haben Blumenkästen an den Fenstern, und die Felder für Tulpen und andere Blumen sind riesig. In diesen Tagen konnte man noch Männern mit weiten Hosen und Holzpantoffeln an den Füßen begegnen, und die Mädchen waren hübsch und sahen alle so frisch gewaschen aus. Es war wie in einem Märchen.

Nachdem wir in Alkmaar angekommen waren, warf die Barke meine Leinen los, und die Crew verabschiedete sich mit Winken. Langsam ging sie an eine Pier. Mit dem langen Riemen wriggte ich *Cresswell* den Kanal hinunter und suchte nach einem guten Platz für den Winter. Als ich halbwegs durch die Stadt war, sah ich einen kleinen Seitenkanal, gut geschützt durch ein paar Pappeln auf der einen Seite und einer Art Lagerhaus auf der anderen. Ich arbeitete mich durch das ruhige graue Wasser voran. Es regnete ein wenig; immerhin war es September. Etwa fünfzehn Meter vor der Stelle, wo ich bleiben wollte, ließ ich achtern an einer dreißig Meter Leine den Warpanker fallen, und *Cresswell* kam elegant zum Stehen. Ich setzte meinen großen Yachtanker am Bug und gab ihm etwa zehn Meter Kette. Nur noch die Leine zum Warpanker dicht nehmen, und schon waren wir festgemacht.

Vor dem großen Yachtboom in den sechziger und siebziger Jahren konnte man in Westeuropa ein Schiff praktisch überall festmachen, und nur ganz selten verlangte man von einem ausländischen Besucher irgendwelche Anlegegebühren. Üblicherweise musste man beim Einklarieren seinen Pass vorzeigen, aber das war auch schon alles.

Es wurde jetzt langsam dunkel, aber ich war zufrieden. Die Holländer sind das ehrlichste Volk der Welt, und ich wusste, dass ich bis zum Dezember jemanden brauchte, der ab und zu nach *Cresswell* sehen und Nelson füttern würde. Ich machte mein Abendessen. Burgoo, Speck, Bratwurst und Tee, mit einem Schuss schottischen Sonnenschein. Der Regen hatte jetzt voll eingesetzt, also hatte ich keine große Lust, an Land zu gehen. Ich setzte mich gemütlich hin, um vor dem Schlafengehen noch eine Weile zu lesen. Ich hatte das Schiff an die Pier des Lagerhauses verholt und vorn und achtern mit Springs fest gemacht. Die Anker hielten *Cresswell* etwa einen halben Meter vom Pier weg.

Plötzlich, durch den prasselnden Regen an Deck, hörte ich ein langsames, regelmäßiges Geräusch. Klopf … Klopf … Klopf. Ich stellte meine Ohren auf, genau wie Nelson. Das Klopfen hörte auf. Zehn, zwanzig, Sekunden später rief eine Stimme, die im Wind nur schwer zu hören war: „Hallo, Engländer! Hallo!"

Nelson knurrte unter dem Tisch, und ich kletterte nach oben in die Dunkelheit. Im Schein der vereinzelten Lampen am Pier des Lagerhauses sah ich eine Person, die geradezu aus einer Erzählung von Robert Louis Stevenson hätte stammen können. Sie hatte eine wollene Seemannskappe auf und trug langes Ölzeug bis an die Knie, oder besser, bis an ein Knie. Sie hatte nämlich ein richtiges geschnitztes Holzbein. An dem anderen Fuß trug sie einen hohen Seestiefel. Augenscheinlich ein Schmuggler von der Küste, dachte ich, als ich das Schiff für ihn näher zum Pier zog, damit er an Bord kommen konnte.

Er war klein und untersetzt, etwa fünfzig, und sah wirklich so aus wie Long John Silver. Über einem Auge trug er eine schwarze Augenklappe.

„Dirk van Scheltema, Ex-Maat, niederländische Marine. Ich bin der Nachtwächter in diesem Lagerhaus."

„Tristan Jones, Ex-Maat, britische Marine. Nett, dich kennen zu lernen, Dirk. Willst du was trinken?"

Nachdem er erzählt hatte, wie er den Krieg erlebt und ich meine Version dazu beigesteuert hatte, stand er auf, um seine Runde zu machen. Als er mit seinem einen Bein die Leiter hoch holperte, sagte er ganz leise: „He, Tristan, magst du Käse?"

„Ob ich Käse mag? Natürlich, ich liebe Käse, Dirk. Wie alles andere, das man essen kann."

„Gut, mein Freund, ich bring' dir ein bisschen Käse, wenn ich zurückkomme, so um Mitternacht, okay?"

Er hinkte die Pier entlang und verschwand hinter einer Tür des Lagerhauses. Ich setzte mich wieder zum Lesen hin. Nach etwa zwei Stunden hörte ich ein lautes Rumpeln und wieder das Klopf! Klopf! Ich ging rasch nach oben. Was ich sah, löste ungeheures Erstaunen aus.

Ein regulärer Waggon der holländischen Eisenbahn kam die Pier herunter, und Dirk schob ihn trotz seines Holzbeins mit der Schulter voran. Der Anblick war so überraschend, dass ich einfach nur so da stand und zuschaute, bis der Wagen vor *Cresswell* zum Halten kam. Prustend und schnaufend grinste Dirk mich an und zeigte mit der Hand auf den Waggon.

„Bitte sehr, Tristan ... alles Käse."

„Heiliger Neptun!", rief ich, als ich auf den Waggon sprang und mindestens zwei Tonnen kleinen runden roten Edamer erspähte.

„Was zum Teufel sollen wir mit dem Zeug da machen?"

„Nimm es an Bord", grinste der Nachtwächter, „was denn sonst? Ich helfe dir natürlich dabei."

In den nächsten zwei Stunden, bei strömendem Regen, warf mir Dirk holländischen Edamer zu. Erst verstaute ich ihn im Cockpit und dann unter Deck. Da war Käse im Vorschiff, Käse in der Bilge, Käse unter den Kojen, Käse in den Backskisten und Käse in den Spinden, wo ich das Ölzeug hatte. Ich füllte sogar den Herd mit Käse. Ich hatte bestimmt zweihundert Edamer an Bord, jeder etwa halb so groß wie ein Fußball. Alle in ihrer schönen roten Schale. Ich hatte sogar Käse um die kaputte Maschine herum gepackt.

Nach einem Schlummertrunk mit Dirk kletterte ich in meine Koje, und dachte, ich hätte genug Käse, um mich zwei Jahre am Leben zu halten. Damals in der Arktis wäre ich beinahe verhungert, und in meinem Kopf hatte sich eine Manie für ausreichende Proviantvorräte aufgebaut. Wann immer ich eine Sache ansah, dachte ich zuerst: Kann man das essen? In Helsinki besuchte ich zum Beispiel ein Museum, und als ich ein Bild von Matisse anschaute, dachte ich: „Was ist das alles wert, wenn man nichts zu essen hat."

Am nächsten Morgen wachte ich auf und stellte fest, dass mein Schiff durchdringend nach Käse roch. Ich machte den Kocher an und hatte zum Frühstück – natürlich Edamer Käse, Burgoo und Tee. Ich dachte an all' das Essen. Ich fühlte mich wie jemand, der in der Lotterie gewonnen hat. Ich würde für immer segeln gehen können. Dann hörte ich draußen aufgeregte, laute Stimmen.

Ich schaute durch das Bullauge an Steuerbord und sah einige Herren mit Schlapphüten und bodenlangen Trenchcoats. Nelson knurrte über seiner Schüssel mit Burgoo.

„Leise, alter Knabe", murmelte ich, „wenn das keine Bullen sind, dann bin ich ein Holländer." Es gab sowieso keine Chance, das Schiff wegzusegeln, und wenn ich abhauen würde, wäre die Katze sowieso aus dem Sack.

Ich drehte den Kocher auf volle Flamme und goss noch ein wenig Petroleum nach. Dann holte ich meine Socken, die ich normalerweise in meinen Seestiefeln trage, und die seit Helsinki, vor vier Monaten, nicht mehr gewaschen worden waren. Ich legte sie um den Kocher herum. Als die Bullen herunter kamen, glühte der Kocher und die Temperatur in der Kajüte war zirka 45 Grad. Außerdem rauchte ich drei Zigarillos auf einmal.

Einer der Beamten, ein großer dicker Mann, kam die Niedergangsleiter herunter und verlor dabei seinen Schlapphut. Nelson schnappte ihn sofort und zerkaute ihn zu einem Klumpen. Der Mann stand in seinem Regenmantel in der Kajüte und schwitzte natürlich sofort wie ein Kuli.

„Wir suchen nach einer Ladung Käse, die letzte Nacht aus diesem Lagerhaus entwendet wurde. Wir fragen uns, ob Sie irgend etwas gehört oder gesehen haben?"

„Letzte Nacht hat es geregnet", sagte ich.

Ich schwitzte ebenfalls wie ein Schwein. Der Kocher explodierte fast, und die Socken dampften wie eine Lokomotive. Der Gestank war unglaublich.

„Es hat letzte Nacht geregnet, und in einem Schiff hört man natürlich nichts bei dem Geprassel; ich war müde und bin schlafen gegangen."

Dem Polizisten liefen die Schweißtropfen vom Gesicht bis in den Kragen, und er fühlte sich offenbar nicht sehr wohl. Ich merkte, dass er gerne das Schiff durchsucht hätte, aber das hätte einer Erlaubnis des britischen Konsuls in Amsterdam bedurft, da *Cresswell* offiziell britisches Territorium und die niederländische Polizei nicht zuständig war. Mit einem „*Gott verdommer!*", stieg er wieder nach oben. Als er an Land kletterte, hörte ich, wie er zu seinem Kollegen sagte: „*Verdommdt Englander*".

Ich lachte leise und tätschelte Nelson. Dann blieben wir den ganzen Tag in Deckung.

Am nächsten Morgen machte ich die Leinen los und versuchte, *Cresswell* mit dem Warpanker aus dem Kanal hinauszubringen. Durch das Extragewicht des Käses lag sie ziemlich tief im Wasser, und ich fand bald heraus, dass sie fest im Morast steckte. Da war ich also, auf Schiet, in einem holländischen Kanal, mit zwei Tonnen gestohlenem Edamer an Bord, und überall wimmelte es von Polizisten. Irgendwie musste ich Gewicht loswerden, damit sie wieder schwimmen würde. Aber welches Gewicht?

Den Gedanken, Essbares wegzuwerfen, schlug ich mir sofort aus dem Kopf. Ich nahm die Schraubenschlüssel und schraubte die nutzlose Ex-Feuerwehrpumpenmaschine los. Nach Einbruch der Dunkelheit schaffte ich sie durch die Maschinenraumluke nach oben. Sie wog bestimmt einhundertfünfzig Kilo. Dann warf ich dieses Überbleibsel aus dem Blitzkrieg über Bord und überließ es einem ungewissen Ende im Bodenschlamm des Alkmaar Kanals. *Cresswell* hob sich gerade genug, dass ich sie mit Hilfe des Warpankers frei bekam und es in den Hauptkanal schaffte. Alles war klar, um unter Segeln abzuhauen, bevor die Polizei einen Durchsuchungsbefehl hatte. In der Morgendämmerung segelte ich los. Ein guter Nordwind half mir. Nach zwei Stunden war ich durch den Nordseekanal, der in Ijmuiden in die Nordsee mündet.

„Nur ein kleiner Tagestörn", rief ich dem holländischen Zollboot zu, als ich durch die große Seeschleuse hinaus in die graue Nordsee fuhr. Ich hielt mich in sicherer Entfernung von den tückischen Sandbänken entlang der Küste und segelte bis Sonnenuntergang direkt nach Norden. Dann ging ich auf einen westlichen Kurs. Mit raumem Wind rollte ich weiter. Später musste ich reffen, denn der Wind erreichte fast Sturmstärke. Kurz vor der Morgendämmerung des nächsten Tages machte ich das North-Foreland-Leuchtfeuer aus.

Ich war müde, sehr müde, aber als ich das Leuchtfeuer ausmachte, war ich fröhlich und aufgeregt. Es war das erste Mal seit vier Jahren, dass ich wieder ein Feuer der Britischen Inseln erblickte. Ich war wieder zu Hause! Nach all den Entbehrungen und den Leiden, die ich durchgemacht hatte, kehrte ich zurück in britische Gewässer. Es war mir egal, dass es stürmte und heulte, ich war in meinen Heimatgewässern!

Ich schaute lange auf das Feuer. Dann drehte ich bei und machte erst mal Tee. Ich war noch weit von den Sandbänken entfernt und konnte es mir leisten, ein wenig zu driften. Am nächsten Morgen, bei Tagesanbruch, würde ich den Kanal überqueren.

In der Nacht nahm der Sturm noch einmal zu, aber gegen Morgen hin legte sich der Wind. Ich konnte ein wenig schlafen, während Nelson Wache hielt. Am nächsten Tag, als wir über den Kanal stampften, entschloss ich mich, Alderney anzulaufen. Das ist eine der britischen Kanalinseln, die unter eigener Verwaltung steht und zu jener Zeit von Zöllen und Steuern befreit war. Gerade der richtige Platz für einen müden Pensionär der Marine wie mich.

Etwa ein Jahr später hörte ich wieder von Dirk über meine Londoner Briefkastenadresse. Die holländische Polizei hatte die Suche nach dem fehlenden Käse aufgegeben und konnte niemandem etwas nachweisen. Er hatte immer noch seine Arbeit als Nachtwächter und freute sich darauf, irgendwann einmal einen kleinen Törn mit mir zu machen.

Breathes there the man with soul so dead,
Who never to himself hath said,
„There is my own, my native land!"
Whose heart hath ne're within him burn'd
As home his footsteps he hath turn'd
From wandering on a foreign strand?
If such there breathe, go, mark him well;
For him no Minstrel raptures swell;
High through his titles, proud his name,
Boundless his wealth as wish can claim;
Despite those titles, power and pelf,
The wretch, concentrated all in self,
Living, shall forfeit fair renown,
And, doublyy dying, shall go down
To the vile dust from whence he sprung
Unwept, unhonour'd, and unsung.

(Atmet dort der Mann mit toter Seele,
Der nie im Leben zu sich sagte:
„Dies ist mein eig'nes, mein Heimatland!"
Sein Herz hat nie in ihm gebrannt,
Als er den Schritt nach Hause fand,
Nach Wandern an dem fremden Strand?
Wenn er noch atmet, geh', merk' ihn dir.
Für ihn begeistert sich kein Spielmann mehr,
Trotz seiner Titel, dem stolzen Namen,
Dem Reichtum grenzenlos und voll.
Trotz Titel, Macht und Mammon
Ist so ein Lump in sich gefangen.
Und doppelt sterbend soll er untergeh'n,
Werden zu grauem Staub, aus dem er kam,
Unbeweint, ungeehrt und unbesungen.)

Sir Walter Scott
Patriotismus
(I. „In Nominatus")

4 Knapp daneben

*M*itte September ist nicht gerade die ideale Zeit für eine Fahrt westwärts durch den Ärmelkanal. Selbst an guten Tagen ist es dann eher ein raues Revier. Aber an Tagen der Herbststürme ist es einhundert Prozent saumäßig. Es gibt kurze, steile schäumende Kabbelseen mit sprühenden Schaumkronen, extra dafür gemacht, die nach Eau de Cologne riechenden Franzosen und das metrische System von den Britischen Inseln fernzuhalten.

Das ist natürlich auch eine große Hilfe für die Brüder an der Küste auf beiden Seiten, und so lief ein gutgehendes Schmuggelgeschäft mit Cognac und Wein gen Norden, Zigaretten und Whisky gen Süden. Viel von diesem Geschäft wurde in den sechziger Jahren noch unter Segel abgewickelt. Normalerweise konnte man erkennen, wer einer der „Brüder" war; sie waren natürlich ein ziemlich versoffener Haufen, aber immer gute Gesellschaft, mit einem kernigen Humor.

Die Brüder hingen in den Pubs der englischen Kanalhäfen herum und warteten auf einen richtigen Sturm oder auf eine mondlose Nacht für den Schlag nach Frankreich. Sie kannten den Kanal wie die Runzeln im Gesicht ihrer Mütter. Im tiefen Winter machten sie üblicherweise im Innenhafen von Ryegate fest, östlich von Dover, und bezogen Arbeitslosengeld. Dann konnte man bis zu fünfzig Schiffe aller Art und Größe dort finden, vom Drascombe Lugger bis zum Bristol Channel Pilot Cutter, richtige seetaugliche Schiffe.

Jeden Abend kochte eines der Schiffe eine Mahlzeit für alle anderen. Üblicherweise gab es „Bohneneintopf", eine große Schüssel gebackener Bohnen mit Speck, Hammelfleisch, Kartoffeln und Karotten. Nach all' den Jahren kann ich mich immer noch an das Aroma erinnern, das, im Windschutz alter Segeltücher, von dem langsam köchelnden Essen aus den dampfenden Töpfen auf der Mole kam. Die zum Nichtstun verurteilten, hungrigen, wettergegerbten und -gestählten Männer hockten drum herum und suchten Schutz vor dem bitterkalten Ostwind.

Mit einem Hammerschlag auf ein altes Ölfass wurde angekündigt, dass das Essen fertig war. Hatte einer beim Pferdewetten gewonnen oder im Fußballtoto, dann gab es auch schon mal 'ne Lage Bier, oder ein anderer spielte nach dem Essen auf einer Maulorgel oder einem Banjo. Es war eine lebenslustige Gesellschaft, selbst dann, wenn der scharfe Ostwind direkt aus Sibirien geblasen kam.

Cresswell lag beigedreht vor North Foreland an der Südostspitze von England, in Lee der hohen Klippen und wartete darauf, dass der Sturm aus Südwesten sich ausblasen würde. Ich dachte an all' meine alten Kumpels, die mir so sehr geholfen hatten, als ich vier Jahre zuvor mein Schiff für die Arktis ausrüstete. Ich hätte sie sehr gerne wieder einmal getroffen, aber Arbeitslosenunterstützung konnte ich keine beantragen, und ich musste meine zu Ende gehenden Mittel irgendwie aufbessern. Also entschied ich mich doch für Alderney, wo es keine Steuern und keine Zölle gab und wo ich mich verkriechen konnte, bis die holländische Yacht für die Überführung zu den Westindischen Inseln fertig war.

Etwas widerwillig nahm ich Kurs auf den Kanal, weg von den verlockenden Lichtern Englands.

Am Abend dieses Tages war ich in Sichtweite von Dover Castle. Mit dem Ebbstrom trieb ich langsam an den weißen Klippen der Seven Sisters vorbei, der Wind war komplett eingeschlafen. Dann kam der Nebel herunter, und als es dunkel wurde, saß ich in der Flaute. Während der Nebel noch dünn war, nutzte ich die Gelegenheit, um das Rigg, dem ich immer ein wenig Lose gab, zu überprüfen und die Winschen zu zerlegen und einzufetten. Um Mitternacht war die See absolut ruhig, und der Nebel war so dick, dass ich vom Cockpit aus noch nicht einmal mehr den Großmast sehen konnte. Müde legte ich das Werkzeug weg und stellte Berechnungen an.

Oft schon hatte ich meinen Weg in sehr schwierigen Gewässern finden müssen, ohne Sicht auf die Gestirne. Ich war stolz auf meinen „Instinkt", die Position zu schätzen. Manchmal war ich deshalb auch ein wenig überheblich, mehr als es mir gut tat. Mit Hilfe der Stromtabelle im *Reed's Nautical Almanach* koppelte ich jede Stunde meine Position. Wegen der Gezeitenströmung machte ich mir nicht allzu viel Sorgen, immerhin war ich die norwegische Küste gewöhnt mit ihren wilden Tiden. Der Kanal war dagegen sicher nicht so schlimm, dachte ich.

Bald hörte ich an den Geräuschen vorbeiziehender Schiffe und ihren Nebelhörnern, dass ich in die Schifffahrtsstraße hineintrieb, also begann ich, meine Sirene zu betätigen. Dieses alte Überbleibsel der National Lifeboat Institution hatte ich damals auf dem Schiff gefunden. Die Sirene war 1870 konstruiert worden, „hergestellt" wäre das falsche Wort. Sie sah aus, als hätte sie Isambard Kingdom Brunel, der Konstrukteur des größten Stahlschiffes seiner Zeit, der *Great Eastern*, selbst entworfen. Es war ein riesiger Messingzylinder, etwa einen Meter lang, und 150 Millimeter im Durchmesser. An der Seite war ein Holzgriff, den ich nur betätigen konnte, wenn ich mein volles Gewicht anwendete – volle Kraft kann man nicht sagen, denn nach ein paar Stößen war nicht mehr viel davon übrig. Der Ton, der aus der riesigen Messingtrompete, die so ähnlich geformt war wie ein altmodischer Phonograph, herauskam, war furchterregend. Es klang wie ein vor Qual und Wut verendender Elefantenbulle und zerriss mir fast das Trommelfell.

Der Nebel hielt fünf Tage an. Fünf Tage trieb ich in einer der verkehrsreichsten Schifffahrtsstraßen der Welt, mit den Geräuschen von Schiffsmotoren aus jeder Richtung und Nebelhörnern, die klangen wie die Gesänge Tausender umherirrender Todesfeen. Kein Fetzen Wind und keine Maschine. Am zweiten Tag war ich vom Arbeiten an der monströsen viktorianischen Sirene total erschöpft, und meine Augen waren rot. Nelson lag halbtot auf dem Vorschiff – ich versuchte immer noch meine Position mit Hilfe der Tidentafeln zu koppeln, unter Berücksichtigung der Tatsache, dass sie fünf Jahre alt waren. Der Kanal ist mit Sandbänken übersät, aber das machte mir wenig Sorgen, denn *Cresswell* hatte Doppelkiele und konnte problemlos trocken fallen. Ich würde einfach den Anker werfen und das Ende des Nebels abwarten.

Am Ende des vierten Tages rechnete ich mir aus, dass ich irgendwie nahe der französischen Küste wäre, so in der Nähe von Cap Gris Nez. Dort gab es sicherlich weniger Schiffsverkehr, und ich meinte auch zu hören, wie die See an irgendwelche Klippen schlug. Ich lotete die Tiefe mit der Hand und stellte fest, dass ich zwölf Meter Wasser unter dem Kiel hatte. Also war ich entweder nahe der französischen Küste oder nahe einer Sandbank. Nur, dort, wo ich dachte, dass ich wäre, gab es weit und breit keine Sandbank auf der französischen Seite. Richtig, sagte ich zu mir selbst, dann muss ich vor Gris Nez sein! Ich blieb wach, obwohl es mir sehr schwer fiel und schaute hin und wieder zum Kompass.

Am späten Morgen des fünften Tages kam eine leichte Brise auf, und um die Mittagszeit löste sich der Nebel auf. „Gott sei Dank, endlich!", sagte ich zu Nelson der, wie ich, kaum seine Augen offen halten konnte.

Der Nebel verschwand schnell, und an der Steuerbordseite konnte ich eine hohe Klippe ausmachen, die drohend auf mich herabblickte. Zwischen der Klippe und mir war ein winziges Ruderboot, ein kleiner Mann in Ölzeug und einem schwarzen Hut saß darin.

„Hallo, bonjour M'sieur! Comment s'appelle cette falaise-là?", rief ich ihm zu, „Wie heißt diese Klippe da hinten?"

Die Antwort, die laut und klar zurückkam, werde ich mein ganzes Leben lang nicht vergessen, besonders nicht, wenn ich mich zu überheblich fühle mit meiner Navigation. „Du bist im falschen Land, Kumpel – das ist der verdammte Bleachy Head!"

Ich hatte die Werkzeugkiste unter den Kompass gestellt, eine unverzeihliche Sünde auf See! Ich war sechzig Meilen weg von meiner Koppelposition! Der Kanal hatte es mir gezeigt! „Kein Wunder, dass Napoleon und Hitler sich nicht hinüber trauten. Tückisch, launisch, grausam und geradezu lebensgefährlich", sagte ich im Spaß zu mir selbst.

Mit einer östlichen Brise von etwa zwanzig Knoten lief ich verdrießlich und erniedrigt die Küste entlang und beobachtete die vorbeiziehenden Klippen. Wenn die Sonne am Nachmittag durchkam, sah man grüne Felder, so grün wie nirgends, noch nicht einmal in Irland; kleine Häuschen, große Villen und Schlösser über den Dörfern. Es ging entlang der Städte Seaford und Newhaven, bis gegen fünf Uhr Brighton voraus in Sicht kam. Dies ist ein großer Badeort an der See und ein bevorzugter Ferienplatz für die Londoner. Ich entschloss mich, an der Pier anzulegen, um mir die Beine an Land zu vertreten.

Bevor die illegale Einwanderung einsetzte, waren die Kontrollen an der englischen Küste locker. Ich machte mit einer Leine auf der Leeseite des Brighton Piers fest und wanderte durch die Reihen der Spielautomaten auf dem Pier, vorbei an den Rummelbuden „Was der Diener sah" und „Präge Dir Deine eigene Münze", vorbei an den Kindern aus den Londoner Vororten, lebendig wie die Spatzen, die bei Mama und Papa um Eis oder Lutscher bettelten, und vorbei an den alten Leuten, die von der vergangenen Eleganz der viktorianischen Zeit träumten. Ich überquerte die verkehrsreiche Uferstrasse und ging in das Woolworth-Kaufhaus. Für meine übriggebliebenen Pennies, die ich in Russland nicht losgeworden war, kaufte ich mir fünf Pfund Kartoffeln.

Als ich zurück zu *Cresswell* kam, sah ich eine Gruppe Kinder, die sie betrachteten. Es war mir damals nicht bewusst, was einmal aus Brighton werden würde – die größte Marina Europas mit Hafengebühren, die man nur als Bruder von Aga Khan bezahlen kann. Ich kletterte an Bord, zog die Gaffel hoch, slippte die Leine und nahm Kurs auf Alderney, auf der anderen Seite des Kanals. Niemand hatte mich nach etwas gefragt, keine Polizei, kein Zoll, keine Aufsicht auf dem Pier. Keiner hatte mir auf Wiederseh'n gesagt oder eine gute Reise gewünscht. Früher war es eben so.

Nachdem ich aus dem Bereich der Grundseen an der Küste heraus gesegelt war, drehte ich bei und machte Abendessen: Sardinen und Pommes, eine wohltuende Abwechslung von Burgoo und Edamer.

Mit einer östlichen Brise hatte ich eine ruhige Überfahrt, mit direktem Kurs auf Alderney, bis ich das Feuer von Barfleur ausmachte (wo Heinrich V. 1440 den Franzosen den Hintern versohlte). Dann hatte ich den Tidenstrom gegen mich und brauchte einen ganzen Tag für die fehlenden vierzig Meilen. Am Abend lag Alderney niedrig und hügelig im Westen. Vor Cherbourg drehte ich bei, denn in der Nacht wollte ich es nicht mit den sieben Knoten Strom vor Alderney aufnehmen.

Wieder Pommes für mich und Burgoo für Nelson, der den ganzen Tag den Kopf hatte hängen lassen. Wegen der Quarantänebestimmungen hatte ich ihn in Brighton nicht mit an Land nehmen können. Ich schickte ihn nach oben und sagte ihm, er solle besonders gut auf die französischen Fischerboote aufpassen, die nur zwei Betriebsarten kennen – volle Pulle und Stopp – und auch nur zwei Kurse: den, welchen der Skipper befiehlt und den, welchen der Rudergänger steuert, normalerweise direkt durch das nächste Schiff hindurch. Das kommt davon, wenn man immer diesen Wein trinkt anstele eines anständigen Biers.

Früh am Morgen hatte der Wind in seine vorherrschende Richtung aus Südwest gedreht, und ich brauchte den ganzen Tag, bis ich Braye

Harbour, wie sich die kleine Bucht mit einem Pier nennt, erreichte. Als ich in den Hafen einlief, kam der Wind immer noch schwach aus Südwesten. Ich war in Lee der Insel, und es war gar nicht einfach, an den Pier zu kommen. Ich kam bis auf dreißig Meter heran und ließ schnell die Gaffel fallen. Ich warf meine lange Leine einem Müßiggänger auf dem Pier zu, aber der erwischte sie nicht. Platsch, fiel sie ins Wasser. Die Tide trieb *Cresswell* wieder mit eineinhalb Knoten auf die Einfahrt zu. Bald war ich wieder draußen und trieb in nördlicher Richtung England entgegen.

„Verdammt noch mal! Er hat die Leine nicht erwischt. Dieser faule blöde idiotische Nichtsnutz hat die verdammte Leine nicht erwischt!" Ich zog die Gaffel wieder hoch.

Um Mitternacht war ich immer noch in der Gewalt des Tidenstroms, der sich zwischen Alderney und der französischen Küste einstellte. Mit Hilfe einer Astropeilung ermittelte ich meine Position. Fünfundzwanzig Meilen nordwestlich der Insel. Dann, als Krönung des ganzen, drehte der Wind auf Südost! Das kommt normalerweise so oft vor, wie ich zu einer Teaparty in den Buckingham Palast eingeladen werde. Um nach Alderney zurückzukommen, hätte ich stundenlang, wenn nicht tagelang kreuzen müssen, und die meiste Zeit gegen den Strom. Und wenn der Strom kenterte, hätte ich den Wind gegen mich, und der würde gegen den Strom eine raue See aufbauen.

Mit einem schmierigen Finger fuhr ich über die noch schmierigere Karte. Dann traf ich eine Entscheidung: ich würde Kurs auf Plymouth anlegen. Mit raumem Wind könnte ich das bis zum Morgen schaffen, obwohl die alte Dame mit zwei Tonnen Käse im Bauch etwas schwerfällig war. Anstelle ihres üblichen beständigen und damenhaften Schrittes stampfte und wackelte sie entlang wie eine Bordsteinschwalbe nach einer fruchtlosen Nacht.

In der folgenden Nacht sichtete ich Prawle Point, und am Nachmittag lief ich nach Hamoaze ein. In Lee der Insel Mountbatten ließ ich den Anker über die Seite fallen und ging schlafen.

Am Morgen kam der Wind wieder aus Südwesten. Ohne an Land zu gehen, nahm ich wieder Kurs auf Alderney. Ich hatte einen schönen raumen Kurs, zweihundert Meilen Stampfen und Rollen. Als ich in Braye

Harbour ankam, war niemand da, also fuhr ich *Cresswell* direkt auf den Strand hinauf, mit vollen Segeln. Ich hatte dreihundertvierzig Meilen segeln müssen, nur weil einer meine Leine nicht gefangen hatte.

Müde machte ich mich auf den Weg zum Diver's Arms Pub. Ich hatte einen Edamer mitgenommen und tauschte ihn gegen ein schäumendes Ale aus England ein. Der Pub war voll mit „Brüdern", Männer von den Inseln, die in jenen Tagen als die Aristokraten unter den Schmugglern bekannt waren. In mondlosen Nächten wurde mehr Whisky zwischen den Inseln und Frankreich verschoben als auf den regulären Handelswegen.

Die Kanalinseln stehen unter eigener Verwaltung, Alderney, Guernsey, Jersey und Sark, jede für sich. Sie sind Teil eines alten Lehens von William dem Bastard, Herzog der Normandie, der mit Hilfe von zwanzigtausend Normannen 1066 England eroberte, das vom Kampf gegen die Dänen geschwächt war.

Die Männer von Alderney sind vorzügliche Seeleute, und das müssen sie in diesem Bereich des Kanals auch sein, wo die meiste Zeit des Jahres der Wind Sturmstärke erreicht. Während des Krieges, als die Deutschen die Kanalinseln besetzt hatten, bauten die den Leuchtturm auf den allgemein berüchtigten Felsen, Casquets genannt, zu einer Wetterstation aus. Die britische Marine heuerte einige Männer von der Insel an, die nach England evakuiert worden waren, und gab ihnen schnelle Kanonenboote. In einem besonders starken Sturm liefen diese Boote aus Plymouth aus und drehten vor den Casquets bei. Die Einheimischen, und nur die, kannten diese Felsen wie ihre Westentasche. Dann stürmte ein Kommando der britischen Marine die Station und nahm die Deutschen in Gefangenschaft.

Das passierte regelmäßig. Die Deutschen konnten nichts dagegen unternehmen. Bei diesen Wetterbedingungen und ohne Revierkenntnisse waren sie wie gelähmt. Zum Ende des Krieges hin, als es für die Deutschen eng wurde, meldeten sich viele freiwillig zum Dienst auf den Casquets. Sie wussten, dass sie in Gefangenschaft geraten würden, aber das war immer noch besser, als nach Russland geschickt zu werden.

Man erzählt sich immer noch die Geschichte von dem Mann von der Insel, der 1941 in einem 6 Fuß langen Boot von der Insel Guernsey floh, ein Jahr nach der Besetzung durch die Deutschen. Er trat in die britische Marine ein und wurde Lotse auf einem der Kommandoboote. In einer Nacht wurde ein Spähtrupp an die Südküste von Guernsey geschickt. Das Boot lag, als Fischerschmacke getarnt, vor Anker. Er zog seinen blauen Regenmantel über seine Uniform an, setzte seine Kappe auf und lief quer über die Insel, um seine Mutter in St. Peter Port zu besuchen. Auf dem Rückweg dachte er, es wäre eine gute Idee, auf ein schnelles Bier in den Crown Pub zu gehen. Als er in den hell erleuchteten Pub kam, merkte er, dass der jetzt als Offiziersmesse für die Deutschen diente.

Mit seinem speziellen Alderney-französisch-normannischen Dialekt, konnte er die Deutschen davon überzeugen, dass er Mitglied einer Delegation der italienischen Marine auf Besuch sei. Die Deutschen bestanden darauf, ihrem Verbündeten ein Bier nach dem anderen auszugeben, und der Lotse kam erst nachts um zwei Uhr wieder an Bord, stockbesoffen. Trotzdem brachte er das Schiff sicher wieder in den Hafen von Plymouth.

Im Diver's Arms Pub machte ich ein Geschäft mit einem Trawler-skipper aus Cherbourg. Am nächsten Tag wurde der ganze Käse (oder besser gesagt, fast der ganze) auf sein Schiff geschafft, und ich bekam vierhundert britische Pfund dafür. Dann wurde für mich eine nagelneue Zweizylinder-Volvo-Penta-MD-2-Maschine aus Guernsey bestellt, die durch einen „Fischer" heraufgebracht und mit seiner Hilfe installiert wurde. Er baute sogar eine Batterie und ein elektrisches Licht ein.

Da es dringend notwendig war, *Cresswells* Rumpf und Kiele zu reinigen und zu streichen, und weil ich ein paar Monate abwesend sein würde, entschied ich mich dafür, sie trocken zu legen. Das macht man, indem man sie beim höchsten Stand des Hochwassers auf den Strand zieht und dann sichert. Sie würde dann jeden Monat nur für ein paar Minuten lang schwimmen, die andere Zeit über würde sie hoch und trocken auf ihren Kielen stehen. Die „Brüder" würden durch die beschlagenen Scheiben des Diver's Arms Pubs hindurch ein wenig auf sie aufpassen.

Eine einheimische Dame nahm Nelson in Gewahrsam, oder versprach vielmehr, ihn regelmäßig zu füttern. Keine Dame konnte Nelson in Gewahrsam nehmen, Frauen gegenüber war er sehr misstrauisch. Das war etwas, das er von Tansy übernommen hatte, der mit seiner rauen Stimme zu sagen pflegte: „Verdammte Weiber ... Büstenhalter im Bug und Unterhosen im Segelkasten. Alles drunter und drüber und nichts griffbereit. Sie sind wie das Schapp eines Fähnrichs, sie bringen Unglück an Bord, mein Sohn." Aber was sollte man von einem sturmerprobten sechsundachtzigjährigen Salzbuckel schon anderes erwarten?

Ich persönlich denke, dass er einmal sehr verliebt war, nachdem seine Frau schon bald nach der Hochzeit gestorben war. Aber dann passierte etwas, und es ging in die Brüche. Er hat niemals darüber gesprochen. An Land war er ausgesprochen liebenswürdig zu den Damen, um nicht galant zu sagen, er zog seinen Hut und machte den Mädchen hinter der Bar Komplimente. Das waren auch ungefähr die einzigen Frauen, die er bei seinem Lebenswandel kennen lernte – mit Ausnahme seiner alten Freundin in Margate. Jedes Mal, wenn wir dort festmachten, kam sie herunter zum Kai, mit einem schönen Steak and Kidney Pie und einer Flasche Guinness. Sie war etwa achtzig und hatte immer ein blumengemustertes Häubchen auf und einen Seidenschal um den Hals. Tansy verabschiedete sich immer grummelnd von ihr, dann verzog er sich in seine Kajüte und verschlang die halbe Pastete. Die andere Hälfte hob er für mich auf. Ich habe mir oft über das alte Mädchen Gedanken gemacht.

Kurz nach Weihnachten flog ich nach Holland und übernahm die 40-Fuß-Yawl *Otterloo.* Ich segelte sie über die Kanarischen Inseln und Barbados (die Damenpassage, wie wir das nennen) nach Curaçao. Ich kam im April 1963 an diesem in jeder Hinsicht heißen Ort an. Da ich kein Schiff fand, das ich nach Europa hätte überführen können, flog ich zurück. Als ich in Alderney ankam, saß meine *Cresswell* hoch auf dem Trockenen, schön wie im Bilderbuch.

The night was drear and dark,
While our devoted ark,
There she lay ... til next day
In the Bay of Biscay, oh!

(Die Nacht war kalt und dunkel
während unsere ergebene Arche,
so da lag ... bis zum nächsten Tag,
im Golf von Biskaya, oh!)

Altes Seemannslied aus dem 18. Jahrhundert

5 Wieder mal ohne Mast

*M*it der Überführung der *Otterloo* hatte ich fast tausend Dollar verdient, die auf mein Konto in London eingezahlt wurden. Ich entschied mich, ins Mittelmeer zu gehen. Nachdem an Bord alles auf Hochglanz gebracht worden war, nahm ich Kurs auf Vigo, an der Nordwestspitze Spaniens. Das bedeutete, dass ich die Biskaya überqueren musste, um diese Jahreszeit das vielleicht stürmischste Revier im Atlantik, südlich des 50. Breitengrads Nord und nördlich des 30. Breitengrads Süd.

Die Winde in der Biskaya blasen hart aus Westen. In einem Zeitraum von zehn Tagen erreicht der Wind oft an fünf Tagen Sturmstärke. Die große Bucht ist flach, und es baut sich schnell eine steile See auf. Die traditionelle Route vom Ärmelkanal nach Vigo liegt deshalb auch weit draußen im Atlantik und ähnelt eher einem Halbkreis als einer geraden Linie.

Nach einer Abschiedsparty mit den „Brüdern" im Diver's Arms Pub wollte ich Braye Harbour verlassen. Ich nahm jedoch einen Kater mit an Bord, der einen Ochsen hätte umhauen können. Deshalb verschob ich meine Ausfahrt in den stürmischen Kanal um vierundzwanzig Stunden.

Der Wetterbericht von der BBC für diesen Tag klang nicht gerade einladend: Wind sechs bis acht aus Südwest, für die Reviere Fastnet, Plymouth, Wright und Dover, aber in jenen Tagen hatten die Theoretiker in den meteorologischen Anstalten nicht immer recht und waren nie so präzise wie heute. Unsere Methode festzustellen, ob wir auslaufen sollten oder nicht, bestand darin, eine brennende Kerze auf dem Boden eines Einmachglases festzumachen und damit bis ans Ende der Mole zu laufen. Wenn der Wind die Kerze nicht ausblasen konnte, hieß es: Leinen los!

Also legte ich ab, der Alderney-Strom lief mit fünf Knoten nach Norden, und ich folgte ihm. Richtiger wäre zu sagen, dass der Strom *Cresswells* Kiele packte und sie entlang der gefürchteten Casquets nach Norden schob. Nach drei Stunden auf See baute sich eine große schwarze Wolke im Westen auf und versprach noch mehr. Also nahm ich das Groß mit der Gaffel weg, die mir beim Bergen einen tüchtigen Schlag an den

Kopf versetzte, und lief unter Fock und Besan weiter nach Norden. Da der Strom im Kanal zu diesem Zeitpunkt nach Westen lief, hatte ich keine Angst wegen der Abdrift.

Ich setzte mich hin, und das Schiff steuerte sich mit festgelaschtem Ruder selbst. Plötzlich sah ich im Osten, auf meiner Leeseite, etwas, das ich für ein kleines Motorboot hielt. Ich holte mein neues Zeiss-Fernglas hervor (wunderbares Ding, ein Geschenk von Herrn Böhm, dem Vertreter für Fischkonservenmaschinen), hängte mich in die Besanwanten und peilte hinüber. Das Boot war etwa achtzehn Fuß lang und hatte eine kleine Kajüte. Jemand stand am Heck und winkte mit etwas, das wie ein Riemen aussah, aber es war schwer zu sagen, bei dem Auf und Ab in der Kabbelsee des Kanals und auf etwa zwei Meilen Entfernung.

Die Täler zwischen den Wellen waren so tief, dass das Motorboot die meiste Zeit ganz außer Sicht war. Aber es war offensichtlich in Seenot, denn es machte keine Fahrt.

„Scheiße", sagte ich, als ich *Cresswell* vom Kurs abkommen ließ und raumschots auf das Motorboot zuhielt. Ich hab' immer dieses Glück, dachte ich. Ich versuche mit aller Kraft, nach Westen zu kommen, und jetzt muss ich zwei wertvolle Meilen verschenken, nur weil so ein Idiot seine Anlasserkurbel verloren hat.

Aber das Gesetz auf See ist eindeutig. Wenn ein Schiff in Seenot ist, dann ist es deine Pflicht, ihm zu helfen. Es gäbe zu viele Spiegel in meiner Zukunft, in die ich hineinschauen müsste, und die See würde mich auf ihre Art bestrafen, wenn ich einen Hilferuf ignorierte. Es gab keine weiteren Schiffe in der Nähe, und angesichts des vorausgesagten Wetterberichtes wäre es ein Verbrechen, den Hilferuf zu ignorieren.

Vor dem Wind, der mittlerweile mit dreißig Knoten blies, stampfte und sprang *Cresswell* von einem grünen Wellenkamm zum anderen, direkt in Richtung Motorboot. Bald war ich in der Nähe und lag längsseits, ließ die Fock fliegen und nahm die Besangaffel runter. Jetzt war es an der Zeit, meinen neuen Volvo-Penta-Motor auszuprobieren. Er sprang gleich beim ersten Mal an und lief wie ein Uhrwerk.

Ich schob mich näher an das kleine Fahrzeug heran, und was ich sah, werde ich niemals mehr vergessen. Im Cockpit dieses winzigen Bootes, das in den Wellen wie ein Korken auf und ab hüpfte, saß ein älterer Herr mit einem Dreitagebart und einer Brille auf der Nase. Er hatte eine Jagdmütze auf und ein erbsengrünes Jackett an – und er las die Zeitung im Lee des Eingangs zur Kajüte.

„Hallo, da drüben", rief ich, und passte auf, dass ich nicht zu nahe an ihn heran kam. Der Horizont im Westen war pechschwarz.

Er schaute über das Schanzkleid seines Bootes und blickte mich über seinen Brillenrand hinweg an. Er war nur etwa fünf Meter weg, und die Schiffe schlingerten wie wild. Selbst Kapitän Cook wäre grün geworden im Gesicht.

„Hallo, da drüben", wiederholte ich, „haben Sie Probleme?"

„Hallo, alter Junge, sehr erfreut, Sie zu sehen!" Sein vornehmer Oxford-Akzent, der durch den steifen Wind herüber drang, ließ auf eine gute Bildung schließen. „Außerordentlich nett von Ihnen, hier vorbeizuschauen!"

„Welches Problem haben Sie?", rief ich.

„Mein Motor ist irgendwie kaputt. Es ist so ein benzingetriebenes Verbrennungsding, und ich habe keine Ahnung, warum es nicht anspringen will. Ich habe unzählige Male auf alle Knöpfe gedrückt, aber oje! Ich hatte noch nie Glück mit diesen neumodischen Dingern!"

„Haben Sie Benzin im Tank?"

„Momentchen, alter Junge, ich werf' mal einen Blick drauf! Diese verdammten Motoren sind ja so kompliziert!"

Er hielt sich am Kajütendach fest. Wie es ihm gelang, bei den wilden Bewegungen des Bootes die Balance zu halten, war mir ein Rätsel.

„Ganz nebenbei, darf ich mich Ihnen vorstellen ..."

„Gott im Himmel", murmelte ich zu Nelson, „was zum Teufel soll denn das, sich vorstellen, inmitten eines heulenden Sturms!"

„Colonel Featherstone, in Pension, Royal Household Artillery!"

„Tristan Jones, Liverpool, Tiefseetaucher-Verein! Aber schauen Sie doch um Gottes willen jetzt bitte in Ihren Tank!"

Es war einigermaßen schwierig, meine Position neben ihm zu halten, ich musste immer wieder die Maschine vorwärts und dann wieder rückwärts schalten, und die ganze Zeit knatterte die Fock wie ein Maschinengewehr.

Der Colonel stolperte nach achtern und fummelte eine Minute lang herum. Dann schaute er verlegen auf.

„Tut mir furchtbar leid", rief er, „es ist mir wirklich peinlich, aber ich denke, ich habe kein verdammtes Naphta mehr". (Das Wort „Naphta" benutzte man so um 1880 anstelle von „Benzin").

„Wollen Sie zu mir an Bord kommen?", rief ich, „aber ich rate davon ab, zu riskant. Ich übergebe Ihnen besser eine Leine. Ich kann Sie in etwa zwei Stunden in Lee der Casquets bringen. Ich geb' Ihnen zwei Leinen. Die eine machen Sie an Ihrer Vorschiffklampe fest ...".

„Was? Was war das, mein Freund?" Er hielt sich eine Hand trichterförmig ans Ohr.

„Das Stück Holz vorne am Schiff".

„Ah ja, ich sehe es. Klingt furchtbar seemännisch, he?", antwortete er und schmunzelte.

„Mein Gott", sagte ich leise zu Nelson, dann wieder laut: „Und die andere Leine nehmen Sie um die Kajüte herum und machen Sie an der Achterklampe fest, aber geben Sie ihr Lose."

„Gut, mein Freund, Sie haben das Kommando. Ex-Marine? Sie sehen so aus. Hatte mal einen Cousin in der Royal Naval Reserve ...".

„Fangen Sie die Leine!"

Ich unterbrach seine Familiengeschichte und warf die Leine hinüber, keine einfache Sache bei dem Wind. Aber ich schaffte es und hatte ihn bald im Schlepp. Langsam, mit etwa zwei Knoten, liefen wir südwärts in Richtung der Felsen von Casquets. Wir hatten den Tidenstrom jetzt in unsere Richtung und würden vor Einbruch der Dunkelheit in den Windschatten der Felsen kommen. Ich blickte öfters nach hinten und sah, dass der Alte wieder in seine Zeitung vertieft war. Wenn er sah, dass ich hinüber schaute, winkte er majestätisch mit der Hand, gerade so wie die Königinmutter.

Um fünf Uhr nachmittags waren wir gut in Lee der Casquets. Die See war hier viel ruhiger. Um sechs Uhr liefen wir nach Braye Harbour ein. Am Hafeneingang nahm ein einlaufendes „Fischer"boot den Colonel an den Haken, und ich schlüpfte wieder auf See hinaus. Ich hasse es, an einen Platz zurückzukommen, von dem ich mich gerade verabschiedet habe.

Als ich den Colonel „übergab", rief der zu mir herüber: „Furchtbar liebenswürdig von Ihnen. Schrecklich schade, dass sie nicht auf ein Glas bleiben können. Jedenfalls wünsche ich Ihnen eine sehr angenehme Reise. Wo wollen Sie hin? England oder in die Fremde?"

„Spanien."

„O wie reizend! Nirgendwo ist der Wein besser als in Madeira. Aber ich bekomme immer Darmprobleme dort, die sanitären Verhältnisse sind ein wenig altmodisch, wissen Sie".

„Auf Wiederseh'n, Colonel. Petri Heil!"

„Cheerio, alter Junge. Bitte kommen Sie mal vorbei, wenn Sie wieder in der Nähe sind!"

„Zu Befehl", rief ich, denn auch ich kannte die Soldatensprache.

„War schön, Sie zu treffen ...", seine Stimme verhallte im Wind, und Nelson schaute mich mit seinem einen Auge fragend an.

Ich zog die Besangaffel wieder hoch. Als ich auf die offene See kam, erwartete mich ein ausgewachsener Sturm, aber unter Stagsegel und Besan kam ich gut voran, konnte am anderen Morgen das Leuchtfeuer von Star Point in England ausmachen und ging über Stag. Von da an hieß es kreuzen, kreuzen, kreuzen, vierhundert Meilen nach Südwesten, sechs Tage lang. Als ich an dem Punkt ankam, an dem ich nach Süden drehen wollte, war der Wind auf fünfundzwanzig Knoten abgeflaut. Genau das Richtige für einen Schlag am Wind nach Vigo. Ich setzte das Groß, und *Cresswell* flog fast die Kurslinie entlang. Meine Astropeilung ergab eine Position 12 Grad West und 47 Grad Nord.

Zwei Tage lang hielt das perfekte Wetter an. Herrlicher Sonnenschein, Cirrostratuswolken und ein Kurs siebzig Grad am Wind, genau in Richtung auf Cap Finisterre, Vigo, Wein und (hoffentlich) auch Weib. (Vergiss' den Gesang, wie der alte Tansy Lee zu sagen pflegte).

Am neunten Tag, am 11. Mai, empfing ich einen Wetterbericht der BBC, der „Wind in Sturmstärke" für die Biskaya ankündigte.

„Musst deinen Schwanz reffen, Nelson, wir kriegen wieder eins auf Dach!"

Um Mitternacht, am zwölften, war der Himmel komplett mit schwarzen Wolken überzogen, und es regnete in Strömen. Der Wind kam gerade aus Richtung Kap Hatteras auf uns zu. Ich reffte das

Groß und nahm den Besan weg. Das Stagsegel zog wie ein Ochse, und *Cresswell* stampfte wild auf und nieder, wie der Ellenbogen eines Geigers.

Ich war in voller Schlechtwetter-Montur und mit der Leine an der Steuersäule gesichert. Doch allzu große Sorgen machte ich mir nicht. Ich dachte, wenn es noch dicker kommt, dann nehme ich das Groß ganz weg und laufe unter Stagsegel nach Osten ab. Ich hatte viel Seeraum, und, wenn es ganz schlimm kommen sollte, könnte ich immer noch ins Lee der Belle Isle oder sogar in den Hafen von St. Nazaire ablaufen, die beide etwa vierhundert Meilen entfernt an der Küste Frankreichs lagen. Das war aber nicht gerade wünschenswert, da ich dann wahrscheinlich wieder hinauskreuzen müsste.

Ich hatte den Niedergang zugezogen, und *Cresswell* war jetzt dicht wie ein Fass. Ich mache das gar nicht gerne, denn bei Sauwetter ist es sehr wohltuend, wenn man hinunter sehen kann; das warme Licht der Petroleumlampe erscheint dann wie die Verheißung von Frieden und Ruhe. Aber in dieser Nacht überließ ich nichts dem Zufall. *Cresswell* war ein altes, zu einem Segler umfunktioniertes Rettungsboot, hatte zwei Kiele und nur siebzig Zentimeter Tiefgang. Manchmal, in einer starken Bö, legte sie sich beängstigend auf die Seite und drohte zu kentern. Es war, als würde man eine Salatschüssel segeln.

Diesmal kenterte sie, oder besser gesagt, fast. Plötzlich kam eine Monsterwelle von Steuerbordbug und hob sie hoch. Bevor ich das Geringste tun konnte, geschweige denn, das Groß wegnehmen, lag sie auf der Seite, mit dem Segel auf der Leeseite im Wasser. Das Groß war zwar bis auf ein Drittel seiner normalen Segelfläche gerefft, aber das war genug, um Wasser aufzunehmen, bestimmt zwanzig Tonnen oder mehr. Sie schien minutenlang auf der Seite zu liegen, und ich fürchtete, sie würde durchkentern. Ich erinnere mich noch, wie ich dachte: Zum Glück ist der Ballast (dünne Streifen aus Blei, die zwischen die Spanten in der Bilge eingepasst waren), fest mit dem Rumpf verbunden. Wenn sie durchkentert, besteht eine Chance, dass sie sich wieder aufrichtet.

Ich war jetzt bis zu den Hüften im eiskalten Wasser und hing an der Steuerbordwinsch. Das Komische war, dass ich trotz all dem Lärm von See und Wind Nelson unter Deck bellen hörte. Ich dachte: „Lieber Genosse, wenn wir sinken, hättest du es hier oben besser. Könntest noch einmal den Wind fühlen, bevor es zu Ende geht."

Plötzlich, mit einem Satz, der mich quer durch das Cockpit auf die andere Seite schleuderte, richtete das Boot sich auf. Das geschah innerhalb einer Sekunde. Aus keinem ersichtlichen Grund (vielleicht lief gerade der Trog der Riesenwelle unter ihr durch) stand sie einen Moment lang ganz aufrecht. Dann, durch das Gewicht des Wassers im Großsegel und die zusätzliche Kraft des Windes von der Steuerbordseite, brach plötzlich der Mast über dem Koker. Er zerbrach wie ein Streichholz, obwohl er bis zu den Mastbändern voll aus bester norwegischer Fichte gemacht war, nur ab dann wegen des Toppgewichts hohl, von den besten norwegischen Fachleuten aus den besten zur Verfügung stehenden Materialien. Er fiel um, als wäre er aus Papier. Als der Mast brach, gaben auch die Steuerbordwanten mit einem durchdringenden Peng! auf, Stahltrossen von fünfundzwanzig Millimeter Durchmesser. Beide rissen direkt unterhalb vom Mastbackenspleiß ab. Der Mast ging unter ohrenbetäubendem Krach über Bord.

Der Großmast war jetzt mit der Spitze unter Wasser, und das Ende, das normalerweise an Deck stand, schlug gegen das Schiff. Ich dachte, es würde ein Loch hineinschlagen. Wegen starker Schmerzen aufgrund einiger gequetschter Rippen kam ich nur langsam aus meiner Sicherheitsleine. Der Mast schlug schwer auf die vordere Kante des Kajütaufbaus, denn er war ja noch immer durch die Backbordwanten, das Vorstag und die laufenden Backstagen mit dem Schiff verbunden.

Als erstes versuchte ich, die Mastspitze an den Backbordwanten längsseits zu holen. Aber das ging weit über meine Kräfte. Es blieb mir nichts anderes übrig, als zu versuchen, den Mast loszuwerden. Auf *Cresswell* waren die Wanten und das weitere laufende Gut durch Jungfernblöcke geführt und gespleißt. Der einzige Ausweg bestand darin, diese aufzuschlagen. Ich tauchte nach unten nach den zwei scharfgeschliffenen Äxten, die ich extra für diesen Fall dort aufbewahrte. Dann begann ich, die hölzernen Blöcke zu bearbeiten. Mit einer scharfen Axt konnte ich einen Block in ungefähr sechs Schlägen aufkriegen. Es wäre besser gewesen, das Rigg am anderen Ende der Wanten zu lösen, um sie und das Großsegel zu retten, aber der Mast schlug in der See wie ein wildes Tier um sich und war im Begriff, den Rumpf zu beschädigen. Das Wichtigste war, das Schiff als schwimmende Einheit zu erhalten. Alles was es daran hinderte, musste weg, oder musste zumindest von ihm getrennt werden.

Nach vier Stunden Arbeit hatte ich die Wanten, die Großschot und alles, was den Mast und Baum mit dem Schiff verband, durchtrennt. Es war eine schwierige und gefährliche Arbeit, denn der Mast schlug aus wie die Hinterhufe eines Pferdes. Ich hatte das restliche Großsegel so hoch wie möglich am Mast festgezurrt, und machte die Großschot an den Vorschiffklampen fest. Mit schmerzhaftem Drücken und Schieben schaffte ich es, den Mast über die Leeseite zu bringen. Mast, Gaffel, das gereffte Groß, Stagsegel, alles. Das ganze Durcheinander schwamm halb über und halb unter Wasser voraus, aber es trieb auch nicht weg. Es blieb vielmehr an der Stelle, und der Wind trieb *Cresswell* weg.

Diese Wuhling wirkte jetzt wie ein Treibanker, der *Cresswells* Bug im Wind hielt, bis ich das gereffte Besansegel setzten konnte, was mir mit viel Anstrengung gelang. Dichtgesetzt, funktionierte es jetzt wie eine Art Windfahne, und *Cresswells* Bug lag zirka vierzig Grad gegen die ankommenden Seen. Das ist fast ideal für ein kleines Schiff.

Ich blickte umher und versuchte, mich zu orientieren. Augenscheinlich begann der gebrochene Mast mit den Wanten und Segelfetzen langsam zu sinken. Ohne zu überlegen ging ich nach vorne und schlug mit einem einzigen Schlag die Großschot durch. Es war eine Schande, fast tausend Dollar Materialwert, aber ich konnte es mir noch weniger leisten, dass *Cresswells* Bug von dem sinkenden Zeug nach unten gezogen wurde. Solange sie noch oben schwamm, wollte ich nicht riskieren, dass von vorne überkommende Brecher durch das Loch im Kajütdach eindringen würden.

Ich machte alle losen Teile und Enden so gut wie möglich sicher fest, dann pumpte ich das wenige Wasser aus der Bilge, das durch das Loch im Dach eingedrungen war. Ich machte mich daran, das Loch abzudichten. Das tat ich mit Hilfe meiner Matratze, die ich von außen in das Loch stopfte und mit dem flachen Ende der Axt festklopfte. Dann ging ich nach unten, machte mir einen Becher Tee und etwas Burgoo zurecht und setzte mich hin, um nachzudenken.

64

Nelson war unverletzt und lag in der Steuerbordkoje (ohne Matratze). Er schaute mich an, als ob er sagen wolle: „Mann, du blöder Kerl, hast du's schon wieder geschafft, was?" Aber auch er fraß gerne eine Portion Burgoo.

Den Verbrauch für das Abschleppen des Colonels mitgerechnet, hatte ich genug Diesel (15 Liter), um zwanzig Meilen zu motoren. Die Küste Frankreichs lag jedoch 400 Meilen in Lee, im Osten. Also musste ich ein Notrigg machen und Kurs St. Nazaire oder Bordeaux laufen. Aber zuallererst musste ich mich ausruhen. Alles war gesichert, und ein Notrigg konnte ich sowieso erst in Angriff nehmen, wenn das Wetter etwas besser würde. Der Wind aus Westnordwest trieb *Cresswell* ohnehin langsam in die richtige Richtung zur Küste Frankreichs. Ich hatte genug Essensvorräte für zwei Wochen, also kein Grund zur Eile. Eingeklemmt zwischen Herd und Koje schlief ich ein.

Am späten Vormittag des nächsten Tages wachte ich auf. *Cresswells* Bewegungen waren jetzt viel angenehmer, und der Wind ließ langsam nach. Am Nachmittag fiel er auf dreißig Knoten. Ich entschied mich, noch eine Nacht abzuwarten und hängte eine Petroleumlampe auf, falls ich in eine Schifffahrtsstraße getrieben werden sollte. Der Himmel war immer noch stark bewölkt, und die See war grau und trübe.

Am nächsten Tag schien die Sonne, am Himmel gab es nur ein paar Kumuluswolken, die See hatte sich beruhigt und der Wind blies nur noch mit zwanzig Knoten. Hätte ich noch meinen Großmast gehabt, wäre das ein idealer Segeltag geworden. Aber das Schiff war ein Chaos.

Ich entschloss mich, ein Vorstag am Besan anzubringen. Es würde in einem sehr flachen Winkel verlaufen, aber immerhin könnte ich mehr Segel setzen und besser steuern. Ich spleißte die Reste der Steuerbordwanten zusammen, die noch an Bord waren. Ich führte das Notvorstag nach vorne und teilte es auf die vorderen Belegklampen auf. Dann schlug ich das Segel an und fertig. *Cresswell* sah aus wie Nofretetes Barke, aber immerhin legte sie ein wenig an Geschwindigkeit zu, statt einem Knoten lief sie jetzt vielleicht zwei. Meine Peilung nach der Sonne ergab eine Position 380 Seemeilen ONO von Bordeaux, oder vielmehr der Einfahrt in den Fluß Gironde. So entschied ich mich für diesen Kurs.

Wir schafften die Strecke in einer Woche ohne weitere Zwischenfälle. Es war hart und mühsam, das Schiff bei grober See mit dem wenig ausbalancierten Rigg zu steuern. Etwa zehn Meilen vor der Mündung der Gironde empfing ich wieder einen schlechten Wetterbericht und startete die Maschine. Ich benutzte meinen kostbaren Treibstoff, um gegen die starke Strömung des Flusses anzukommen. Bald war ich hinter den Ausläufern des Festlandes, und endlich im Hafen von Royan. Endlich in Sicherheit.

Der Zollbeamte, der zu *Cresswell* kam, war ein lieber Kerl. Er erkannte meine Situation und wechselte die letzten zwei britischen Pfund, die ich an Bord hatte, in französische Francs. Er nahm keine Gebühr für das Einklarieren. An Land ging ich sofort zur Post und schickte ein Telegramm an meine Bank in London. „Fünfhundert Dollar überweisen, dringend." Dann ging ich einen Kaffee trinken. Zurück kam die Antwort aus London: „Neue Devisen-Ausfuhrbestimmungen ab 1. Mai. Können pro Jahr nicht mehr als fünfundzwanzig Pfund überweisen. Für dieses Jahr keine Überweisung mehr möglich".

Verdammte Bande! *Merde alors! Putain!* Da stand ich nun mit einem halb abgewrackten Schiff, hatte nur noch für zwei Tage Proviant übrig und kein Geld. Wieder mal! Ich setzte mich hin, um alles zu überdenken.

Vielleicht würde die britische Regierung meine Ausnahmesituation erkennen, das Gesetz etwas großzügiger auslegen und meiner Bank erlauben, mir mein Geld zu schicken. Aber das nähme bestimmt ein paar Wochen in Anspruch. In der Zwischenzeit musste ich leben und, wenn möglich, mein Schiff in Ordnung bringen. Aber wie? In Royan konnte ich nicht bleiben, das war nur ein Ankerplatz, kaum windgeschützt. Außerdem hatte ich kein Beiboot.

Da ich für dieses Revier keine Seekarten hatte, nahm ich den Atlas hervor. Es war mir klar, dass ich mich mit der Tide den Fluss hinaufarbeiten musste, denn Diesel hatte ich keinen mehr. Ich musste versuchen, Bordeaux zu erreichen. Vielleicht gäbe es dort Arbeit, Reparaturen auf einem Boot oder eine Überführung. Immerhin stand die Sommersaison vor der Tür.

Am nächsten Morgen, als der Tidenstrom kenterte, nahm ich den Anker auf. Mit dem Westwind, unter Besansegel und mit der Tide, machte ich mich auf in Richtung Bordeaux. Am Ende der dritten Tide kam ich zu einer Flussbiegung. Es regnete, war trostlos, und ich hatte kaum was gegessen. Ich arbeitete mich zum Ufer hin, wo ich einen Landesteg in Nähe eines kleinen Dorfes entdeckt hatte. Ich hielt die Schoten bereit, und, als ich nahe genug am Steg war, ließ ich die Schoten los, und sprang hinüber. Schnell machte ich an einem Poller fest und verholte *Cresswell* längsseits zum Steg.

Bei Einsetzen der Dämmerung regnete es immer noch, und ich war in miserabler Stimmung. Mein Französisch war nicht besonders gut, und die paar Leute, die zum Steg herunter kamen, sprachen auch noch in einem für mich unverständlichen Dialekt. Sie schienen nicht allzu freundlich zu sein. Ich hatte fast keine Lebensmittel mehr und nur noch eine einzige Zigarette. Der Regen kam durch die Matratze, mit der ich das Loch im Kajütdach abgedichtet hatte. Wie das Sprichwort sagt: „Einen Fuß im Gully und den anderen auf einem Stück Seife."

Als es dunkel wurde, ließ der Regen nach, und ich entschied mich für einen Landgang. Ich wollte mir Lormont ansehen, wie das Dörfchen hieß. Es war kein Mensch auf der Straße, typisch für ein französisches Dorf an einem verregneten Abend. Ich ging an der Kirche vorbei und den Hügel hinauf. Es begann wieder zu regnen, und ich machte mich auf den Weg zurück zum Steg und zu meinem „verwundeten" Schiff. (Nelson schnüffelte misstrauisch an den Laternenpfählen herum. Tansy, sein früherer Herr, hatte Franzosen nicht leiden können, und das hatte auf den Hund abgefärbt.) Oberhalb des Landestegs war eine Bushaltestelle, und in dem winzigen Unterstand stand ein kleiner Mann mit Baskenmütze und blauem Regenmantel. In der Hand hielt er einen Schirm. Ich nahm meine letzte Kippe heraus, und frage ihn nach Feuer.

„*Bonsoir, M'sieur. Vous avez du feu, s'il vous plaît?*"

„*Oui, M'sieur. Vous êtes Anglais?*"

„*Oui, M'sieur ... Gallois*".

„Ah, sehr erfreut, Sie kennen zu lernen, ich lerne nämlich Englisch."

„Wirklich?"

„Ja", sagte er, „ist das Ihr Schiff da unten?"

„Ja, leider."

„Machen Sie hier Ferien?"

„So ungefähr".

„Sie haben einen Schaden?"

„Oh, nur ein wenig Ärger, wissen Sie", sagte ich und stellte mich vor.

„Paul Condamine. Ich lebe hier in der Nähe. Kann ich Ihnen irgendwie helfen?"

„Also, Sie könnten mir einen Rat geben. Sehen Sie, ich brauche dringend eine Arbeit. Ich muss ein paar Monate hier bleiben, um mein Schiff zu reparieren, und ich kann nicht an mein Geld in England rankommen".

„Ja, ich habe das mit den Devisenbestimmungen bei BBC gehört. Ich höre jeden Abend Radio, um mein Englisch zu verbessern. Es muss ziemlich schlimm für Sie sein. Schauen Sie, ich arbeite zehn Kilometer von hier in einer Fabrik. Wir drucken Formulare für die französische Regierung, aber mein Chef ist Engländer, das heißt war, er hat jetzt einen französischen Pass. Warum kommen Sie nicht morgen einmal vorbei? Vielleicht wird man Ihnen helfen? Ich schreibe Ihnen den Namen des Personalchefs auf und die Adresse. Sie können sagen, ich hätte Sie geschickt."

„Ich danke Ihnen sehr, *M'sieur*. Kann ich irgend etwas für Sie tun?"

„Ja, gerne. Meine Frau und ich möchten Sie einmal die Woche zum Essen zu uns nach Hause einladen, um unser Englisch zu üben."

„Mit Vergnügen, *M'sieur Condamine!*"

Der Bus holperte daher, und der kleine Franzmann stieg ein, nachdem er seinen Regenschirm zugemacht hatte.

Am nächsten Morgen warf ich mich in meine besten Klamotten: Pullover, Seestiefel, ein nagelneues Paar Jeans, blaue Fischerkappe und Ölzeugjacke. Nelson und ich liefen die zehn Kilometer bis zur Fabrik zu Fuß. Um neun Uhr kamen wir an, und ich ging in das luxuriös möblierte Foyer hinein. Teppiche von Wand zu Wand und wunderschöne moderne Möbel überall. Die Dame am Empfang war noch schöner als die Möbel und so dünn, dass ich dachte, der leiseste Windhauch würde sie bis nach Paris wehen. Meine Anwesenheit schien sie irgendwie zu stören, aber ich konnte mir nicht denken, warum. Meinen Bart hatte ich doch erst vor drei Wochen in Alderney getrimmt ...

„Hinterlassen Sie Ihren Namen, und ich werde ihn dem Personalchef geben. Sie haben einen Termin bei ihm, um fünf Uhr heute Nachmittag."

„Aber *Mam'selle!* Ich habe kein Geld; ich kann nirgends hin."

„Tut mir leid, aber Sie müssen warten. Kommen Sie um fünf wieder."

So saßen Nelson und ich unter einer tropfenden Hecke in der Nähe der glänzenden neuen Fabrik und warteten den ganzen Tag im Regen. Es war eine der schlimmsten Wartezeiten, an die ich mich erinnern kann. Es war ein trostloser grauer Tag, und wir saßen „in" der Hecke drin, damit wir die Sandwich kauenden und Zigaretten rauchenden Leute in ihren Autos nicht sehen mussten.

Als ich dachte, es wäre fünf Uhr, machten wir uns wieder auf den Weg zur Fabrik. Nelson hoppelte auf seinen drei Beinen hinter mir her.

Als ich durch den Eingang kam, salutierte der *commissionaire*, und die Empfangsdame zeigte das schönste Lächeln nördlich der Pyrenäen und südlich von Dover.

„*M'sieur Tristan!*" Sie glitt hinter ihrem Tisch hervor, gab mir die Hand und geleitete mich zu einem Sofa.

„Bitte nehmen Sie Platz, der Herr Direktor möchte Sie sprechen."

In meinem trostlosen Zustand, kalt, nass, hungrig und nichts zu rauchen, saß ich nur stumm da. Nach ein paar Minuten kam ein Mann die breite, mit Teppich belegte Treppe heruntergesprungen. Er war klein, gut genährt und trug einen untadeligen grauen Anzug, glänzende Lederschuhe, eine Krawatte und eine Krawattennadel mit einer riesigen Perle. Er hatte rosige Wangen und war anscheinend an gutes Leben gewöhnt. Er kam auf mich zu und gab mir die Hand.

„Sie sind Tristan Jones?", fragte er mit ausgeprägt britischem Akzent.

„Ja, so heiße ich."

„Wissen Sie nicht, wer ich bin?"

„Nein, keine Ahnung?", antwortete ich verwirrt.

„Das ist phantastisch!" Er nahm mich beim Ellenbogen und führte mich zur Treppe. „Erinnern Sie sich, vor drei Wochen haben Sie einen älteren Herrn getroffen, der in einem kleinen Motorboot umhertrieb, im Kanal, bei Alderney?"

„Sie meinen den Colonel? Aber woher wissen Sie das?"

Er legte einen Arm um meine Schulter. „Tristan, dieser Mann ist mein Vater."

Mr. Featherstone junior packte meine beiden Ellenbogen. „Also, jetzt sag' mir um Himmels Willen, wie ich dir helfen kann? Und halt' dich nicht zurück!"

„Also, ich würde ..."

„Mein Name ist Featherstone, und ich bin hier der Geschäftsführer. Was brauchst du? Condamine hat mir heute morgen von dir erzählt, und natürlich mein Vater früher schon, aber erst als ich deinen Namen im Terminkalender des Personalchefs las, wurde klar, dass es um deine Person geht. Hast ein bisschen Pech gehabt, hab' ich gehört. Brauchst' einen Job? Ich stell' dich ein. Mach' dich zum Vorarbeiter für die Gruppe, die Fundamente für unseren Anbau macht. Wie ist dein Französisch?"

„Ziemlich miserabel."

Er lachte. „Macht nichts, mein Freund! Das sind sowieso alles Algerier. Also, was brauchst du im Moment?"

„Eine Zigarette, und eine Woche Vorschuss, bitte."

„Gemacht, hier sind zweihundert Francs."

Er drehte sich zu der Empfangsdame um, die immer noch lächelte. „Besorgen Sie dem *M'sieur* ein paar Zigaretten – und auch etwas für den Hund!"

Nelson schaute Herrn Featherstone mit seinem einen Auge an, und zum ersten Mal, seit wir in Frankreich angekommen waren, wedelte er mit dem Schwanz.

So phantastisch, wie sich das anhören mag, es hat sich wirklich so zugetragen. Die Geschichte wurde auch der französischen Presse bekannt, die darüber berichtete. Obwohl Vater und Sohn fünfhundert Seemeilen von einander entfernt waren, hatte mich irgendwas oder irgendwer in meiner Not dorthin geführt, gerade zu dem einen Mann unter achtundvierzig Millionen Franzosen, der nicht nur eine Schuld zurückzahlen wollte, sondern auch noch die Möglichkeiten und Mittel dazu hatte.

Schicksal? Ich weiß es nicht. Am liebsten denke ich, es war eine führende Hand, die den Dummen, den Betrunkenen, und den Seeleuten in Not hilft. Diesmal hatte sie allen drei Kategorien in einer Person geholfen!

Before the Roman came to Rye or out to Severn strode,
The rolling English drunkard made the rolling English road.
A reeling road, a rolling road, that rambles round the shire,
And after him the parson ran, the sexton and the squire;
A merry road, a mazy road, and as such we tread
The night we went to Birmingham by the way of Beachy Head.

(Bevor der Römer kam nach Rye und dann weiter nach Severn streifte,
Rollte längst der englische Trunkenbold die rollende englische Straße entlang.
Die schwankende Straße, die rollende Straße, die sich durch die Grafschaft
windet,
Und hinter ihm her rannten der Pfaffe, der Küster und der Junker.
Eine fröhliche Straße, eine gewundene Straße, die wir beschritten
In der Nacht, als wir nach Birmingham gingen, vorbei am Beachy Head.)

G. K. Chesterton
The Rolling English Road

6 Unauffindbar

$\mathcal{N}$un musste ich für die nächsten paar Monate, in denen ich das Geld für die Reparaturen am Schiff verdienen wollte, einen guten Platz für *Cresswell* finden. Das Glück blieb mir treu. Der Bürgermeister von Lormont, wo ich das Schiff festgemacht hatte, war ein guter Bekannter von Mr. Featherstone. Sie vereinbarten, dass ich für die ganze Dauer meines Aufenthalts *Cresswell* am Dorfsteg festmachen durfte.

Ich brachte seitlich zwei Anker aus, einen am Bug und einen achtern. Die hielten *Cresswell* vom Steg weg und schützten sie vor den großen Bugwellen der vorbeifahrenden Lastkähne, die sie anderenfalls an den Steg gedonnert hätten. Ich schlief an Bord, und Nelson bewachte das Schiff, während ich zur Arbeit ging. Keiner würde dem Schiff zu nahe kommen, denn Nelson verteidigte sein Territorium unerbittlich, trotz seines fehlenden Beins und seiner Einäugigkeit. Er war der Schrecken aller Einbrecher.

Der Job, den ich bekommen hatte, erwies sich als interessant. Ich leitete eine Gruppe algerischer und tunesischer Arbeiter, die Gräben für das Fundament des Fabrikanbaus aushoben. Jeden Morgen nahm mich Paul in seiner „Ente" mit zur Arbeit. Sein Citroën *Deux Chevaux* war ein fürchterlicher Klapperkasten und ähnelte einer Keksdose auf Rädern.

Die Algerier und die Tunesier waren ein lustiges Völkchen, und ich begann bald, mein Bisschen Arabisch aufzubessern, das ich Jahre im Mittleren Osten gelernt hatte.

Weil sie im Akkord arbeiteten, so viele Francs für so viele Meter Graben, rackerten sie sich geradezu heldenhaft ab. Mit Fez und *djellaba* bekleidet, ich dazu in meinem dicken Pullover und meinen Seestiefeln – wir müssen ausgesehen haben, wie ein Karnevalsumzug. Mein Aufsichtsjob war einfach; es lief mal wieder alles auf die Berechnung des Dreiecks hinaus.

Alle paar Tage kam Mr. Featherstone herüber und schaute nach mir. Er brachte Wein mit und einen Picknickkorb voller Köstlichkeiten wie Brathähnchen und *canard à l'orange, pot-au-feu* und jede Menge weiterer französischer Spezialitäten, die alle sehr gut schmeckten, obwohl sie nicht *à l'anglaise* zubereitet waren. Die Araber waren freundlich zu mir, weil ich das Essen immer mit ihnen teilte – den Wein natürlich nicht. Sie waren nämlich Moslems – Allah sei Dank!

An den Abenden und an den Wochenenden brachte ich *Cresswell* allmählich wieder in Schuss. Langsam, mit Zusammenkratzen und Sparen, bekam ich das Geld für einen neuen Mast zusammen. Dieser musste in der Bretagne hergestellt und dann heruntergeschafft werden. Zu jener Zeit war das der einzige Platz in Frankreich, wo man hohle Masten baute.

Einen Abend pro Woche war ich bei Paul und seiner Frau zum Abendessen eingeladen, und „übte" mit ihnen Englisch. Einmal im Monat war ich bei Mr. Featherstone auf seinem Château, und verrichtete Arbeiten, die Seeleute gut können.

Mitte Juni waren die Gräben fertig, und wir konnten mit dem Betonieren beginnen. Die ganze Mannschaft arbeitete an den Mischmaschinen. Wir hatten viel Spaß und stampften im nassen Beton umher. Ende August kam das Dach auf den Fabrikanbau, und ein großes Richtfest wurde vorbereitet. Mr. Featherstone kam an einem Nachmittag zu mir, gerade als ich zu meinem Schiff wollte.

„Tristan, ich habe eine kleine Nebenbeschäftigung für dich, wenn du willst."

„Und welche?"

„Für das Richtfest brauche ich einen Mann hinter der Bar, und – also du weißt ja, wie die Franzosen sind ... die würden das *très chic* finden, so mit einem richtigen englischen Barmixer, weißt du. Kannst du das? Willst du das machen?"

„Wann denn?"

„Nächsten Samstag."

„Abgemacht!"

„Gut, es gibt zweihundert Francs und Trinkgelder dazu, und natürlich freie Getränke hinter der Bar!"

„Aber was soll ich anziehen? Ich hab' ja nichts außer meinen Segelklamotten, und die meisten davon sind voller Zement!"

„Das macht nichts, ich werde dir einen Smoking besorgen".

Mein Gott! Was hätte der alte Tansy dazu gesagt? „OK, ich werde dort sein!"

Am Samstagmorgen kam ich mit Nelson an und zog den Barmixeranzug an. Ich fühlte mich wie ein Pinguin, aber sei's drum. Für zweihundert Francs hätte ich mich auch nackt hinter die Bar gestellt. Dafür konnte ich ein neues Großsegel kaufen. Der Saal, in dem das Richtfest gefeiert wurde, war der Traum jedes Seemanns. Da war eine Bar aufgebaut, vielleicht fünfzig Meter lang – voll mit gehaltvollen Getränken. Whisky, Gin und Cognac, kistenweise! Bestimmt hundert verschiedene Spirituosen, Wodka, dazu haufenweise Bier und natürlich genug Wein, um die französische Marine für zehn Jahre zu versorgen!

„Mhmm", sagte ich, „mhmm, nicht schlecht!"

Die Einweihungsfeier begann, und in den nächsten sechs Stunden rannte ich herum, mixte Drinks und war nett und freundlich zu den Leuten. Das war natürlich kinderleicht, denn immer, wenn ich sechs Drinks herausgegeben hatte, kippte ich selbst einen. Am Nachmittag war der Saal mit etwa dreihundert Männern und Frauen gefüllt, die alle lebhaft miteinander schnatterten.

Plötzlich kam Mr. Featherstone zu mir an die Bar, in Begleitung eines sehr gut gekleideten Herrn, etwas größer als er selbst, und mit einem Anzug, unverkennbar aus der *Saville Row* in London.

„Tristan, ich möchte dich mit Herrn Chaban-Delmas bekannt machen, dem Bürgermeister von Bordeaux. Er ist ein sehr bekannter Segler in dieser Region, und er hat von deinen Reisen gehört."

„Sehr erfreut, Sie kennen zu lernen, *M'sieur le Maire*", sagte ich und gab ihm die Hand.

„Ich habe von Ihnen gehört und gelesen", sagte er. „Sagen Sie, wo liegt Ihr Schiff im Moment? Ich möchte bald einmal mit Ihnen segeln gehen, bevor der Winter kommt!" Sein Englisch war perfekt.

„Das wird kaum möglich sein, *M'sieur*, es liegt momentan ohne Mast in Lormont, und ich werde einige Zeit brauchen, bis es wieder seetüchtig ist."

„*Quel dommage!* Wie schade. Also, wenn ich etwas für Sie tun kann, lassen Sie es mich wissen."

Mit einem Händedruck verabschiedete er sich. Mr. Featherstone drehte sich zu mir um und sagte: „Er ist ein sehr prominenter Mann in Frankreich. Heute Abend geht er nach Paris, aber nächsten Donnerstag ist er wieder hier. Vergiss nicht, was er gesagt hat!"

„Richtig ... hick ... werd' dran denken ...woll'n Sie 'was trinken?"

Die Party ging die ganze Nacht hindurch weiter. Müde und ziemlich abgefüllt beschloss ich, in der Fabrik zu schlafen. Am nächsten Morgen schlüpfte ich wieder in meinen alten Pullover und lief zurück zum Schiff in Lormont. Am Sonntag gab es keinen Busverkehr. Als ich rotäugig und mit einem schrecklichen Kater am Steg ankam, war ich entsetzt. *Cresswell* war nicht mehr da. Nur Nelson, und der knurrte und jaulte auf dem Weg zur *gendarmerie*, der örtlichen Polizeistation.

„*Mon bateau n'est pas là!* Mein Schiff ist weg!"

„Weg? Wie kann das sein? Gestern war es noch da, um die Mittagszeit habe ich es noch gesehen, *M'sieur*." Die Augen des Beamten waren groß wie Austern.

„Also, jetzt ist es nicht mehr da. Und gesunken ist es auch nicht, die Festmacherleinen sind auch alle weg und keine Anzeichen von Gewalt an den Pollern."

„Sie glauben, man hat es gestohlen?"

„Was denn sonst?" Mein Kopf brummte vor Sorgen und Nachwirkungen der vergangenen Nacht.

„*Mon Dieu!*" Der Beamte griff zum Telefon. „Geben Sie mir Bordeaux – *Bordeaux Gendarmerie Centrale!*"

Schnell war er mit der zuständigen Stelle verbunden und sprach hastig für etwa zehn Minuten ins Telefon. Dann drehte er sich zu mir um. „Wir richten in der *gendarmerie centrale* ein spezielles Büro für die Suche ein. Sie müssen mit Wachtmeister Velieux dorthin gehen", – er zeigte mit seinem Kinn auf einen jungen *flic*, der am Fenster stand, „und denen sämtliche Informationen über das Schiff geben. Keine Sorge, *mon vieux*, die werden es bald gefunden haben, wenn es noch schwimmt."

Der Wachtmeister, Nelson und ich kletterten in den Polizei-Citroën und waren zwanzig Minuten später im Hauptquartier der *Sûreté Nationale*, zuständig für das Gebiet Südwestfrankreich. Ich wurde von drei stämmigen Kriminalbeamten befragt, eine große Karte der Mündung der Gironde wurde an der Wand aufgehängt, und *voilá!* – schon war eine großangelegte Suchaktion nach *Cresswell* eingeleitet.

Sie beorderten fünftausend Polizisten, um in den Docks und bei den Anlegestellen im Umkreis von einhundert Seemeilen von Bordeaux nach

Cresswell zu suchen. Die französische Luftwaffe schickte drei Hubschrauber aus, die die Buchten und Seitenarme der Gironde absuchten, und ein Flugboot für den Seeraum im Golf von Biskaya vor der Gironde-Mündung.

Den ganzen Tag hindurch kamen Berichte herein von Leuten, die das vermisste *bateau anglais* gesehen haben wollten. Am Mittag tauchten einige Reporter der lokalen und nationalen Presse auf, und am Abend gab es riesige Schlagzeilen über „Das Geheimnis des englischen Geisterschiffes".

Am Abend, als es dunkel wurde, kam Monsieur Bertiot, der Beamte, der die Suche leitete, zu mir und sagte: „Noch ist nicht alle Hoffnung verloren. Morgen werden wir die Suche nach Ihrem *bateau très gallant* fortsetzen. Aber in der Zwischenzeit bestehen meine Frau und ich darauf, Sie heute im *Hôtel Central* zum Abendessen einzuladen." Auf seine charmante gallische Art versuchte Herr Bertiot, mich aufzuheitern. Wein und Cognac flossen reichlich und halfen, den Whiskykater vom Vortag zu vertreiben. Und für die Nacht bekam ich eine Luxussuite im Hôtel Central, auf Kosten der *Sûreté Nationale*!

Doch während der Nacht wurde die Sorge um mein Schiff immer größer. Ich bekam ein Dutzend Telefonanrufe von Leuten, die ich überhaupt nicht kannte. „Machen Sie sich keine Sorgen, *mon vieux*. Wir *Bordelais* sind nicht dumm, wir werden Ihr Schiff finden! Unsere Polizei und unsere Luftwaffe sind die besten der Welt ..."

„*Merci M'sieur*", und so ging es weiter, die ganze Nacht. Die Rundfunk- und Fernsehanstalten hatten die Geschichte aufgegriffen, und sie schien das Tagesgespräch des ganzen *Midi* zu sein. Ich schaute mir Fernsehberichte an, in denen „Experten" ihre Meinung über den Verbleib des Schiffes äußerten, und eine Radiostation setzte die Geschichte in Umlauf, dass „meine Begleiterin", ein Mädchen von ungewöhnlicher Schönheit und die uneheliche Tochter eines Herzogs, mit der ich aus England geflohen war, von einer Kidnapperbande im Auftrags ihres Vaters entführt worden war, um „*cette petite rose anglaise*" in die Heimat zurückzubringen.

Ich hatte noch nie im Leben so viel Unsinn gehört und war sehr besorgt wegen *Cresswell*, denn schließlich war sie alles, was ich auf dieser

Welt besaß. Über manche der Geschichten, die durch die Medien gingen, musste ich jedoch lachen. In einer anderen Story, die irgendeine Fernsehgröße verbreitete, wurde behauptet, das Schiff wäre in den großen Postraub verwickelt und hätte zwei Millionen Pfund in kleinen Geldscheinen an Bord. Die englische Regierung hätte ein Geheimkommando ausgeschickt, um das Schiff aus den französischen Gewässern heraus zu bringen und das Geld zurück *à l'Angleterre* zu geben. „Unabhängig davon", fuhr dieser Experte fort, „was auf dem Schiff versteckt war oder was *Capitaine Ton-Ton* (mein Spitzname in den Medien) damit zu tun hat, wird dieser Akt der Piraterie seitens der perfiden angelsächsischen Regierung von keinem aufrechten Patriot in Frankreich einfach so hingenommen werden...." und so weiter.

Diese Geschichte gefiel mir am besten. Zwei Millionen Pfund? Die könnten froh sein, wenn sie zwei verbogene Pennies fänden!

Am Morgen weckte mich ein *gendarme*, der Instruktionen hatte, mich ins *Café Grande Bretagne* zu bringen, zu einem „englischen Frühstück".

Die Suche wurde ausgeweitet und lief den ganzen Dienstag. Zusätzlich wurden die Feuerwehreinheiten der französischen Armee in Bordeaux eingeschaltet. Die französische Marine in St. Nazaire und in Brest schickte zwei bewaffnete Trawler aus, um die nördlichen Abschnitte im Golf von Biskaya abzusuchen. Die ganze Aktion entwickelte sich zu einer *cause célèbre*.

Jedes Mal, wenn ich auf die Straße kam, immer von zwei *gendarmes* begleitet, bildete sich ein Menschenauflauf, und alle riefen mir Worte der Aufmunterung zu und *Vive l'Angleterre*. Alte Damen kamen an meinen Tisch, schenkten mir Papiertüten mit wollenen Socken und Halstüchern, Lastwagenfahrer brachten mir literweise schäumendes *bière alsacienne*, und gut gekleidete Herren boten mir Zigarren an. Aber alles was ich wollte, war mein Schiff.

Am Dienstag Abend, nach Einbruch der Dunkelheit, wurde die Suche abgebrochen. Die Suchtrupps kehrten zurück nach Hause zu ihren Familien, ihren dampfenden Suppenschüsseln und ihrem Rotwein. Ich war vom Vorstand des Gewerbevereins eingeladen, der mir zuliebe ein Essen veranstaltete. Es wurden viele Reden gehalten; der Tenor war immer,

„trotz meines unersetzlichen Verlustes Courage zu zeigen", und die berühmte *flegmatique anglaise* an den Tag zu legen.

In dieser Nacht im Hotel hörte ich im Radio, dass das Schiff „gekidnappt" worden sei, und zwar (a) von der IRA, (b) von schottischen Separatisten (danach kam ein langatmiger Bericht über *Bonny Prince Charlie*, in dem verkündet wurde, dass Schottland Frankreichs ältester Verbündeter sei und die Suche daher abgeblasen werden sollte) und (c) von baskischen Terroristen. Im Fernsehen waren viele Experten am Werk, mit Karten, Diagrammen und kleinen Fahnen. Ich ging schlafen.

Am Mittwoch, nach einem weiteren Berg von „englischem Frühstück" mit zwei trübseligen *gendarmes*, die an ihren *croissants* knabberten, wurde ich wieder zur *gendarmerie* gebracht. Monsieur Bertiot kam auf mich zu, er hatte Tränen in den Augen.

„*M'sieur le Capitaine,* mit Bedauern muss ich Sie informieren, dass unsere Suchaktion in der Region abgebrochen wurde. Die Marine setzt weiter draußen in der Biskaya die Suche noch einige Tage lang fort. Im Namen des französischen Volkes möchte ich Ihnen mein tiefstes Bedauern ausdrücken..." und so weiter. Die beiden anderen Beamten wischten sich die Augen.

„Also, was können wir für sonst noch Sie tun?", fragte er.

„Sie könnten mich zurück nach Lormont bringen, ich muss mit Mr. Featherstone reden. Er wohnt dort in dem großen Château." Berliot schnippte mit den Fingern nach einem Wachtmeister. „*A Lormont!*"

Ich wurde in einen Citroën hineingewinkt und mit einer Motorrad-Eskorte nach Lormont gefahren. Ich konnte überhaupt nicht mehr richtig denken. Aber, ganz hilflos war ich ja nicht. Ich hatte einen Job, ich konnte arbeiten, ich konnte sparen und ein neues Boot bauen. Das würde vielleicht drei oder vier Jahre dauern, aber noch war nicht alles verloren.

Wir kamen zu einem kleinen *estaminet* gegenüber dem Landesteg. Ich fragte den Wachtmeister und seine Kollegen, ob ich sie zu einem Cognac einladen dürfte, zusammen mit dem *patron*, als Abschiedstrunk. Ich würde jetzt ja wohl näher an die Druckerei und meine Arbeitsstelle ziehen.

„*Mais certainement, M'sieur le Capitaine*", sagte der Wachtmeister und hupte, um den ganzen Konvoi zum Halten zu bringen.

Wir traten in die kleine dunkle Bar ein wie eine Trauergemeinde. Die Dekoration bestand aus geschnitzten Walfischzähnen mit Zinkeinfassung. Der *patron*, Albert, stand hinter dem Tresen und schaute verwundert, als ich mit den Polizisten hereinkam. Er hatte eine Glatze, wässrige Augen, einen Walrossschnurrbart und trug eine blauweiß gestreifte Schürze.

„*Bonjour, M'sieur Tristan*, aber ..." Er zeigte auf die Polizisten. „Was ist passiert, *mon vieux, Vous avez des problèmes?*"

„*Bonjour*, Albert. Nein, keine Sorge. Diese Freunde hier haben mir geholfen, mein Schiff zu suchen. Weißt du, sie ist verschwunden!"

„Verschwunden? Was meinst du mit verschwunden? Sie ist doch hinter der Bar hier, in René Latour's Werft.

„*Quoi?*", schrie der Wachtmeister.

„Was?", rief ich.

„*Quoi?*", wiederholten die *gendarmes* im Chor.

„Ja, René war gestern Abend hier. Er sagte, so ein hohes Tier hätte ihm den Auftrag gegeben, dein Schiff aus dem Wasser zu nehmen und es zu überholen. Und wer immer das war, er sagte auch, dass jemand von einer Werft in Brest kommen und die Maße für einen neuen Mast abnehmen würde."

Albert hielt seine offenen Hände mit den Handflächen nach außen vor sich hin. Er starrte mich mit weitgeöffneten Augen an. „Hast du das nicht gewusst?"

„*Merde!*", sagte ich.

„*Merde!*", sagten der Wachtmeister und die *gendarmes*.

Der Wachtmeister packte meinen Arm wie mit einem Schraubstock. „Komm mit", sagte er, und wir stolperten aus dem *estaminet* hinaus. Dort, in Renés Werft saß *Cresswell*, so keck wie ein Pfau. Zimmerleute arbeiteten an ihr, sägten und hämmerten. Ich war total verblüfft. Der Beamte sah mich mit stahlblauen Augen an und rückte seinen Pistolenhalfter zurecht.

„Hinauf mit dir!"

Ich stieg auf das Deck.

„Geh' hinein!"

Ich ging durch das Niedergangsluk nach unten.

„Gib mir die Schlüssel" sagte der Beamte zu René. Dann verschloss er das Luk und rief: „Du bleibst da unten, bis ich mit Bertiot gesprochen habe".

Die ganze *affaire* wurde ziemlich schnell vertuscht, und als man mich eine Weile später aus meinem „Gefängnis" herausließ, erzählte mir René, der Bootsbauer, was passiert war.

„Am Samstagnachmittag, als du den Barmann gespielt hast, bekamen wir eine Nachricht von dem Bürgermeister von Bordeaux. Wir sollten dein Schiff aus dem Wasser holen, auf seine Kosten das Deck und die Kajüte instand setzten und einen neuen Mast bestellen. Also haben wir sie am gleichen Abend mit dem Kran herausgeholt."

„Aber hast du denn das nicht mitgekriegt, im Radio und im Fernsehen? Liest du denn keine Zeitungen? Die haben doch alle verrückt gespielt, weil *Cresswell* verschwunden war."

„Also weißt du, Tristan, wir *Girondais* und speziell die Leute vom Fluss hier – wir nehmen nicht so viel Notiz von dieser Regierungsscheiße. Sind sowieso alles Lügen. Wir haben nur einen einzigen *téléviseur* in Lormont, und der ist kaputt. Und, also du weißt ja, wir haben unsere Frauen, die Schiffe und das *estaminet*. Was brauchen wir denn sonst noch, *mon cher marin?"*

„*Merde!"*, sagte ich und dachte an die vielen hundert Männer, die zwei Tage lang gesucht hatten. Aber von den Behörden aus wurde kein Wort mehr über die Sache verloren. Bertiot besuchte mich natürlich. Als ich ihm erzählte, wie die Sache gelaufen war, lachte er. Mr. Featherstone war in London und erfuhr von der ganzen Angelegenheit erst nach seiner Rückkehr.

Drei Wochen später war das ganze Schiff überholt. Die halbe Prominenz aus Bordeaux kam zur Einwasserung. Fast alle Angestellten und Arbeiter aus der Fabrik waren da, und Mr. Featherstone erschien mit seiner Familie. Er schaute sich mein Schiff prüfend an, den glänzenden Lack und die reparierten Stellen am Kajütdach, das beim Sturm in der Biskaya halb zerstört worden war und die man kaum noch sehen konnte. Er klopfte an den nagelneuen Mast aus Fichtenholz und lächelte.

„Eine Hand wäscht die andere, was Tristan?"

„Wie kann ich mich revanchieren?"

„Das hast du schon, damals im Kanal", sagte er, „aber wenn du mich und meine Familie an einem Wochenende auf einen kleinen Törn einladen willst, dann darfst du das natürlich."

„Wie wär's am nächsten Samstag?", fragte ich, „und bring' den Bürgermeister mit!"

„Ich nehm' dich beim Wort, alter Freund!", sagte er, „ich denke, der wird sich freuen!"

Am folgenden Samstag hatte ich *Cresswell* herausgeputzt wie die Barkasse eines Admirals. Alles war poliert, und die Messing- und Bronzeteile blitzten wie an einer Feuerwehrspritze. Als meine Gäste eintrafen, waren sie sehr beeindruckt, und das war ausreichend Lohn für eine Woche harter Arbeit.

Wir segelten nach Royan, etwa fünfunddreißig Meilen entfernt. Ich ankerte dort, und die Gäste schliefen in einem Hotel. Wir segelten alle zusammen zurück nach Lormont, ein großartiger Törn, mit viel Wind und Sonne, Wein und Leckerbissen, die sie mitgebracht hatten. Während wir unterwegs waren, unterhielt ich sie mit meinem Seemannsgarn aus der Arktis, von Irland, der Ostsee, der Karibik und dem Pazifik – ein bisschen haarsträubend, ein bisschen traurig und ein bisschen lustig.

Als wir an diesem schönen warmen Sonntagnachmittag im September am Landungssteg in Lormont festmachten, waren alle begeistert von diesem perfekten Wochenende. M. Chaban-Delmas (der später Premierminister von Frankreich werden sollte), sagte am Ende zu mir: „Tristan, gut, dass du kein Franzose bist!"

„Wieso, *M'sieur?*"

„Wenn du Franzose wärst, wärst DU sicher der Bürgermeister von Bordeaux!"

„Also wenn ich das wäre, dann würden mir alle britischen Yachten, die plötzlich verschwinden, sehr verdächtig vorkommen!"

„*Touché!*" Er klopfte mir auf die Schulter und kletterte an Land.

Nelson wedelte mit dem Schwanz und hechelte über seinem frischen Schinkenknochen.

Teil 2: Allons!

November 1963 – Mai 1965

And Gentlemen in England now abed
Shall think themselves accursed they were not here
And hold their manhoods cheap while any speaks
That fought with us upon Saint Crispin's day.

(Und Edelleut in England, jetzt im Bett,
Verfluchen einst, dass sie nicht hier gewesen,
Und werden kleinlaut, wenn nur jemand spricht,
Der mit uns focht am Sankt-Krispinus-Tag!)

William Shakespeare
König Heinrich V.
(4. Akt, 3. Szene)

As I was walking down Lime Street,
A fair young maid I chanced to meet,
She said „Hello, how do you do,
Would you like to play with ...
My ringer-rahnger-roo?"

She took me to her father's cellar,
She said „You are a nice young feller!"
She gave me wine and whisky too,
All the while I played with ...
Her ringer-rahnger-roo.

Her dad came home, kicked down the door
He said, „You are a bloody whore,
Get out of here, I've had enough of you,
Get out and live on ...
Your ringer-rahnger-roo!"

She went to town, became a whore,
And hung a sign upon the door,
„Ten shillings down, nothing less will do,
And you can play with ...
My ringer-rahnger-roo".

Now the fellers they came, and the fellers they went,
And the price went down to twenty pence,
From sweet sixteen to ninety-two,
She had to live on ...
Her ringer-rahnger-roo.

Now sailor lads give ear to me,
When you return fresh home from sea,
Drink your full fill and eat well too
But stay away from
The ringer-rahnger-roo.

(Ich ging eines Tag's durch die Lime Street
Und traf auf ein hübsches junges Mädchen.
Sie sagte: „Hallo, wie geht's,
Möchtest Du spielen mit ...
Meiner Ringer-Rahnger-Roo?"

Sie führte mich in des Vaters Keller
Und sagte: „Du bist ein netter Junge!"
Sie gab mir Wein und Whisky dazu,
Und ich spielte mit ...
Ihrer Ringer-Rahnger-Roo.

Ihr Vater kam heim, trat ein die Tür,
Er sagte: „Eine verdammte Hure, bist Du,
Hinaus mit Dir, ich hab' genug,
Hinaus und leb' jetzt ganz von ...
Deiner Ringer-Rahnger-Roo."

Sie ging in die Stadt, sie wurde zur Nutte,
Und hängte ein Schild an ihre Tür.
„Zehn Schilling auf die Hand, und kein Stück weniger,
Und Du kannst spielen mit ...
Meiner Ringer-Rahnger-Roo."

Die Burschen kamen, die Burschen gingen,
Und der Preis fiel herab auf zwanzig Pence.
Von süßen Sechzehn bis Zweiundneunzig
Musste sie leben von ...
Ihrer Ringer-Rahnger-Roo.

Nun, Seeleutsburschen, hört mir zu,
Wenn ihr zurückkommt von der See
Trinkt euer Maß und esst auch gut,
Aber haltet euch fern von ...
Der Ringer-Rahnger-Roo!)

Liverpooler Seemannslied (19. Jahrhundert)

7 „Blau im Mast, getreu bis zuletzt"

Methode der britischen Seeleute, die französische Trikolore unter ähnlichen Flaggen auszumachen (Vertikalstreifen: blau, weiß, rot)

Im November 1963 bekam ich den Auftrag, die neue Ketsch *Rose d' Archachon* von La Rochelle nach Martinique zu überführen. Ich hatte den Eigner des Schiffes durch Mr. Featherstone kennen gelernt, und es war vereinbart, das Schiff im April 1964 zu übernehmen. Zunächst sollte ich ein paar Probeschläge in der Biskaya machen und dann so schnell wie möglich Kurs auf die Westindischen Inseln nehmen, bevor die Hurrikansaison im August einsetzen würde.

Cresswell war wieder in ihrem Element, mit neuem Großmast, neuen Segeln und komplett neu lackiert. Die Maschine war durch eine Werkstatt in Lyon (der Stadt von Lugd, dem keltischen Gott des Lichts) gewartet worden. Anfang Dezember waren die Arbeiten an dem Fabrikanbau fertig geworden, und ich hatte ein paar hundert Dollar auf der hohen Kante. Es war an der Zeit, weiter zu ziehen.

Während der Zeit in Lormont hatte ich Gerüchte gehört, dass eine Gruppe französischer und britischer Yachten in Toulouse überwinterte, etwa zweihundert Meilen südöstlich von Bordeaux, im *Canal du Midi*, der quer durch Frankreich zum Mittelmeer führt. An der Westküste Frankreichs kann es im Winter ziemlich kalt werden, und Kälte hatte ich in den letzten fünf Jahren genug gehabt. Die Stadt Toulouse, die näher an der Mittelmeerküste liegt, hat ein milderes Klima. Also entschied ich mich, nach Toulouse zu gehen und *Cresswell* für die Zeit, in der ich mit *Rose* unterwegs war, dort zu lassen.

Das erste Mal und letzte Mal in meiner Seemannskarriere setzte ich ein genaues Abreisedatum fest, so dass sich meine Freunde und Bekannten von mir verabschieden konnten. Der Tag war ein Samstag, und es schüttete wie aus Eimern. Trotzdem kam praktisch die gesamte Mannschaft, mit der ich gearbeitet hatte, von Mr. Featherstone in seinem Rolls Royce bis hin zu den algerischen Arbeitern in ihren *djellabas*. Ich zweifle, dass es jemals einen buntere Versammlung in Bordeaux gegeben hat, seitdem die Girondisten während der Französischen Revolution nach Paris zur Generalversammlung gezogen waren. Meine Freunde und Gönner, die bei strömendem Regen ankamen, brachten Wein mit sowie Käse, Brot, Obst, gekochte Speisen, und die Moslems schleppten sogar ein lebendes Huhn heran. Auch ein Vertreter der Lokalpresse von Bordeaux durfte nicht fehlen.

Im herunterprasselnden Regen warf ich die Festmacherleinen los. Das Schiff war mit Freunden beladen, und ich fuhr los Richtung Bordeaux, etwa zehn Meilen flussaufwärts, um dort die Genehmigung für das Befahren der französischen Kanäle zu besorgen. Wenn wir an anderen Schiffen vorbeikamen, die am Ufer festgemacht hatten, wurde gewinkt und gerufen:

„Halloo! Regardez! C'est le bateau perdu!"

„Ho! Le bateau célèbre anglais!"

Lauthals schreiende Kinder gaben uns auf den gepflasterten Uferwegen Geleit. Das frisch gestrichene und polierte Schiff und sein neuer Mast glänzten und strahlten, als wir dahin tuckerten. Nelson stand wie eine Galionsfigur auf dem Vorschiff, seine Zunge hing hechelnd heraus – er war glücklich, wieder unterwegs zu sein.

In Bordeaux wartete ich, bis das Wochenende vorüber war und das Büro der Kanalverwaltung öffnete. Es regnete das ganze Wochenende, ja, es goss in Strömen. Ich verbrachte die meiste Zeit damit, mit Freunden aus der ganzen Stadt zu reden und zu tratschen, aus dem Bürgermeisteramt, von der Feuerwehr, der Marine, der Armee und der Luftwaffe. Sie waren alle gekommen, um *le bateau très mystérieux anglais* zu sehen. Am Montag wurden in Windeseile die notwendigen Papiere fertiggestellt, und der Präfekt brachte sie höchstpersönlich hinunter zum Schiff.

„Bonjour M'sieur l'Anglais!" rief er im strömenden Regen, als er seinen Schirm an Deck ausschüttelte. Er war erstaunlich jung.

„Bonjour, M'sieur le prefet; mais je suis Gallois!", ich fuchtelte mit den Händen wie ein *Bordelais*.

„Ah, oui, c'est vrai; mais nous ne connaisons pas la distinction!"

„C'est très simple, M'sieur. Les Anglais sont très distingués; les Gallois sont très 'extingués!"

Er lachte und klopfte mir auf die Schulter. (Am Revers trug er ein verblichenes Bändchen der Résistance). Er zündete sich eine Zigarette an, dann wendete er sich wieder zu mir, ganz ernst. „Wissen Sie, *M'sieur le Gallois*, wir erwarten sehr heftiges Hochwasser auf der Garonne."

„Ja, ich habe darüber in den Zeitungen gelesen. Aber das macht mir nicht so viel aus. Ich wurde mit Schwimmhäuten geboren, also kann ich gar nicht ertrinken". Er hatte erst einige Mühe, das zu verstehen, dann nickte er zustimmend.

„Wirklich? *C'est vrai?*" Er zog die Augenbrauen hoch.

„Ja und mit den Füßen zuerst, und wenn man mit den Füßen zuerst auf die Welt kommt, wird man gehängt – und nicht ersäuft!"

„Also, *mon ami*, es ist vielleicht gefährlicher, als Sie annehmen. An Ihrer Stelle würde ich hier eine Woche oder so warten, bis das Hochwasser vorbei ist. Von den Pyrenäen kommen Schneelawinen in die Täler, der Schnee schmilzt und der Fluss ..."

„Ach, was ist schon ein bisschen Schnee? Außerdem bin ich dran gewöhnt. Und ich will auch unbedingt nach Toulouse. Ich hab' da einen alten Freund. Sie haben ihn vielleicht vor einem Jahr hier durchkommen sehen."

„*Comment s'appelle?*", fragte er und trank seinen Tee aus.

„Dod Osborne."

„Ah, der berühmte, unverwüstliche Dod! Natürlich habe ich ihn getroffen! *Quel type!* Aber so alt!"

„Ungefähr achtzig, und ich hab' gehört, es geht ihm nicht so gut. Ich will zu ihm hin, will ihn noch einmal sehen, bevor er den Löffel abgibt."

„Also, *M'sieur le Gallois*, das ist gut. Denken Sie auch daran, dass nächsten Monat das Rugby Match Wales gegen Toulouse stattfindet."

„Auch das. Und ich hab' gehört, wir hätten ein gutes Team dieses Jahr. Sind ganz heiße Jungs."

Der Präfekt lachte, als ich ihm den Ausdruck wörtlich übersetzte.

„*Oui*" das ist gut. Du meinst also, es gibt ein neues Waterloo, he, *mon ami*?"

„Bestimmt, und ein Crécy und ein Agincourt, und wenn es regnet auch noch ein Trafalgar!"

„*Merde!*" Er drehte sich um und kletterte die Leiter hinauf. Oben drehte er sich noch einmal um. „*Bien, mon cher marin, bonne chance!*"

„Merci." Ich warf die Maschine an. Der Präfekt machte meine Leinen los, und ich war unterwegs auf der Garonne. Das Hochwasser und
Cresswell trafen sich am ersten Abend auf dem Weg zum Canal du
Midi, bei der Stadt Langnon. Ich kam in der Abenddämmerung dort an
und sah ein gemütliches *estaminet* am Ufer. Ich steuerte geradewegs
den Steg davor an und machte fest. Es war kein Mensch da. Die Tür war
zu, aber nicht abgeschlossen, also öffnete ich sie, trat ein und rief. Keine Antwort. Ich ging wieder hinaus. Ich hörte ein Geräusch, erst ein lei-
ses Rumpeln, dann wurde es lauter. Ich schaute die kopfsteingepflaster-
te Strasse hinauf und sah zwei *gendarmes*, die ihre Arme schwenkten
und mir etwas zuriefen.

„Bring' dein Schiff weg, geh' vor Anker! Geh hinaus auf den Fluss!"

Da sah ich es: Eine Wasserwand, ungefähr 2,50 m hoch, etwa zwei
Meilen entfernt, und sie kam direkt auf mich zu.

Ich sprang an Bord und schnappte die schwere Sturmleine. Ich belegte sie auf den vorderen Klampen. Das andere Ende machte ich an einem
stabilen Ring des Steges fest. Alle anderen Leinen warf ich los und ließ
Cresswell treiben. Das Schiff fing an, den Steg entlang zu schaben, aber
ich hatte blitzschnell die Maschine gestartet und steuerte in die Mitte des
Flusses. Dort angekommen, rannte ich nach vorn, während das Schiff
wild in der reißenden Strömung schlingerte, warf den Anker über Bord
und gab ihm alles an Kette und Leine, was ich im Kasten hatte. Als sich
der Anker eingrub, lag der Bug in der Strömung, und ich hatte zusätzlich
noch die Maschine mit voller Kraft mitlaufen.

Die Wasserwand kam auf mich zu, und es war wirklich eine Wand,
denn sie war fast senkrecht. Braunes schlammiges Wasser mit einer
grauen Schaumkrone. Sie schob sich einfach über das Schiff hinweg.
Eine halbe Minute oder so, schien *Cresswell* komplett unter Wasser zu
sein. Eine Tonne kaltes, schlammiges Wasser schoss in die Kajüte, an
der ich wochenlang geputzt und gepinselt hatte. Ich schimpfte wie ein
Rohrspatz. Ich hatte auch richtig Angst, aber gleichzeitig war ich wütend
auf mein Pech und über meine eigene Überheblichkeit.

Als Nelson den Wasserfall auf uns zukommen sah, schoss er in die
Kabine hinunter. Ich umschlang das Rad mit beiden Armen. Trotzdem
konnte ich mich in der Gewalt des Wassers, das auf das Schiff herunter-

donnerte, kaum festhalten. *Cresswell* legte sich auf die Steuerbordseite, dann schwang sie herum und legte sich auf die Backbordseite, und dann wieder zurück auf die Steuerbordseite, während die braune kalte Brühe aus dem Schnee der Pyrenäen über sie hereinstürzte. Dann brach die Ankerleine.

„Heiliger Neptun!", stöhnte ich, triefend und kalt. Nelson kam wieder nach oben.

Die Maschine lief im Leerlauf, und das Schiff trieb in der gewaltigen Strömung. Plötzlich kam die am Steg festgemachte Sturmleine mit einem wahnsinnigen Ruck steif. *Cresswell* krängte und lief seitwärts auf das Ufer zu, oder dahin, wo es einmal gewesen war. Sie schoss über die Strasse, die jetzt zirka zweieinhalb Meter unter Wasser war, und über den überfluteten Friedhof hinweg. Mit der Seite knallte sie gegen die Seitenmauer der Kirche. Ich knüpfte eine Schlaufe in den verbliebenen Rest des Ankertaues und warf sie wie ein Lasso über einen der steinernen Wasserspeier an der Seite der Kirche. Zum Glück hielten der Stein und die Leine das aus, denn *Cresswell* schlingerte wild umher und wollte seitlich ausbrechen. Ich machte das alles, ohne viel zu überlegen. Dann fing ich an das Schiff auszuschöpfen. Dreckige schlammige ölige Brühe, tonnenweise.

Die erste hektische Phase des Hochwassers war vorbei, aber der Wasserspiegel stieg immer noch weiter, bis er etwa vier Meter über dem normalen Stand lag. Ganze Bäume, halbe Scheunen, Tierkadaver, Treibholz, Fässer und die sonstigen Überbleibsel einiger Bauernhöfe trieben vorbei. Und ich saß da, festgemacht an der Dorfkirche. Drei Tage hielt das Hochwasser an, die Wassermassen strömten vorbei, und der Regen schien überhaupt nicht mehr aufzuhören. Doch endlich begann der Wasserspiegel langsam zu sinken. Die meiste Zeit über hielt ich das Schiff mit Fendern von der Mauer unterhalb des großen bunten Kirchenfensters ab. Ich schöpfte den Schlamm hinaus und fluchte die ganze Zeit.

Am zweiten Tag war die Strömung nicht mehr so stark, etwa noch zwei Knoten. Ich ließ die Maschine an, warf die Leine vom Wasserspeier los und motorte zu der Stelle, wo meine Sturmleine in dem Ring am Steg festgemacht war. Ich machte die vertörnte Leine los und versah sie mit einem Gewicht. Dann folgte ich einem kleinen Polizeiboot, das Leute aus den oberen Stockwerken ihrer Häuser und von den Dächern holte und beteiligte mich an der Rettungsaktion. Wir hatten gut zweihundert Passagiere an diesem Tag und brachten sie alle an die Seite eines kleinen Hügels. Die Flut war so hoch, dass fast das ganze Dorf unter Wasser stand, und ich konnte mit *Cresswells* geringem Tiefgang die Hauptstraße entlang fahren. Jedes Mal, wenn wir Leute aus ihren Häusern abholten, wurden wir mit Rufen begrüßt und *Cresswell*, die schon so viele Stürme in den Ozeanen erlebt hatte, fuhr gelassen durch die Straßen eines Dorfes, siebzig Meilen vom Meer entfernt, im Binnenland.

Wir holten die Leute jeglicher Größe und Statur ab. Alte Damen, die ihre Habseligkeiten an sich pressten, Männer und Jungs in blauen Overalls und Kinder und Jugendliche, denen die ganze Sache natürlich ungeheuren Spaß machte, nachdem das Wetter wieder besser war.

Nelson regte sich nur auf, wenn Babys oder andere Hunde an Bord kamen. Manchmal half ein leichter Fußtritt, wenn es Hündinnen waren, aber bei Rüden musste ich schon sehr viel deutlicher werden. Er kümmerte sich rührend um die Babies, und wurde mit Leckerbissen von den Müttern und Kindern belohnt, die großes Theater um den Hund machten.

Am Ende des dritten Tages waren alle, die von der Umwelt abgeschnitten gewesen waren, abgeholt und auf trockenem Boden. Es hörte auf zu regnen, der Wasserspiegel sank schnell, und die Strömung ließ nach. Eine Barkasse der französischen Marine kam an und ankerte vor dem Dorf. Ich durfte *Cresswell* längsseits an ihr festmachen, und ein französischer Marinetaucher holte mir freundlicherweise meinen Hauptanker und meine Sturmleine wieder nach oben. Zum Wochenende hin war fast alles wieder normal. Ich machte mich auf die letzten acht Meilen zum Eingang des Canal du Midi, wo mein Schiff sicher und vor Hochwasser geschützt sein würde.

Viele Briten denken, dass das erste moderne Kanal-Schleusensystem der Bridgewater-Kanal in der Nähe von Manchester ist, der um 1780 erbaut wurde. Dem ist nicht so. So um das Jahr 1650 herum befahl der große französische Kardinal Richelieu den Bau des Canal du Midi, von der Atlantikküste zum Mittelmeer, damit kleine französische Frachtschiffe Ladungen, vor allem Kriegsgüter, zwischen Frankreichs Küsten transportieren konnten, ohne durch die Straße von Gibraltar gehen oder britischen Blockaden ausweichen zu müssen. Für die damalige Zeit war der Bau des Kanals mit der Überwindung des Hochlands der Garonne eine großartige Ingenieursleistung. Bis Toulouse wurde ein Teil des Kanals, vor allem unter Napoleon, modernisiert, aber südlich davon ist der eigentliche Canal du Midi heute weitgehend noch in dem Zustand wie vor über dreihundert Jahren.

Die Reise von Langnon nach Toulouse verlief friedlich und ruhig. Bei gutem Wetter war es ein wirkliches Vergnügen, langsam über elegante Aquädukte hinüberzutuckern, von denen manche bis zu einhundert Meter hoch sind. Sie führen über Täler und Bauernhöfe hinweg. Von Zeit zu Zeit hielt ich das Schiff an, um über die Seiten dieser Brücken voll Wasser hinab in die schäumende Garonne zu schauen, deren Fluten Bordeaux und dem Atlantik zustrebten. Aber allzu lange konnte ich nicht verweilen, denn der Kanal drohte zu vereisen.

Die Fahrt durch Toulouse auf dem Kanal war ein Erlebnis. Wir kamen durch das Geschäftszentrum dieser großen Stadt, durch alte, mit rosa Backstein ausgekleidete Tunnels. Efeu und Ranken hingen von uralten Gemäuern herab. Der Kontrast zwischen dem ländlichen Teil des Kanals und der Durchfahrt durch die laute Innenstadt mit ihrem geschäftigen Treiben und den gehetzt aussehenden Menschen war überwältigend. Im gewaltigen Berufsverkehr am Morgen strebten die Menschen an ihre Arbeitsstellen, womöglich gar zu der Flugzeugfabrik, in der das erste Überschall-Passagierflugzeug, die Concorde, gebaut wurde.

Ich traf Dod Osborne im Bootshafen an, wo er seine Zeit zwischen dem nahen *estaminet* und dem Schiff eines Freundes aufteilte. Trotz seiner robusten Natur schien es ihm nicht allzu gut zu gehen.

„Hallo Dod, ich hab' schon viel von dir gehört. Ich freu' mich, dich endlich einmal zu treffen!"

„Hallo, wo kommst du her?"

Wir saßen in der Kneipe am Ufer und spannen ein wenig Seemannsgarn, an diesem trüben Tag. Es freute mich, Dods Augen leuchten zu sehen, als ich ihm von meinen Erlebnissen im Norden erzählte.

Dod war hager und mager. Er hatte ein stark gebräuntes Gesicht, einen (jetzt schneeweißen) Vollbart und strahlend blaue Augen unter zottigen Augenbrauen. Er trug eine alte Schirmmütze und eine noch ältere Jacke. Eine lebende, lachende Legende auf zwei Beinen. Dod war früher einmal der Skipper des Heringstrawlers *Girl Pat* gewesen, so um 1936.

Eines schönen Tages hatten er und seine Crew beschlossen, dass sie genug hätten von der Arktis. So holten sie ihre Netze ein und nahmen Kurs auf die Karibik. Nach einer schrecklichen, sturmgepeitschten Reise in der Mitte der Hurrikansaison, erreichten sie in ihrem 40-Fuß-Fischkutter die Insel Trinidad, die damals unter britischer Verwaltung stand. Dod wurde verhaftet und zurück nach England gebracht. Er war der letzte Mann, der vor dem Old-Bailey-Gericht wegen „Barraterie" verurteilt werden sollte, Veruntreuung des anvertrauten Schiffes durch den Schiffsführer. Aber die Geschichte, die Dod und seine Crew dem Gericht erzählten, klang so unschuldig, lustig und lächerlich, dass das Gericht den Fall ohne Bestrafung abschloss, ihn sozusagen aus dem Gericht hinaus lachte.

Nachdem er in Kontakt mit venezolanischen Rebellen gekommen war, ging Dod in den späten dreißiger Jahren nach Südamerika und war dort in Waffenschmuggel verwickelt. Im zweiten Weltkrieg wurde er eingezogen und bekam das Kommando über ein Minensuchboot in der Nordsee. Dann wurde er zu den Kommandotruppen an die Küste Frankreichs versetzt, was genau sein Fall war, und hatte einige blutige Auseinandersetzungen mit den deutschen Streitkräften.

Am Tag der alliierten Invasion war er einer der ersten, die im britischen Sektor an Land gingen. Er soll mit tollkühn aufgesetzter Kappe den Strand hinauf gestürmt sein, mit einem Entermesser in der Hand.

Aber darüber hinaus konnte er auch noch über seine Abenteuer *schreiben*. Seine zwei Bücher *Danger Is My Destiny* und *Skipper of the Girl Pat*, die nach dem Krieg herauskamen, verkauften sich recht gut und ermöglichten ihm ein einfaches Leben auf seinem Schiff, mit dem er an den Küsten Europas herumschipperte. Aber mit achtzig Jahren begann er abzubauen, doch das ganz fröhlich, denn sein Rotweinkonsum wurde sogar von den Franzosen bewundert.

Ich fühlte mich sehr geehrt, dass ich so mit ihm dasitzen durfte, gestrandet in einer französischen Stadt, weit weg von seinen geliebten nördlichen Revieren. Wir spannen viel Seemannsgarn, lachten, klagten und freuten uns des Lebens. Es war uns beiden bewusst, das dies ein ganz besonderer Augenblick in unserem Leben war.

An einem schönen aber kalten Abend gingen Dod und ich über den kopfsteingepflasterten Uferweg zurück zu unseren Schiffen. Wir schwelgten immer noch in alten Erinnerungen. Uns gegenüber, am grasbewachsenen Ufer des Kanals, lagen einige französische Schiffe, Segler und Motorboote. An Bord eines der Segelschiffe, vielleicht vierzig Fuß lang, wurde eine Party gefeiert. Es war hell erleuchtet, Musik und Gelächter drangen über das Wasser herüber und übertönten den Verkehrslärm von der nahen Kanalbrücke.

„Scheißkrachmacher", sagte Dod und schlug mit seinem Spazierstock auf das Pflaster. Im schwachen Licht einer Lampe tauchte unvermutet ein schwarzer Schatten auf. Es war Nelson, der mit wedelndem Schwanz auf uns zugehoppelt kam. Ich bückte mich gerade zu ihm hinunter, um ihn zu kraulen, als es plötzlich einen lauten Knall gab. Das Partyschiff war explodiert. Das ganze Kabinendach segelte durch die Luft und landete nur ein paar Meter weit von uns entfernt vor unseren Füßen. Ein halbes Dutzend Menschen flog ebenfalls durch die Luft, die meisten landeten im Wasser des Kanals. Einer der Körper landete mit einem ekelhaften Geräusch auf der betonierten Kanaleinfassung. Es war eine Frau, und ihr Kopf sah schrecklich aus.

„Hol' ein Boot!", brüllte Dod – in dieser Notsituation war er wieder ganz der Alte. Wie ein Jüngling sprang er in einen Kahn für die Kanalreinigung, der an der Kaimauer hing. Ich sprang hinterher und wir begannen, Leute aus dem Wasser zu fischen. Zwei Männer waren bewusstlos, aber sie lebten noch. Mehrere Frauen und Männer trieben im Wasser und schrien vor Panik. Wir hievten sie in den Kahn und brachten die stöhnenden und weinenden Menschen an Land.

Andere Passanten hatten gehört und gesehen, was passiert war, und leisteten Erste Hilfe. Ich sprang zu *Cresswell* und machte eine große Kanne Tee. (Die eintreffende Polizei und Feuerwehr hatte nichts Besseres zu tun, als die Arme in die Luft zu werfen und dicke Protokolle zu schreiben.) Der Tee brachte die fünf nassen und verletzten Leute zur Ruhe.

Der Gaskocher des Segelbootes, der ebenfalls in den Kanal geschleudert worden war, hatte offensichtlich geleckt, und das Gas hatte sich in der Bilge gesammelt. Jemand warf eine brennende Zigarette zu Boden und „Bumm"! Gasunfälle kommen auf kleinen Schiffen öfter vor als sonst was.

Später, als sich der Schock gelegt hatte und die Verletzten abtransportiert waren, kam der Eigner der Yacht, *Monsieur* Dupont, herüber und stellte sich Dod und mir vor. Während er auf *Cresswell* seine Kleider trocknete, erzählte er, dass seine Frau Ärztin sei und er früher in der französischen Resistance gewesen war. (Fast jeder in Frankreich behauptet das, aber in seinem Fall war es wirklich wahr; er hatte eine führende Rolle gespielt in der Widerstandsbewegung des Midi). Er war nun der französische Vertreter einer amerikanischen Firmengruppe für medizinische Geräte. Er erteilte Dod und mir den Auftrag, sein Schiff zu bergen. Wir sagten ihm, dass wir das umsonst machen würden und dass wir unseren gemeinsamen Freund Joe, einen englischen Schreiner, der sonst Fischerboote baute und den wir im Pub kennen gelernt hatten, mit der Reparatur beauftragen würden.

So lernten wir M. Dupont und seine reizende Frau kennen. Über den Winter hinweg luden sie uns regelmäßig sonntags zu sich nach Hause ein, und jedes Mal gab es sehr gut zu essen. Und ein Sonntagsessen in Frankreich ist so reichlich, dass es bei einem arktisgewohnten Matrosen eine ganze Woche lang vorhält.

Später besorgte *Monsieur* Dupont uns bei der Fakultät der Universität von Toulouse einen kleinen Nebenjob. Jeden Dienstag Abend zogen Dod und ich die besten Klamotten an und besuchten den Kurs für englische Landeskunde. Wir zeigten den wissbegierigen Kursteilnehmern, etwa zweihundert an der Zahl, wie man richtig Tee macht. Wir hielten auch kleine Vorträge über Fußball, Cricket, *fish and chips*, die englische Pubkultur (das dauerte allein einen Monat) und die britische Art, einer Frau den Hof zu machen, die, wie könnte es auch anders sein, sehr verschieden ist von der französischen Art.

Wir genossen diese Abende sehr. Nach dem Unterricht saßen Dod und ich im *Café Pensez-Y*, gegenüber dem Eingang zur Universität. Umgeben von einer Gruppe junger französischer Bewunderer, erzählte Dod salzwasserhaltige Geschichten und Abenteuer. Ich saß etwas abseits und wurde eingeführt in die Musik der Beatles, die damals die jungen Franzosen in Begeisterung versetzte. Man spendierte Dod und mir ein Glas nach dem anderen, meist Bockbier aus dem Elsass, während Joe und ich mit Einlagen in unserem Dialekt alle zum Lachen brachten. Wir saßen in dem hell erleuchteten warmen Café, mit seiner walrossbärtigen Bedienung und seiner fröhlichen *madame* (die im Alter von neunzig Jahren noch ein Auge auf Dod geworfen hatte), und draußen fiel Regen, mit Schnee gemischt.

Im März 1964 überprüfte ich alle Festmacherleinen, öffnete die Türen aller Schapps und verschloß die Luken. Ich zeigte Joe und Dod, wo die Bilgepumpe war und wo sie Nelsons Fressen hinstellen sollten. Ich nahm meinen Sextanten, meine Seeklamotten, den Schlafsack und meine nautischen Tafeln. Dann stieg ich in den Zug nach St. Nazaire.

Ich war auf dem Weg, die 38-Fuß-Ketsch *Rose d'Archachon* zu den Antillen zu überführen und die Yawl *Quiberon* von Cayenne nach Marseille.

Ich ließ *Cresswell* in der Obhut von Nelson, Nelson in der Obhut von Dod und Dod in der Obhut von Joe. Joe war in der Obhut von *M'sieur* Dupont, der wiederum von seiner netten Ärztin überwacht wurde. So war alles unter Kontrolle, und ich hatte ein gutes Gefühl auf dem Weg nach St Nazaire.

Bei dem internationalen B-Gruppenspiel gewann übrigens das Rugbyteam aus Wales haushoch gegen die Franzosen. Und so gab's Freibier für alle, bevor ich Toulouse verließ.

When I was a youngster I sailed with the rest,
On a Liverpool packet bound out for the west;
We anchored that night in the harbour of Cork,
And we set sail next mornin' for the Port of New York.

For thirty-two days we were starvin' and sore,
The winds they did lash and the gales they did roar,
'Til at Battery Point we did anchor at last,
With the jib-boom stove in and the canvas all fast.

The boarding-house masters were out in a trice,
Shoutin' and promisin'all that was nice,
And one fat old crimp that caught on to me,
Said „Young man, you're foolish to follow the sea".

The next thing I mind was I woke up next morn,
In a three-skysail-yarder bound south of the Horn,
With an old pair of seaboots and two pairs of socks,
A busted in nose and a dose of the pox,

Now all you young sailors all listen to me,
Just mind what you drinks when the likker is free,
And pay no attention to runner nor whore,
When your hat's in your hand and your foot's on the shore!

Chorus: Singing ho, row, ho row, ho bullies, ho,
The Liverpool gullies have got us in tow.

(Als ich noch jung war, fuhr ich mit dem Rest
Auf einem Liverpooler Paketboot hinaus nach Westen.
In der Nacht ankerten wir im Hafen von Cork,
Am Morgen danach segelten wir nach New York.

Zweiunddreißig Tage lang, hungrig und wund,
Die Winde peitschten, und die Stürme heulten.
Bis nach Battery Point, wo wir endlich ankerten,
Den Fockbaum eingezogen, und die Segel fest.

Die Wirte der Kneipen kamen im Nu heraus,
Sie brüllten und priesen alles, was sie hatten.
Ein fetter, alter Drücker, der sprach mich an:
„Junger Mann, du bist dumm, wenn du auf See gehst."

Das Nächste, was ich merkte, am Morgen danach,
Ich war auf einem Dreimaster hinab nach Kap Hoorn
Mit einem alten Paar Stiefel und zwei Paar Socken,
Einer gebrochenen Nase und der Syphilis.

Also, all ihr jungen Seeleute, hört mir gut zu,
passt auf, was ihr trinkt, wenn der Schnaps gratis ist.
Und gebt euch weder mit Schleppern noch mit Huren ab,
Mit dem Hut in der Hand, und den Füßen an Land.

Refrain: Singt ho, row, ho row, ho bullies, ho
Die Liverpooler Gullies haben uns im Schlepp!)

The Liverpool Gullies

(Dieser Song wurde nach der Melodie *The Wild Rover* gesungen, es war ein
„Blockhebesong" aus der Mitte des 19. Jahrhunderts. Mit „Gullies" waren die
Seevögel in der Bucht von Liverpool gemeint, die dem Volksmund nach den
Windjammern nach einer Ozeanüberquerung auf den letzten Meilen nach Hause
halfen – der Gedanke an die „Damen", die im Rotlichtviertel, dem „Heiligen
Land", warteten, half auch. Die Strophen wurden vom Schiffsfiedler gesungen
und der Refrain von der ganzen Mannschaft an Deck, wenn sie im Gleichtakt an
den Trossen zog.)

8 Eine klassische Überfahrt

$\mathcal{M}$ ein Zug fuhr am letzten Märztag 1964 in den Bahnhof von St. Nazaire ein. Wie üblich regnete es, aber nach ein paar Gläsern *kir* in der Bahnhofsbar begann der Tag schon besser auszusehen. Ich hatte noch ein paar restliche Francs in der Tasche und leistete mir ein Taxi hinunter zum Yachtclub, wo ich den Eigner der *Rose d'Archachon*, Alex Fougeron, einen Freund von Mr. Featherstone, traf. Er ergriff meine Hand, und schüttelte sie wild auf französische Art.

„Wir essen zusammen zu Mittag, und dann schauen wir uns das Schiff an. Am Nachmittag werden Sie die Crew kennen lernen. Jean-Pierre, aus Brest, ein sehr guter Segler, und Jacques aus Paris. Er ist der Koch."

Wir setzten uns an einen der eleganten Tische, und er fuhr fort. „Sie werden gut essen auf dieser Reise, mein Freund. Ich habe fünfzigtausend Francs für den Proviant ausgegeben."

„Gibt's auch *porridge* und *kippers*?", fragte ich im Spaß.

„Was?"

„Kein Problem. Ich weiß, wir werden gut essen: *on mange toujours bien dans les bateaux français.*"

„Was denken Sie, wie lange werden Sie für die Reise brauchen?", fragte Alex. Wir aßen eine vorzügliche *canard à l'orange*, und der Kellner des Yachtclubs im weißen Jackett füllte unsere Gläser mit ausgezeichnetem roten Bordeaux nach.

„Also, lass' mal sehen. Sie hat achtunddreißig Fuß, richtig?"

Er nickte.

„Nun, ein guter Schlag nach Vigo ... das ist die einzige Strecke, auf der wir mit Gegenwind rechnen müssen ... nehmen wir eine Woche dafür ... eine Woche an der Küste Spaniens und Portugals entlang, ein Tag in Lissabon und vielleicht ein Tag in Tanger ..."

Alex sah mich fragend an.

„Wieso wollen Sie denn da hin?"

„Um Wasser und frische Lebensmittel an Bord zu nehmen. Außerdem unterbricht es die Reise. Denken Sie daran, *M'sieur*: Ein gelangweilter Seemann ist ein schlechter Seemann."

Alex nickte.

„Also, dann haben wir zweieinhalb Wochen bis Tanger, stimmt's?"

„Dann ist es Ende April, wenn Sie nächste Woche hier ablegen."

„Richtig, das bedeutet, dass dann der Wind im Mai an der Küste von Marokko und um die Kanaren herum nicht so stark bläst, aber immer noch genug, um mit *Rose* gut voranzukommen", sagte ich.

„*Et après Tanger?*"

„Nach Lanzarote, der östlichsten Kanareninsel."

„Warum nicht direkt nach Teneriffa? Das ist doch viel kürzer?"

„Von der Distanz her, ja", sagte ich, aber der Portugalstrom läuft an der Küste von Marokko hinunter, mit 1 bis zu 1,5 Knoten. Das gibt uns zusätzliche sechsunddreißig Meilen am Tag, oder einhundertachtzig Meilen geschenkt in der Woche. Von Lanzarote nach Teneriffa, wo der Wind normalerweise aus Westen kommt, von der Sahara her, ist es nur ein halber Tag. Wenn wir außerhalb des Stroms direkt nach Teneriffa segeln, mit mehr oder weniger raumem Wind, dann brauchen wir zehn Tage, so aber nur sechs.

„Das macht Sinn, Tristan." Alex bestellte Kaffee.

„Ich werde zwei Tage auf Teneriffa bleiben, lange genug, um Wasser und frische Vorräte zu bunkern, und dann Kurs auf Martinique nehmen."

„Wie lange schätzt du bis dahin?" Er zündete sich eine *Gauloise* an.

„Für die normalen Windverhältnisse im Mai, sagen wir dreißig Tage, aber ich rechne fünfzig, für den Fall, dass wir in eine Flaute kommen."

„Das heißt, Sie werden Mitte Juni in Martinique sein?"

„Ja, mit einer Toleranz von zirka sechs Wochen oder so, bevor die Hurrikansaison einsetzt. Je schneller wir über den Atlantik kommen, umso besser. Man weiß ja nie, wann der erste Hurrikan kommt."

„Das heißt also, zwei Monate für die ganze Reise. Ich werde heute die Seekarten bestellen. Brauchen Sie etwas Besonderes? Großkreiskarten, Karten für den Atlantik?"

„Alles was ich brauche, sind Karten für die Flussmündung der Loire, die Küste Spaniens, südlich von Cabo Ortegal und Portugal – normale Karten in großem Maßstab, verstehen Sie. Dann die Ansteuerung von La Coruña, Vigo, Lissabon, Tanger, die Küste von Marokko, wieder im großen Maßstab, bis nach Agadir hinunter. Dann eine Übersichtskarte

für die Kanaren, mit den Ansteuerungen für Lanzarote und Cruz de Tenerife und Detailkarten für Martinique und Guadeloupe, mit der Ansteuerung von Fort de France. Das wär's."

„Was ist mit Karten für die Atlantiküberquerung?"

„Nicht nötig. Ich rechne meinen Großkreiskurs selbst aus, mit den
Navigationstafeln. Ich kann das im Logbuch machen, oder wenn es sein
muss, auch auf einer Zigarettenschachtel."

Alex lächelte. „Kommen Sie, wir schauen uns das Schiff an. Die
Werft hat es gerade erst geliefert – nagelneu. Ich habe es für fünfund-
vierzigtaused Dollar bei Lloyds in London versichert."

„Das ist ein guter walisischer Name", sagte ich und grinste.

„Ah, merde, les Gallois". Alex bewegte seinen untersetzten Körper in
Richtung des Mastenwaldes im Yachthafen. Er war immer noch ziemlich
jung, etwa zweiundvierzig. Wie Monsieur Dupont war auch er während
der deutschen Besatzung in der Resistance aktiv gewesen. Nach dem
Krieg hatte er sich eine Vertriebsfirma für chemische Produkte aufgebaut. Nun begann er, die Früchte seiner Arbeit zu genießen.

Rose d'Arcachon war ketschgetakelt, 12 m lang und 3,50 m breit. Sie
war aus Glasfaser, aber sie hatte innen drin so viel Holzverkleidung, dass
man das kaum bemerkte. Ich sah, dass Alex keine Kosten gescheut hatte,
um dieses schöne, komfortable und seetüchtige Schiff bauen zu lassen.
Gegen *Rose* sah *Cresswell* aus wie ein Gammelschiff aus dem Suezka-
nal. Unter Deck gab es eine große Pantry aus rostfreiem Stahl mit einem
Herd, und sogar ein Regal für Weinflaschen, das in die Bilge einlami-
niert war. Sie hatte fünf Kojen, zwei im Vorschiff, zwei im Salon und
eine Hundekoje im achteren Teil des Salons unter der Steuerbordbacks-
kiste. Sie hatte einen riesigen Navigationstisch und ein ganzes Schapp
voller Handbücher, Leuchtfeuerverzeichnisse, Tidentabellen und Dutzende von Karten.

Welch ein Unterschied zu *Cresswell*, dachte ich, wo ich auf dem
Deckel einer Keksdose navigierte.

Rose hatte einen starken Sechzig-PS-Sechszylinder-Couach-Diesel
mit Generator, der alle Lichter an Bord versorgte. Es gab ein Echolot und
eine Logge, Anzeigen für die Windstärke und die Windrichtung und so
viel Schnickschnack an Bord, dass man damit einen ganzen Weihnachts-

baum hätte dekorieren könnte.

An Deck zeigte sie die gleiche hervorragende Qualität. Masten aus Aluminium, ein Rigg aus rostfreiem Stahl und sechs Winschen, bestes Segeltuch, Schoten aus Dacron, alles vom Feinsten. Ich verstaute die wenigen Klamotten, die ich mitgebracht hatte: Drei T-Shirts, zwei Paar Socken, meine Öljacke und die Hosen dazu, zwei Paar Jeans, eine Segeljacke und ein paar Landschuhe. Außerdem meinen Sextanten, meinen Shakespeare und meine Lieblingsgedichte. Dann machte ich eine Tasse Tee von dem Vorrat, den ich mitgebracht hatte.

Jean-Pierre kam am späten Nachmittag an, als Alex und ich das Segelinventar aufnahmen und jedes Auge und jedes Liek kontrollierten.

„*M'sieur Fougeron?*" Wir sahen einen untersetzten Mann, vielleicht siebenundzwanzig Jahre alt, mit gewelltem rotbraunem Haar und grünblauen bretonischen Augen, der uns anlächelte. Er war etwa einmeterachtzig groß, hatte eine blaue bretonische Segeljacke an und rote Jeans. Mit einer kräftigen sonnengebräunten Hand setzte er seinen Seesack im Cockpit ab.

„Jean-Pierre ... Du musst Jean-Pierre sein!" Alex schüttelte ihm die Hand und stellte erst sich vor, dann mich. „Das ist Tristan Jones, *un Gallois.*"

„*Oui, M'sieur Tristan*", sagte Jean-Pierre und lächelte. „Ich hab' ein Schiff überführt, von Brest nach Plymouth, letzten Oktober. Wegen Schlechtwetter mussten wir nach Alderney, und die Leute dort haben mir von dir erzählt. Wie geht's deinem Hund?"

„Gut, wirklich gut, Jean-Pierre", lachte ich, „die Welt ist klein, nicht wahr?"

„*Bien sûr.* Aber jetzt, Kapitän, was kann ich tun?"

„Verstau' deine Sachen. Du kannst die Koje auf der Backbordseite im Vorschiff haben. Dann schau' dich im Schiff um, damit du weißt, wo alles ist. Und dann kannst du Alex helfen, diese Segel hier wegzustauen."

„*Bon,* Tristan", er machte sich auf den Weg nach unten.

„Oh, Jean-Pierre!"

„*Oui?*"

„Da steht eine Kanne Tee auf dem Herd, falls du welchen möchtest".

„*Merde*", knurrte Jean-Pierre, „*le thé, le thé, toujours le thé!*"

Jacques kam mit dem Spätzug aus Paris an. Er war von Beruf Lehrer, sechsundzwanzig Jahre alt, klein und rundlich, hatte hellblondes Haar, grüne Augen und einen mürrischen Gesichtsausdruck. Aber das alles war Täuschung, denn wenn es erforderlich war, wurde er zu einem menschlichen Kraftpaket mit der Stärke eines Fanatikers.

„*M'sieur Tristan*", entschuldigte er sich, „tut mir leid, dass ich zu spät komme, aber ich habe den Zug verpasst."

„Macht nichts, Jacques, Hauptsache, du bist hier!"

„Aber ich wollte Abendessen kochen. Schaut, ich habe frischen Hummer aus Paris mitgebracht". Er zog einen Hummer aus einem Plastikbeutel.

Jean-Pierre fing an, laut zu lachen, dann, als ich merkte warum, musste ich auch lachen. Jacques hatte Hummer aus dem Binnenland mitgebracht, in einen der größten Hummerumschlagshäfen Europas!

„*Putain!*", knurrte Jaques, ein wenig beschämt, als er seinen Pariser Hummer zur Seite legte.

Als wir in die Kojen gingen, lachte Jean-Pierre immer noch. Ich schlief ein und wusste, dass ich mit meiner Crew gut zurecht kommen würde.

Am nächsten Tag gingen wir *Rose* vom Bug bis zum Heck durch, prüften die Vorräte und machten das Schiff fertig für einen Probeschlag. Es war eine langweilige Arbeit, aber mit Jacques als Koch hatten wir Energie im Überfluss. Der Probeschlag am nächsten Tag verlief gut, mit der Ausnahme, dass wir einen Tampen in die Schraube bekamen. Doch Jean-Pierre zeigte, was er konnte. Mit einem Messer zwischen den Zähnen sprang er über die Seite und hatte das Tau in kurzer Zeit durchgesäbelt.

„Gut gemacht, Jean-Pierre!", sagte ich und klopfte ihm auf die Schulter.

„Eines Tages werde ich noch für Cousteau arbeiten", lachte er. (Das tat er wirklich, einige Jahre später).

Am Vorabend unseres Abreisetages brachte Alex die Karten zum Schiff, und ich aktualisierte sie anhand der Informationsblätter der französischen Marine. In der Zwischenzeit verstaute Jacques die letzten frischen Lebensmittel und machte alle Etiketten von den Dosen ab. Dann schrieb er mit wasserfester Tinte drauf, was in den Dosen war. Nichts ist schlimmer, als wenn man eine Dose aufmacht und nicht weiß, was drin ist, nachdem das Etikett durch Feuchtigkeit abgefallen ist. Jean-Pierre überprüfte alle Reservesegel, das Nähzeug für die Segel, die Leinen, die Ankerkette, das Bordwerkzeug und die Ersatzteile für die Maschine. Wir legten uns schlafen, um mit der Tide um 4.30 Uhr am nächsten Morgen auszulaufen. Alex war abends schon nach Paris zurückgefahren, nachdem er uns *bon voyage* gewünscht und mir fünftausend Francs „für Notfälle" in die Hand gedrückt hatte.

Unsere Abreise verlief normal, und bei Tagesanbruch waren wir aus der Mündung der Loire heraus und nahmen mit einer frischen Brise aus Südwest Kurs auf den Golf von Biskaya.

„Au revoir, la France! Merde à de Gaulle!", rief Jaques, als die Küste hinter uns zurückblieb.

Unser Schlag über einhundertfünfzig Meilen nach Westen dauerte zwei Tage. Der Wind war stetig, und nach eineinhalb Tagen konnten wir wenden und Kurs SSW anlegen. Zu Beginn wurde Jacques seekrank, und für ihn war die Reise beschwerlich. Um ihm zu helfen, packte ich ihm zwei Tage lang immer wieder Eiswürfel in die Ohren, bis wir kein Eis mehr hatten. Dann ließ ich ihn jede Stunde drei Teelöffel Rohzucker essen, was ihm auch etwas half. Am Ende des dritten Tages hatte er seine Seebeine gefunden, und während der ganzen Reise hatte er keine Probleme mehr, außer in den ersten Stunden nach einem Landgang. Jean-Pierre war ein abgehärteter Matrose und wurde nicht seekrank.

Am fünften Tag sichteten wir Kap Ortegal im Nordwesten Spaniens, gerade als der Wind nachließ. Das ist sehr ungewöhnlich für diese Gewässer. Wir motorten vierundzwanzig Stunden in einer starken Dünung, bis wir Kap Finisterre an Backbord querab hatten. Der Wind kam wieder auf, und bald rollten wir mit halbem Wind und mit Hilfe des Portugalstroms gen Süden. Ich entschied mich dafür, Vigo nicht anzulaufen, sondern direkt nach Lissabon zu segeln, wo wir zwei, anstelle von einem Tag, bleiben könnten.

Am achten Tag nach unserer Abreise in St. Nazaire und einem schnellen Törn von fast tausend Seemeilen, lief *Rose* in die Tejo-Mündung ein. Sie war ein sehr gutes Seeschiff, schnell vor dem Wind und trocken segelnd. Im Vergleich mit *Cresswell* fühlte man sich auf ihr wie auf einem Kreuzfahrtschiff. Jean-Pierre war ein lustiger, williger und hart arbeitender Matrose, und Jaques war ein kreativer Koch, der jeden Tag ein Dreigängemenü servierte, unabhängig davon, wie sehr er von dem rollenden Schiff hin- und hergeworfen wurde. Im Hafen waren seine *Coquilles St. Jacques* und auf See sein *Poulet Frit* und seine *Cassoulet Carcassonne* wahre kulinarische Leckerbissen.

In Lissabon machten wir das Schiff in Belém fest, nahe der riesigen Statue von Heinrich dem Seefahrer der, obwohl er scheinbar nie auf See gewesen ist, die navigatorischen Erfahrungen der Perser, Phönizier, Griechen und Araber im 14. Jahrhundert zusammengetragen hat. Er legte den Grundstein zu den großen portugiesischen Entdeckungsreisen, um das Kap der Guten Hoffnung herum und im Indischen Ozean. Er inspirierte die Navigatoren von Kolumbus und hatte damals bereits eine Vorstellung von der modernen Welt, wie wir sie heute kennen.

In Lissabon bunkerten wir Wasser und putzten *Rose*. Der Hafen in Belém hatte alle Service-Einrichtungen, war jedoch einige Meilen vom Stadtzentrum entfernt. Nachdem wir *Rose* in den Händen eines Wachmanns zurückgelassen hatten, fuhren Jean-Pierre, Jacques und ich mit einer der Straßenbahnen, die direkt am Yachtclub vorbeipendelten, in die Stadt.

Lissabon ist eine der „Seemannsstädte" dieser Welt. Die Restaurants waren billig, und für nur vier Dollar bekamen wir alle drei zusammen ein herzhaftes Essen, ein paar Drinks und konnten uns noch die Vorstellung ansehen und anhören: tanzende Zigeunerinnen und Sänger, die den melancholisch klingenden *fado* vortrugen, traurige und wunderschöne Lieder über die Liebe.

Dann nahmen wir Kurs auf die Arizona Bar und inspizierten die unzähligen Damen (und wurden inspiziert). In jeder Hinsicht gesättigt und müde kehrten wir an Bord zurück.

Am nächsten Morgen arbeiteten wir und machten *Rose* fertig für den nächsten Schlag nach Teneriffa. Wir hatten entschieden, Tanger und Lanzarote auszulassen, seit wir wussten, wie seetüchtig und schnell unser Schiff war. Am Nachmittag lagen Jean-Pierre und ich faul in der Sonne, während der unermüdliche Jacques mit der Straßenbahn zu dem großen und von Menschen wimmelnden Markt fuhr, wo die Lebensmittel frisch und billig waren. Er prüfte die lebenden Hühner, drückte die Melonen, probierte die Trauben und feilschte mit den Marktfrauen.

Einige der Leute im Yachthafen von Belém sprachen Englisch, und es tat mir gut, mich wieder einmal in meiner Muttersprache zu unterhalten, nach mehreren Wochen Gequassel auf Französisch.

Der Törn nach Teneriffa verlief ohne Zwischenfälle. Wir hatten guten Wind, hauptsächlich aus Norden, und stürmten bei herrlichem Sonnenschein mit fünf bis sechs Knoten stetig voran. Ab und zu sahen wir fliegende Fische und Tümmler. Acht Tage nach dem Ablegen in Lissabon sichteten wir den großen Vulkan auf Teneriffa, noch ungefähr hundert Meilen entfernt. Am nächsten Tag waren wir in dem kleinen überfüllten Hafen von Santa Cruz.

Auf dem Weg nach Süden waren wir etlichen Walen begegnet, die sich aber in größerer Entfernung hielten und bestrebt zu sein schienen, ihren eigenen Kurs zu halten, meist nach Norden. Es war uns auch eine Anzahl Schiffe begegnet, speziell als *Rose* auf dem gleichen Breitengrad wie Gibraltar segelte. Diese fuhren meist in östlicher oder westlicher Richtung, offensichtlich auf der Handelsroute zwischen Amerika und dem Mittelmeer.

Santa Cruz de Tenerife ist kein besonders guter Hafen für eine Segelyacht. Der Hafen ist vollgepfercht und schmutzig; es stinkt nach Öl und Fisch. Wenn der Wind aufbrist, kommt ein starker Schwell durch die Hafeneinfahrt herein und macht das Leben an Bord ungemütlich, denn das Schiff ruckt mit harten Bewegungen an den Festmachern. Nach zwei Tagen und Nächten hatten wir genug davon und beschlossen, über den Atlantik hinüber nach Martinique zu segeln, mehr oder weniger auf der gleichen Route, die Kolumbus damals auf seiner Entdeckungsreise benutzt hatte.

Die Überfahrt nach Martinique (in Seglerkreisen „lady's passage" genannt), dauerte achtundzwanzig Tage. Der Wind war stetig und blies meist aus der gleichen Richtung, aus dem östlichen Quadranten. Wir hatten zwei Genuas ausgebaumt und rollten tagelang mit sechs bis sieben Knoten platt vor dem Wind. Das war harte Arbeit am Rad, weil wir keine automatische Selbststeuerung hatten. Wir gingen zu Vierstunden-

Wachen über, das heißt vier Stunden am Rad, vier Stunden Pause und vier Stunden schlafen. Jean-Pierre und ich übernahmen das Kochen, wenn Jacques am Ruder war. Jean-Pierre war ein ganz guter Koch. Ich machte Burgoo, das die Franzosen grimassenschneidend hinunterwürgten.

Manchmal, am Abend, wenn die Sonne direkt voraus in der See versank und ich darauf wartete, eine Sextantenpeilung der Sterne in der Dämmerung zu bekommen, unterhielt ich mich leise mit Jacques. Laut zu reden, wenn jemand schläft, auf einem Boot (oder sonst wo), ist für einen Seemann der Gipfel schlechten Benehmens. Jacques war ein Romantiker, und er träumte von dem Tag, an dem er auf seinem eigenen Schiff in den Südpazifik segeln würde.

„Und, Tristan, ich werde ein großes Schiff haben, *une goélette* ... einen Schoner ... und Handel treiben zwischen den Inseln."

„Aber ein Schoner, *merde!* Das ist ein großes Schiff aus Holz, und das braucht eine Menge Pflege und eine Mannschaft so groß wie zum Bau der Pyramiden, *mon ami!*"

„Ah, dann wird meine Crew aus lauter schönen polynesischen Mädchen bestehen."

„Hast du jemals die Schoten von einem Schoner gesehen? Du musst gebaut sein wie Kingkong, um die dicht zu holen!"

„Also dann einen starken Mann an Bord – aber einen Eunuchen, verstehst du?"

Und so redete er weiter, träumte seinen Traum von den palmenbewachsenen Inseln im Stillen Ozean, der Flucht aus der Welt eines *petitbourgeois* Pariser Schullehrers. Aber ich konnte ihn trotzdem gut leiden – was wäre ein Leben ohne Träume?

Wenn Jean-Pierre Kartoffeln schälte und ich einen Takling auf ein Ende setzte oder Segel flickte, ließ Jacques seiner Phantasie freien Lauf. Er träumte von den Tuamotus und den Neuen Hebriden, der Wind zerzauste sein schütteres Haar, und er kämpfte mit dem Rad, wenn die Sonne langsam am westlichen Horizont unterging.

„Komischer Vogel", sagte Jean-Pierre eines Abends, als Jacques schlief, „da macht er nun seine erste Atlantiküberquerung, und alles, an was er denken kann, ist der Pazifik."

„Muss schon eine große Umstellung für ihn sein, als Schulmeister in einem langweiligen Vorort von Paris."

Auf dem ganzen Törn gerieten wir nur einmal in eine Flaute, für etwa achtzehn Stunden. Wir lagen da, dümpelten und warteten auf Wind. Ich hätte motoren können, aber ich entschied, den Treibstoff besser für später aufzuheben. Unsere Durchschnittsgeschwindigkeit während der ganzen Reise war demzufolge auch nur knapp viereinhalb Knoten. Das, ohne *Rose* zu sehr anzutreiben.

Wäre sie mein eigenes Schiff gewesen, hätte ich sie härter gesegelt, aber ein fremdes Schiff behandelt man gerne mit Vorsicht, ich jedenfalls.

Da wir drei Männer an Bord waren, Wache um Wache, mit viel Arbeit am Rad, sahen wir uns nicht so oft. Einer war am Rad, der zweite schlief, und der dritte machte Essen oder andere Arbeiten. Unter diesen Umständen ist es nicht schwer, einen gewissen Abstand zwischen sich selbst und den anderen Männern der Mannschaft zu halten. Auf einem kleinen Schiff ist das wichtig. Wenn wir für kurze Zeit am Tag alle zusammen waren, wie beim Essen, war die Atmosphäre sehr freundlich und ausgeglichen.

Neunundvierzig Tage nach Ablegen in St. Nazaire erreichten wir Fort de France, waren schnell durch den Zoll und machten *Rose* fest. Jean-Pierre und ich begleiteten Jacques zum Flughafen, von wo er via New York nach Paris flog.

„*Au 'voir,* Tristan, Jean-Pierre! Wenn ihr wieder mal einen Koch braucht, wisst Ihr, wo ich zu finden bin. Aber das nächste Mal im Südpazifik. Ich will nach Tahiti. Die Mädchen da ..." Er beschrieb mit seinen Händen die weiblichen Kurven."

„*Au 'voir,* Jacques. Ich besuch' dich in Paris im September."

Wir schauten zu, wie das Flugzeug abhob.

„Wann gehen wir nach Cayenne, Tristan?", fragte Jean-Pierre, als wir vor dem Flughafen nach einem Taxi winkten.

„Warum so eilig? Wir schauen uns Martinique an, für einen oder zwei Tage, dann starten wir. Wir haben immer noch gut Zeit, bevor die Hurrikansaison Ende Juli einsetzt. Heute ist der erste Juni."

„Okay, *mon capitaine,* du bist der Boss." Wir machten uns auf den Weg zu einem kleinen *estaminet* am Yachthafen und tranken Pernod, während es draußen schnell dunkel wurde.

Das Flugzeug von Jacques stürzte unweit von Nantes ab. Er und die meisten Passagiere kamen ums Leben. Glücklicherweise erfuhren weder Jean-Pierre noch ich davon, bevor wir wieder nach Frankreich kamen, nach einer der schlimmsten Transatlantikreisen, die ich je mit einem kleinen Schiff gemacht habe, mit der *Quiberon*.

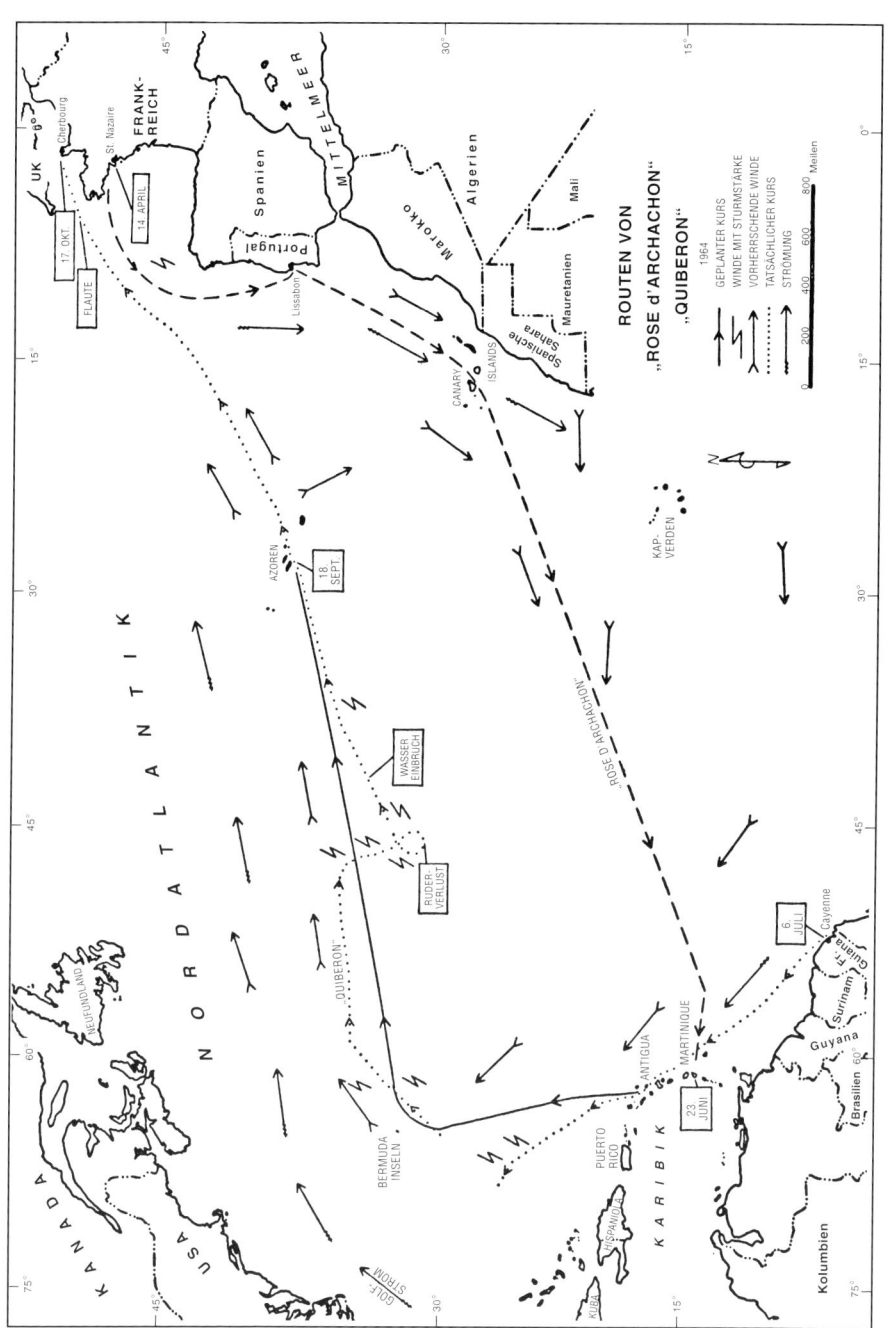

ROUTEN VON
„ROSE d'ARCHACHON"
„QUIBERON"
1964

GEPLANTER KURS
WINDE MIT STURMSTÄRKE
VORHERRSCHENDE WINDE
TATSÄCHLICHER KURS
STRÖMUNG

0   200   400   600   800 Meilen

June – too soon,
July – stand by,
August – if you must,
September – remember,
October – all over.

(Juni zu früh,
Juli pass auf,
August nur wenn du musst,
September zuhauf,
Oktober vorbei!)

Sprichwort auf den Westindies zum Thema Hurrikane

9 En passant!

*V*olle drei Tage lang schwelgten wir an den Fleischtöpfen von Port de France. Dann ging unser Flugzeug nach Cayenne in Französisch Guyana. Wir schliefen auf *Rose d'Arcachon*, um die Hotelkosten zu sparen. Tagsüber wanderten wir herum, schauten uns die Sehenswürdigkeiten an, tranken *kir* und *pernod* und speisten ausgezeichnet. Wir beobachten das Hafengeschehen an diesem exotischen, farbenprächtigen Ort und hörten Calypsomusik.

Jean-Pierre war ein guter Erzähler. Er berichtete mir von seinen bisherigen Reisen. Sein Vater war Fischer in Brest und hatte Jean-Pierre schon früh mit der See vertraut gemacht. Als er achtzehn war, wollte er mehr von der Welt sehen als die raue grüne See in der Biskaya. Also heuerte er auf einer französischen Segelyacht, einem Schoner, mit Ziel Madagaskar im Indischen Ozean an. Die beiden Eigner des Schoners bekamen in Rio de Janeiro Streit miteinander. Der eine setzte sich nach Frankreich ab und ließ den anderen ohne Geld zurück. Jean-Pierre wurde gefeuert – und war somit gestrandet.

Einen Monat lang hing er in den Straßen von Rio herum, bis es ihm gelang, einen Job zur Überführung eines kleinen Schiffes von Rio nach Buenos Aires zu bekommen. Mit dem verdienten Geld konnte er sich ein Flugticket nach Guadeloupe kaufen. Von dort aus überführte er ein anderes kleines Schiff nach New York, aber dessen amerikanischer Eigner beschiss ihn, indem er behauptete, er hätte bereits vor der Überführung bezahlt. Wieder saß Jean-Pierre auf dem Trockenen. Er arbeitete in einem französischen Restaurant in der siebenundvierzigsten Straße in Manhattan als Tellerwäscher, bis er auf einer britischen Yacht, die von Boston nach Plymouth segelte, eine Koje fand. So kam er wieder nach Hause in die Bretagne. Danach arbeitete er als Matrose und Skipper auf verschiedenen Segelschiffen, manchmal mit dem Eigner an Bord, und hauptsächlich im Nordwesten Europas und im Mittelmeer.

Sein Englisch war einfach, aber gut zu verstehen, doch es war schon etwas eigenartig, dass ein Bretone Englisch mit einem breiten New Yorker Akzent sprach, während er vom Straßencafé aus mit den Augen den vorbeiflanierenden gut gebauten Mädchen von Martinique folgte.

Nachdem unser Flug nach Cayenne bezahlt war, hatte ich immer noch zweitausend französische Francs übrig. Also leisteten wir uns bei unserer Ankunft in dieser schwülen und feucht-heißen Stadt für die erste Nacht ein Hotel. Ein billiges Hotel natürlich, ohne Klimaanlage und voll mit Ungeziefer. Wir bummelten durch die Altstadt. Die Einfassungen an den zahlreichen hölzernen Ladeneingängen schienen zu verrotten, und die Telegrafenmasten brachen fast unter der Last der tropischen Schlingpflanzen zusammen. Wir waren erstaunt über die fremdartige Mischung der Menschenrassen. Neben wohlhabend aussehenden Farbigen und Chinesen saßen im Rinnstein schäbige weiße, meist ältere Männer – barfuss, oft nur mit einem zerrissenen Hemd und schmutzigen Hosen bekleidet, üblicherweise einen ausgefransten Strohhut auf dem Kopf. Manche von ihnen waren betrunken und starrten mit hoffnungslosen Blicken ins Leere. Auf unserem Weg zum Fluss hinunter sahen wir Dutzende von ihnen.

„*Alors, Tristan, ce sont les vieux blancs.*"

„Alte Weiße?"

„Ja, es sind die letzten der Gefangenen aus der Zeit, als Französisch Guyana eine Gefangenenkolonie war. Die, die mehr als acht Jahre bekommen hatten, mussten nach dem Absitzen ihrer Strafe noch einmal für die gleiche Zeit in der Kolonie bleiben. Also, wenn ein Mann zwanzig Jahre bekommen hatte, bedeutete das, dass er sein ganzes Leben dort draußen verbringen musste. Sie gewöhnten sich so sehr daran, dass viele nach dem Zweiten Weltkrieg das Angebot der französischen Regierung zur Rückkehr nach Frankreich ablehnten. Sie konnten sich ein Leben in Frankreich nicht mehr vorstellen. Nun hängen sie hier einfach so herum und warten darauf, dass sie sterben."

Drunten am Fluss gab es mehrere hundert kleinere Segelschiffe, viele davon waren brasilianische Schmuggler – Rinderschmuggler. Ich erfuhr, dass es auf den Inseln in der Amazonasmündung Tausende wild lebender Rinder gibt. Diese Seeleute überwanden die gefährlichsten Strömungen und mächtigsten Tiden der Welt, landeten auf diesen Inseln und fingen wilde Brahman-Rinder. Sie banden sie in den Laderäumen ihrer 50-Fuss-Schiffe fest und segelten wieder hinauf nach Cayenne, eine Strecke von etwa 600 oder 700 Seemeilen. Dort tauschten sie die Rinder gegen schottischen Whisky ein, den sie nach Brasilien schmuggelten – natürlich mit riesigem Profit – aber sie mussten sich in diesem gefährlichen Revier jeden einzelnen Pfennig mühsam verdienen.

Jean-Pierre und ich verbrachten Stunden im Gespräch mit diesen Schmugglern. Wir wollten so viel wie möglich über den Amazonas erfahren, insbesondere über das Revier weiter stromaufwärts. Aber sie kannten nur die Mündung und die Inseln in den zweihundertachtzig Meilen des Deltas. Ich nahm mir vor, irgendwann den Amazonas in Angriff zu nehmen.

In der mondhellen Nacht saßen wir an dem stinkenden Fluss in Cayenne, schlürften Cassata und Whisky und schlugen nach den Millionen von Fliegen. In den Pausen zwischen den platschenden Regenschauern spielten die brasilianischen Crews ihre mitreißende und sexy Musik unter den tropfenden Zeltplanen, lachten und quasselten.

„Stromaufwärts im Amazonas muss es noch viele Schätze geben“, philosophierte Jean-Pierre auf dem Rückweg zu unserem schäbigen chinesischen Hotel. Vor der Eingangstür tanzten Tausende von Motten um die Lampe, eine nackte Glühbirne. „Gold, Silber, Indianerschmuck und viele seltene unbekannte Pflanzen.“

„Ja, und gutes Schiffsbauholz, Quadratmeilen davon, *mon ami!*“

„Ach, Tristan, du denkst wieder nur an Schiffe!“

„Klar, was willst du denn mit all den Schätzen anfangen, wenn du kein Schiff hast, um dich an ihnen zu erfreuen?“

„*Ah, merde. Bonne nuit, mon capitaine.*“

„*Bonne nuit,* Jean-Pierre. Aber erst verrate ich dir noch einen alten Trick, wie du die Kakerlaken überlisten kannst. Hol’ dir eine Dose Butter aus dem Chinaladen da und schmier’ was davon auf den Rand des Pisspotts. Die schmierige, ranzige Butter zieht die kleinen *cochons* an, also weg von dir, und *voilà!* sie fallen in die Schüssel. Durch die Butter können sie nicht mehr rausklettern.“

„Gute Idee. *Merci, mon capitaine.*“

Die schwüle, klebrige Hitze weckte mich schon um sieben Uhr am nächsten Morgen auf. Jean-Pierre und ich flohen aus dem insektenwimmelnden Hotel und landeten in einem sauberen französischem Café mit frischen Croissants und Kaffee. Dann nahmen wir unsere Seesäcke auf die Schultern und gingen hinab zum Fluss. Dort verhandelten wir mit einem der „vieux blancs", der uns in einem Einbaum-Kanu hinaus zu *Qui-beron* paddelte. Wir wussten, dass sie da draußen vor Anker lag, aber wir wussten nicht genau wo. Am Abend vorher war es schon zu spät gewesen, um mit dem Hafenmeister zu sprechen. Aber der „vieux blanc" wusste, wo sie lag.

Der Anblick, der uns erwartete, als wir uns durch den dicken Flussnebel zu *Quiberon* hindurchgekämpft hatten, trieb uns fast Tränen in die Augen. Das Schiff war offensichtlich mehrere Jahre nicht mehr bewegt worden. In dem gezeitenabhängigen Fluss war der Bewuchs von Muscheln und anderem Zeugs auf mehr als einen halben Meter angewachsen. Alle Farbe an den Seiten aus Zedernholz war abgeblättert, und die ehemalige Abdeckung aus Zeltplanenstoff war bis auf ein paar verschimmelte Reststücke verschwunden. Das Cockpit war mit schleimigem Moos bedeckt, und das Holz hatte an manchen Stellen bereits zu faulen begonnen.

„Schöne Scheiße", murmelte ich, und wischte mir den Schweiß aus den Augen.

„*Putain*", sagte Jean-Pierre.

Der „vieux blanc" sagte nichts; er saß in seinem Einbaum und starrte mit seinen erloschenen hellblauen Augen ins Leere.

Als ich das Schott des Niedergangs öffnete, schlug mir ein muffiger und fauliger Gestank entgegen. Selbst ein Kerkerloch in der Bastille hätte dagegen wie Helena Rubinsteins *boudoir* gerochen. Alles war nass und feucht. Der Herd der Kombüse war mit schleimigem grünen Moos überzogen, genau wie die Kojen, die Navigationsbücher, die Decke, der Kabinenboden, alles. Die gesamte Kajüte wimmelte von Tausenden riesiger Kakerlaken, manche bis zu fünf Zentimeter lang. Der Gestank des fauligen Bilgenwassers war überwältigend.

„Was meinst du, Tristan?"

„Ich meine, wir sollten anfangen zu arbeiten, *mon ami*, und diese Scheiße hier aufräumen. Wir kriegen zweitausend Francs, wenn wir die verrottete Hulk hier nach Frankreich bringen!"

„Aber wir werden bestimmt einen Monat brauchen, um sie seeklar zu machen. Jetzt ist es fast Juni, und die Hurrikansaison beginnt Ende Juli."

„Also dann, *mon ami*, fangen wir am besten gleich an, oder?"

Als Erstes untersuchte ich das aufblasbare Beiboot, das zu *Quiberon* gehörte. Im Hafen, vor Anker, ist ein Beiboot wie die Krücke für einen Krüppel – es ist der einzige Weg, an Land zu kommen. Natürlich war es total verrottet. Ich vereinbarte mit dem „vieux blanc", dass er mir für vierzig Francs einen Einbaum besorgen würde. Ich würde ihm dann fünfzig Francs dafür bezahlen. Er paddelte weg. Jean-Pierre und ich begannen, das Schiff innen und außen mit Flusswasser zu säubern.

Wir brauchten drei volle Tage, bevor wir das Schiff so weit hatten, dass wir an Bord einziehen konnten. Dann machten wir mit Hilfe unseres Einbaums viele Touren ans Ufer und zurück, um die notwendigen Materialien und Vorräte für unsere lange Reise an Bord zu bringen. Die Maschine war solide zusammengerostet, die konnten wir vergessen. Ich baute die Treibstofftanks unter den Cockpitsitzen aus und verstaute dort mehrere Kanister für Frischwasser. Die Leinensegel waren in einem jämmerlichen Zustand, an vielen Stellen verfault. Aber Jean-Pierre war ein erfahrener Segelmacher. Er kaufte Tuch von einem chinesischen Händler, mietete sehr billig dessen Nähmaschine, und bald hatten wir eine brauchbare Segelgarderobe beisammen, einschließlich Schwerwettersegeln. Doch als Erstes nähte Jean-Pierre ein Bimini gegen die gnadenlos brennende Sonne. Als wir es aufgespannt hatten, wurde es erträglicher, aber nicht sehr viel.

Die Masten und der Baum von *Quiberon* waren in einem einigermaßen akzeptablen Zustand. Ich hatte sie bald abgezogen und mit fünf Anstrichen Firnis bepinselt. Obendrauf kamen noch zwei Lagen graue Farbe. Auch die an vielen Stellen aufgerissene Persenning wurde von mir mühevoll geflickt.

Mit Hilfe eines Arbeitskrans am Dock nahmen wir das Schiff aus dem Wasser und kratzten das Unterwasserschiff ab. Als Gegenleistung dafür, dass Jean-Pierre ihm ein Segel für seine Jolle nähte, besorgte mir einer der Hafenlotsen eine Menge Antifouling für die Berufsschifffahrt. Für den Kran, und für das Liegen im Dock, mussten wir nichts bezahlen.

Endlich war das Schiff wieder im Wasser, und wir waren mehr oder weniger bereit. Es war inzwischen der zweite Juli. Wenn wir die Hurrikansaison vermeiden wollten, sollten wir so schnell wie möglich nach Norden abhauen.

In Cayenne waren wir zu weit südlich für Hurrikane. Ihr Weg verläuft westlich über den Atlantik, nördlich des Breitengrads von Grenada. Danach wechseln sie oft ihre Richtung, meist nach Nordwesten, in Richtung der Südostküste der USA, wo sie wiederum ihre Richtung ändern und in den Weiten des Nordatlantiks ihre Kraft verlieren.

Diese letztere Zugrichtung machte mir am meisten Sorgen, weil sie der generellen Windrichtung im Atlantik folgt. Wir mussten diesen Weg einhalten, und die Hurrikane würden uns folgen. Also sollten wir Anfang August weit östlich von Bermuda sein, andernfalls müssten wir uns bis Ende Oktober in einem Hafenloch in der Karibik verkriechen. Dann würden wir in die stürmische Wintersaison auf der europäischen Seite des Atlantiks hineingeraten – keine schönen Aussichten. Wir entschieden uns dafür, wie der Blitz aus Cayenne abzuhauen, um es zu versuchen.

„Was ist mit zusätzlicher Crew?", fragte Jean-Pierre.

„Erstens haben wir nicht genug Geld, um jemanden zu bezahlen, und zweitens, wen sollten wir denn fragen, diese Reise mitzumachen? Einen „vieux blanc", der vielleicht wegen Mord verurteilt wurde? Oder ein Beamtensöhnchen? Nein, mein Freund, lass' uns erst mal hinauf nach Antigua gehen, *tout de suite*, vielleicht treffen wir dort einen herumhängenden Matrosen, der eine Heimreise nach Europa braucht."

Nach einem eiligen, aber gründlichen Check von *Quiberon* legten wir am sechsten Juli ab. Mit gutem raumen Wind rauschten wir nach Nordwest. Als das Schiff sich durch die aufgewühlte See vorankämpfte, suchten wir sorgfältig nach Anzeichen von Schwäche am Rumpf und im Rigg. *Quiberon* schien sich ganz gut zu halten, aber verglichen mit der glatten und komfortablen Reise auf *Rose d'Archachon* waren wir wieder einmal rauen Bedingungen ausgesetzt. Wir hatten keine Windfahnensteuerung; also hieß es wieder Wache um Wache am Ruder für Jean-Pierre und mich. Derjenige, der Freiwache hatte, musste auf dem altertümlichen Petroleumkocher die Mahlzeiten zubereiten und die ewig wiederkehrenden Arbeiten verrichten: Taue spleißen, ausgefranste Segel flicken und die Bilge auspumpen (die ganz ordentlich leckte).

Quiberon war eine Yawl, sechsunddreißig Fuß lang und drei Meter breit. Sie war ein Langkieler und hatte einmeterfünfzig Tiefgang. Das erleichterte natürlich die Arbeit am Ruder, denn am Wind hielt sie gut ihren Kurs. Sie war so um 1936 in Nantes gebaut, hatte Zedernplanken auf Eichenspanten und ein Kanuheck, aber man merkte ihr das Alter an. 1940 verließen drei Franzosen Frankreich auf ihr, um der deutschen Invasion zu entkommen. Als sie in Cayenne ankamen, trennten sich ihre Wege. Zwei von ihnen gingen in die französische Armee, einer blieb in Französisch Guyana und machte dort Geschäfte. Während des Krieges und auch noch ein paar Jahre danach kümmerte er sich um das Schiff und segelte es ab und zu. Aber dann, ab 1957, lag sie vor Anker. Jean-Pierre und ich hatten mit ungeheuren Anstrengungen in weniger als einem Monat versucht, die Schäden auszubessern, die durch die siebenjährige Vernachlässigung des Schiffes in einem feuchten und tropischen Klima entstanden waren.

Der Schlag von Cayenne nach Antigua beträgt etwa tausend Seemeilen. Die meiste Zeit über hatten wir guten stetigen Wind, so zwischen zwanzig und fünfundzwanzig Knoten. Zuerst war die Reise ziemlich unbequem, doch dann fanden wir heraus, wie das Boot sich selbst steuern konnte, indem wir einen Schrick in die Besanschoten machten, das Großsegel ganz wegnahmen und die große Genua ausbaumten. Das hielt sie ganz gut auf Kurs, wenn sie auch ab und zu ein wenig im Zickzack lief. Aber es verlangsamte unsere Geschwindigkeit auf zweieinhalb Knoten. Jedenfalls konnten Jean-Pierre und ich uns so in den heißen Nachmittagsstunden aufs Ohr legen.

Am neunten Tag, nachdem wir in Cayenne ausgelaufen waren, sichteten wir Barbados querab im Westen. Obwohl die Versuchung groß war, nach Bridgetown zu laufen, um uns auszuruhen, blieben wir auf Kurs und liefen im Durchschnitt mit drei Knoten. In seiner Freiwache kochte Jean-Pierre seine Spezialitäten, hauptsächlich Sachen mit Reis: Reis und Fischcurry, Reis mit Corned Beef, Reis mit Sardinen. Ich beschränkte meine Kochkünste auf Burgoo, das Jean-Pierre mit Abscheu hinunterwürgte. Aber irgendwann fand er sich dann damit ab, weil er annahm, dass dies das Einzige war, das die Leute in Wales an kulinarischen Genüssen drauf hatten.

Zwei Tage später, am siebzehnten Juli, passierten wir den mächtigen Vulkangipfel des Mont Pelée. Nachdem wir alle verfügbaren Segel gesetzt hatten und das Schiff hart forderten, erreichten wir in der Nacht English Harbour auf Antigua. Müde gingen wir vor Anker und waren froh, dass wir endlich vor der ewigen Hämmerei in den Wellen des Atlantiks ein wenig Ruhe hatten. Wir löffelten eine große Pfanne mit heißem Burgoo aus und verholten uns in die Koje.

Am Morgen erwachten wir nach der ersten durchschlafenen Nacht seit Cayenne. Jean-Pierre und ich machten das Schiff bereit für eine schnelle Reise in die Gegend südöstlich von Bermuda, achthundert Meilen nördlich von Antigua. Wir würden wieder mit raumem Wind segeln – da der Wind in dieser Gegend vorwiegend aus Südost kommt. An unserem angepeilten Punkt südöstlich von Bermuda könnten wir dann nach Osten abdrehen und so schnell wie möglich aus der Hurrikanzone abhauen.

„Tristan, was meinst du, können wir hier nicht noch einen dritten Mann für uns finden?", fragte Jean-Pierre, „dann könnten wir Tag und Nacht schneller segeln. Wir könnten hundertzehn Meilen am Tag schaffen, anstatt nur fünfundsiebzig. Das wäre eine Chance, viel schneller aus der Hurrikanzone herauszukommen."

„Ich geh' mal in den Admiral Nelson Pub und schau' mich um. Warum kommst du nicht mit, ich könnte dir beibringen, wie man Darts spielt."

„*Non, merci!* Die Briten trinken zu viel Bier, es bläht mir nur den Ranzen auf." Er klopfte sich mit einer Hand auf den Bauch. „Und dann fühle ich mich wie ein Schwein ... *pouf!*" Er schürzte auf typisch französische Art die Lippen.

„Also gut, ich mach' dir einen Vorschlag. Du bleibst an Bord und machst ein exquisites Abendessen. Wenn ich jemand finde, bringe ich ihn mit hierher, und wir überreden ihn dann beim Essen."

„*Bonne idée, mon capitaine.*"

In jenen Tagen entwickelte sich English Harbour, an der Südküste von Antigua, allmählich zum größten Treffpunkt der Transatlantiksegler, die von Europa in die Karibik kamen oder von dort nach Europa wollten. Unter der Leitung von Kapitän Nicholson verwandelte sich das alte Dock von Admiral Nelson, an dem früher noch die alten Holzschiffe festgemacht hatten, in eine schmucke und erstklassige Marina. Die alten

Straßen mit Kopfsteinpflaster, die alten Kräne und Ladebäume und die wunderschönen rosa angestrichenen Lagerhäuser, die zur Zeit der Königin Viktoria entstanden waren, wurden langsam aber sorgfältig restauriert und in ihren Originalzustand zurück versetzt. Außerdem waren die Einheimischen sehr freundlich.

Nach den vielen Wochen, in denen ich mit meinem französischen Crewmitglied Wein aus kleinen Gläsern hatte trinken müssen, freute ich mich darauf, wieder einmal einige Humpen schäumendes britisches Ale die Kehle hinunterzuspülen. Also peilte ich mit Vorfreude den Pub an. Darüber hinaus hatte ich ein Telegramm von Monsieur Pinet aus Paris in der Tasche, das besagte, dass der Zielhafen für Quiberon sich geändert hätte und wir sie jetzt nach Cherbourg bringen sollten. Ich nahm mir vor, danach kurz über den Kanal nach England zu hüpfen, bevor ich zu *Cresswell* nach Toulouse zurückkehren würde.

Im Admiral Nelson Pub war es nach der tropischen Hitze und dem gleißenden Licht draußen angenehm kühl und dämmerig. Ich war bald in Gesellschaft einer englischen Crew von vier Herren in Blazern, mit Krawatten um den Hals, großen goldgestickten Emblemen auf der Brust, grauen Flanellhosen und sehr eleganten Bootsschuhen.

„Hallo! Du bist der Kerl, der gerade von Französisch Guyana angekommen ist, nicht wahr? Hattest du eine gute Reise, Kumpel?" Seine Stimme, die nach dem verlorenen *British Empire* klang, hallte mir in den Ohren. Sein Yachtmagazin fiel in einen See aus rosa Gin.

„Rauf und runter, rauf und runter." Ich nahm einen kräftigen Schluck von meinem Bier.

„Wir fahren nach Amerika, weißt du, mit der Ketsch *Dolly Daydream*."

„Ihr werdet euch da droben wohl fühlen. Kerle wie ihr werden da mit offenen Armen empfangen!" Ich nahm wieder einen großen Schluck.

„Klar, alter Kumpel, und Hamilton hier ...", der große, blonde und sonnengebräunte Skipper deutete mit dem Mundstück seiner Pfeife auf eine kleinere Ausgabe von sich selbst, „.... Hamilton ist auf dem Weg nach Kalifornien, er macht in *Tivi* und Film und so, weißt du."

„Wird da sicher gute Geschäfte machen, genau der Kerl, auf den sie schon lange warten".

„Denk' ich auch!" Der Skipper zeigte jetzt mit dem Pfeifenende auf meinen Brustkorb. „Wir hatten eine tolle Überfahrt von den Kanarischen Inseln her, und Neville hier fiel in die Brühe, mitten in der Nacht. Aber wir hatten Flaute und machten kaum Fahrt. Also kletterte er einfach wieder an Bord."

Er blickte auf Neville, einen langen knochigen Mann mit hängenden Schultern, die aussahen, als wäre seine Koje zu kurz. „Wo ist denn Sissie, Kumpel?" rief er und hob den Gin-Cocktail mit seiner riesigen Hand hoch.

„Kommt gleich, Skipper! Packt nur noch das Essen in den guten alten Ofen, weißt du", knurrte Neville.

„Sissie ist unsere Köchin, Tristan. Du musst sie kennen lernen, einfach super!"

Gerade als er das sagte, öffnete sich die Tür und eine kleine, untersetzte Gestalt stapfte herein und entpuppte sich als weibliches Wesen. Keine der alltäglichen graziösen, lächelnden und charmant-weiblichen Damen. Nein, das war die gestandene Originalausgabe eines jagenden, fischenden, schießenden, segelnden, skifahrenden, tennis- und hockeyspielenden, biertrinkenden britischen Weibsbilds. Furchtbar, fürchterlich britisch, mit einer Aussprache, die in den früheren indischen Kolonien eine Meuterei hervorgerufen hätte.

„Also, hör' mal, Skipper, es ist so verdammt heiß an Bord", quiekte sie, „was hältst du davon, wenn wir auf der guten alten Kaimauer essen?"

Sie hatte ein rundes Gesicht mit Wangen wie rote Granatäpfel und rostfarbenes, abstehendes Haar, das sie aussehen ließ, als wäre sie in permanentem Schockzustand. Ihre stahlblauen Augen erinnerten irgendwie an frisch verzinkten Stacheldraht, ihr Blick schien selbst die umherschwirrenden Fliegen abzuschrecken. Sie trug eine blaue Turnhose, so eine, wie sie Schulmädchen tragen, die täglich Sport treiben und ständig ihren Hockeyschläger schwingen. Sie war knapp einssechzig groß, mit Armen wie ein Dockarbeiter, und hatte kurze, dicke Beine. Sie war das genaue Gegenteil von verführerisch. Grob geschätzt hielt ich sie für eine Mittvierzigerin.

„Hallo, was hast du da für einen Kumpel?" schrie sie Neville in ihrem Cheltenham-Akzent an, während sie mich an- und durch mich hindurch starrte.

Schnell stellte ich mich vor.

„Schön, dich kennen zu lernen, alter Junge, wohin willst du?"

„Nach Osten. Nach ... ", ich konnte noch nicht mal mehr das Wort Frankreich aussprechen.

„Nicht etwa in die Nähe von England? Oder? Ich meine, ich muss eine Passage kriegen, weißt du." Sie wippte auf ihren Zehenspitzen hin und her.

„Nein, nach Tanger, Marokko."

„O Gott, schade, ist stinklangweilig da. Also, wäre schön gewesen, zurück unter Segeln und so. Was machst du nach deiner Rückkehr?" Sie schluckte ein Bier nach dem anderen, schneller noch als ich.

Nervös antwortete ich: „Also, ich muss nur dieses Schiff da überführen, weißt du. Dann geh' ich wieder auf mein eigenes Schiff."

Der Skipper griff ein. „Also, Schätzchen, das ist der Skipper von *Cresswell*, weißt du."

„Ach, wirklich?", rief Sissie, „wo ist denn dein Schiff?" (Jetzt war die Katze aus dem Sack.).

„In Toulouse, aber ... ".

„Ach, du lieber Gott! Wie schön! Ich liebe Frankreich!"

„Also, ich werde nach Spanien gehen, wenn ich zurück bin."

„Echt prima! Einfach großartig!" Sissie zerquetschte mir fast den Arm. „Ich finde Spanien himmlisch, außer diesen furchtbaren Stierkämpfen natürlich. Die Viecher haben ja überhaupt keine Chance ..."

„Ich liebe Stierkampf", sagte ich. (Natürlich mag ich Stierkämpfe nicht wirklich, aber es konnte nicht schaden, sie von ihrer Idee abzubringen).

„Du musst mich einfach mitsegeln lassen. Weißt du, wo ich herkomme, in Southchester, das ist nicht an der Küste, und mein Bruder Willie – er ist der Bischof da, weißt du – der wird immer ganz verrückt, wenn ich nach Chichester oder Bosham oder sonst wohin abhaue. Und außerdem ist es stinklangweilig. Wann segelst du nach Spanien?"

„Wenn ich zurück bin."

„Oh Gott! Das wäre ein toller Spaß!" Sie seufzte laut.

„Ja", sagte ich und wurde ein wenig trübsinnig, weil ich an Nelson, *Cresswell* und Burgoo dachte. Dann lud ich Sissie, die Schwester des Bischofs von Southchester, auf ein Spiel Darts ein. (Mein biervernebeltes Hirn kräuselte sich leicht, als ich versuchte, sie mit ihrem vollen Namen und Titel anzusprechen.) Natürlich schlug sie mich nach Strich und Faden, und ich musste mich auf den Heimweg machen, bevor ich durch das Bier, das sie gewann, pleite ging. Auf dem Weg zum Schiff und dem wartenden Abendessen sagte ich immer wieder vor mich hin: „Sissie St. John, die Schwester des Bischofs von Southchester."

Als ich auf dem Kiesweg vor dem Pub entlang ging, zirpten die Zikaden in den Büschen, und ein großer tropischer Mond hing in dem schwarzblauen Himmel. Durch das offene Fenster hörte ich ihre schrille Stimme, die die Stille in *Admiral Nelson's Dockyard* durchdrang wie ein quietschendes Sägeblatt. Sie war sicher laut genug, dass sich dieser kleine einarmige, einäugige Teufel von einem britischen Admiral im Grabe umgedreht hätte, wenn er sie drüben in London auf seinem Friedhof hätte hören können.

Ich kam zurück an Bord und wurde mit einem köstlichen Aroma von Reis und Corned Beef empfangen. Ich dachte: „Gott sei Dank, und allen seinen Engeln. Ich hab' sie davon abhalten können, mit uns zu segeln!"

Aft the more honour –
Forward the better man!

(Achtern die Ehrenmänner –
Vorne der bessere Mann!)

Admiral Lord Nelson

(Nelson kritisierte mit diesen Worten seine Offiziere, die die Seeleute zu langsam antrieben, wenn sie feindliche Schiffe entern sollten. Auf Kriegsschiffen wohnten die Offiziere achtern und die Matrosen im Vorschiff.)

10 Schach!

„Hast du jemanden gefunden?", fragte Jean-Pierre, als ich in die feuchte, heiße Kabine hinunter kam. Die Petroleumlampe flackerte etwas trübselig.

Ich schüttelte den Kopf. „Es war keiner da, der nach Osten wollte, nur eine alte englische Schrulle."

„*Quoi?*"

„*Une grande dame anglaise.* Nur Ärger, mein Freund. Geplapper über Wimbledon, Tag und Nacht. Büstenhalter im Segelschapp, Strumpfhosen im Eintopf. Mein Gott!" Ich warf meine Kappe auf ihren Haken.

„Dann müssen wir alleine weiter – nur wir zwei, *hein?*" Er verteilte die Teller auf dem Tisch.

„So is' es. Aber schau mal, Jean-Pierre, wenn wir zum Wendepunkt kommen, 65 Grad West, 30 Grad Nord, dann müssen wir nicht mehr hoch am Wind segeln. Wir lassen sie mit raumem Wind laufen und kommen von ganz alleine nach Osten. Wenn wir erst mal 50 Grad West hinter uns haben, sind wir ziemlich sicher. Dann sind wir allen wirklichen Gefahren aus dem Weg."

„Bist du sicher, Tristan?"

„Also komm', Jean-Pierre, du weißt genau so gut wie ich, dass man auf einem kleinen Schiff nie sicher weiß, was passieren wird, besonders nicht, was das Wetter anbelangt. Und du solltest wissen, dass es vier verschiedene Arten von Seglern gibt".

„Und die wären, Tristan?"

„Tote, Pensionäre, Anfänger und Pessimisten."

Jean-Pierre grinste.

Ich fuhr fort: „Das einzig Vernünftige, was wir tun können ist, so schnell wie möglich von hier abzuhauen. Morgen Nacht, nachdem wir frisches Wasser gebunkert und frische Vorräte eingekauft haben. Dann rauschen wir so hoch am Wind wie möglich nach Norden." Ich klopfte mit dem Salzstreuer auf den Kabinentisch.

„Wie lange, glaubst du, werden wir brauchen, um 65° W, 30° N zu erreichen?"

„Also wenn der Wind, der uns hier wegbringt, so beständig ist wie der Wind, der uns hergebracht hat, würde ich sagen ... mal sehen ... Wenn wir eine mittlere Geschwindigkeit von vier Knoten halten können ... nehmen wir an, 1100 Seemeilen ... sagen wir zwei Wochen." Ich griff nach meiner Gabel.

„Und heute haben wir den 18. Juli. Dann brauchen wir bis zum 31. Juli."

„Das heißt, wir kommen gerade noch haarscharf aus der Gefahrenzone, und wir sind außerhalb der Zugbahnen der Hurrikane, bevor der wirkliche Tanz losgeht, sagen wir mal so um den 15. August herum."

Jean-Pierre schaute ernst drein, als er sich über sein Essen beugte. „Dann haben wir also nur einen Spielraum von sieben Tagen?"

„Verdammt noch mal, Jean-Pierre. Du weißt genau, dass sich die Natur nicht an Fahrpläne hält. Es besteht immer eine Möglichkeit, dass der erste Hurrikan eine Woche, vielleicht zwei Wochen, oder sogar einen ganzen Monat früher kommt, als erwartet. Wir können uns nur an die Durchschnittswerte halten, die vorliegen, seitdem man darüber Buch führt. Diese Durchschnittswerte sagen, dass man den ersten Hurrikan der Saison ungefähr in der zweiten Augustwoche erwarten kann. Jedenfalls haben wir herausgefunden, dass *Quiberon* einen stärkeren Wind schon abwettern kann, obwohl sie leckt und ächzt wie der Teufel. Für jeden von uns warten tausend Dollar drüben in Frankreich – und außerdem haben wir einen Vertrag, sie zurück zu bringen. Und schließlich sind wir auch eine Überführungscrew – oder nicht?"

„*Oui, mais ...*"

„Nix *oui mais*, mein Freund! Pinet will sie nach Cherbourg geliefert haben, für eine Winterüberholung. Wenn wir bis nach der Hurrikansaison warten, kommen wir in das schlechte Wetter drüben im November. Wenn wir bis zum Frühling warten, kommen wir erst im April nach Europa, und Pinet verpasst seinen Segeltörn nächstes Jahr. Und du und ich verlieren unseren guten Ruf als Überführungsskipper. Wenn das passiert, dann können wir froh sein, wenn wir noch an irgendwelchen Schiffen herumkratzen und sie frisch anpinseln dürfen. Du weißt, wie schnell sich so was in unserer kleinen Welt herumspricht."

„Also gut, Tristan, du bist der Skipper. Wenn du glaubst, wir können es schaffen – wir zwei ganz alleine – dann bin ich bereit, mitzumachen. Also, was brauchen wir an frischen Vorräten?"

„Für zwei Tage frisches Rindfleisch – und prüf' auch unser Angelzeug – für zwanzig Tage Äpfel, für sechzig Tage Zwiebeln, für zwei Wochen Kohl, für drei Monate Kartoffeln ...". Ich ratterte eine ganze Liste herunter, die er auf einen Block schrieb. „Und für drei Monate Petroleum und kauf' noch eine zweite Sturmlaterne, die alte ist stark verrostet. Und es ist die einzige an Bord, also gehen wir besser auf Nummer Sicher."

So gingen wir am 13. Juli ankerauf, nahmen dankbar einen Schlepp von einem englischen Yachtie in seinem Beiboot an, und als der außerhalb der engen Hafeneinfahrt unsere Leine loswarf, waren wir auf Kurs Nordost. Die Bordroutine war ähnlich wie bei unserem Schlag von Cayenne nach Antigua. Vier Stunden am Rad, vier Stunden Freiwache, mit dem Kurs wieder am Wind, aber diesmal noch ein wenig höher. Ich wollte keinen Raum nach Westen verschenken. Es war unser Ziel, so viele Meilen wie möglich nach Osten gut zu machen. Das bedeutete, dass das Schiff mit steifen Segeln in die Seen hineinknüppelte und uns tüchtig durchschüttelte.

Am 25. Juli, ungefähr sechshundert Seemeilen nördlich von Antigua, legte der Wind zu. Der Himmel im Südosten wurde dunkel. Am Nachmittag bekamen wir einen ausgewachsenen Sturm. Wir refften das Groß und setzten die Fock Nr. 3 (das zweitkleinste Vorsegel). Um Mitternacht war die See aufgewühlt. Große gespenstische Brecher schickten Gischt über *Quiberon*, während sie ächzend und stöhnend von einer riesigen See in die andere stampfte. Jean-Pierre hing am Rad. Ab und zu stieg eine See zu ihm ins Cockpit ein. Zum Glück hatte man das Cockpit selbstlenzend gebaut.

Der Morgen kam – ein grauer Morgen, mit schwarzen Sturmwolken und mit schweren, sich überstürzenden Seen, richtigen Monstern, bestimmt sechs Meter hoch vom Wellental bis zur Schaumkrone. Der höllische Wind pfiff mit Sturmstärke im Rigg, mit bestimmt fünfzig Knoten schätzungsweise. Ich hatte das Groß komplett weggenommen. Wir liefen nur unter Sturmfock und Besan. Das Schiff wälzte und wand sich, schüttelte und krümmte sich wie ein gefangenes Schwein. Durch diese starke

Beanspruchung begann *Quiberon* zu lecken – sie nahm beunruhigend viel Wasser auf. Der, der gerade nicht am Rad war, musste pumpen, wenn er nicht an den Segeln zu schaffen hatte oder versuchte, etwas zu essen oder zu trinken heiß zu machen.

Am Mittag des sechsundzwanzigsten erreichte der Wind Hurrikanstärke. Wir waren gezwungen, die Sturmfock zu bergen und beizudrehen. Mit dem Besan hielten wir den Bug in Richtung der heranlaufenden Seen. Die Bewegungen des Schiffes waren jetzt viel ruhiger, aber sie leckte immer noch. Nicht nur von der Bilge her, sondern auch durch die Seiten. Während der langen Zeit in den Tropen hatten sich Risse in der Beplankung gebildet. Das Deck leckte ebenfalls stark, wenn die Seen darüber hinweggingen. Alles unter Deck, das sich nicht in Dosen befand oder wasserdicht in Plastik eingepackt war, war bald völlig durchgeweicht. Beigedreht waren wir wenigstens von der Arbeit am Rad befreit. Nachdem wir uns vergewissert hatten, dass alles an Deck festgezurrt und gesichert war, gingen wir nach unten, um zu pumpen und den Sturm abzuwettern.

In der Nacht brach die Hölle über uns herein. Es war, als ob der Teufel höchstpersönlich einen Tobsuchtsanfall bekommen hätte. Die Seen waren so hoch und steil, dass sie sogar ohne ihre zischend wegfliegenden Schaumkronen beängstigend waren. Es war nicht nur die Angst vor dem Tod, sondern auch die Erkenntnis, dass alles, was wir gegen die Mächtigkeit der Elemente um uns herum unternehmen konnten, ebenso nutzlos war wie das Schütteln einer Babyrassel.

„*Merde!*", sagte Jean-Pierre, während er geduldig pumpte. „Was meinst du, wie lange wird das anhalten?"

„Keine Ahnung, aber wir liegen noch ganz gut. Es ist nur eine Geduldsfrage", sagte ich und versuchte, mich irgendwie in der Kabine festzuklammern. „Hier, nimm ein paar Kekse." Ich gab ihm eine aufgeweichte Packung mit Crackern.

Drei Tage lagen wir beigedreht und hüpften wie ein Korken in der See auf und ab, bis zum 29. Juli. Am Morgen des 30. Juli wurde der Himmel im Südosten heller, und der Wind ging bis auf Sturmstärke herunter, so auf etwa fünfunddreißig Knoten. Mühevoll brachte ich die Sturmfock nach oben. Die Wolken waren jetzt aufgelockert, und die Sonne kam gelegentlich durch. Am Nachmittag errechnete ich unsere Position nach der Sonne.

Wir hatten 120 Seemeilen nach Westen verloren, und unser Standort war jetzt etwa 400 Meilen südlich von Bermuda.

„Was machen wir jetzt, Tristan? Legen wir Kurs nach Bermuda an?", fragte Jean-Pierre, als wir beide auf unsere Altantikkarte schauten.

„Nein, dann bleiben wir dort bis Oktober stecken. Wir räumen eine Stunde lang auf, dann setzen wir das Groß und kriechen weiter nach Nordosten. Wir versuchen weiter, den Punkt 65° W, 30° N zu erreichen oder wenigstens so nah wie möglich heranzukommen. Kommt der Wind dort immer noch aus Südost, wenn wir ankommen, dann laufen wir weiter nach Nordost, so lange, bis wir Westwind bekommen. Und dann laufen wir Richtung Azoren."

Jean-Pierre stand im Cockpit und hielt sich am Rad fest, sonnenverbrannt, die Augen gegen das gleißende Sonnenlicht, das von der See reflektiert wurde, zu Schlitzen geschlossen. Sein Gesicht und sein Haar waren salzverkrustet.

„Was ist mit Proviant, Tristan? Denkst du, dass wir genug haben?"

„Sicher", ich beugte mich in die Kabine hinunter und schnappte unser Vorratsbuch. Dort schrieben wir alles auf, was wir verzehrten. Wie manche Hausfrauen aufschreiben, was sie wann für die Lebensmittel bezahlt hatten, trugen wir jeweils unseren Verbrauch an Lebensmitteln in das Notizbuch ein. So konnten wir das, was wir eingekauft hatten, mit dem vergleichen, was wir gegessen hatten, und wussten damit schnell, wie viele Vorräte noch an Bord waren. Ich blätterte durch die mit Eselsohren geschmückten Seiten.

„Sicher, Jean-Pierre, sicher – genug für noch mindestens zwei Monate. Wenn wir nach Bermuda gehen, sind unsere Chancen, dort jemanden zu finden, der ohne Bezahlung mit uns segelt, ohnehin sehr klein. All' die vornehmen Yachten sind schon vor Wochen weggesegelt, und jeder, der ein wenig Verstand im Kopf hat, ist mit ihnen abgehauen. Nur ein unerfahrener Amateur würde sein Leben solch einem alten Kahn wie unserem anvertrauen."

Jean-Pierre nickte mit dem Kopf. „Das Allerletzte, was wir brauchen, ist ein Passagier."

„Und wenn wir ein bezahltes Crewmitglied anheuern, dann geht das auf unsere Kosten. Lass' mal sehen – sagen wir zwei Monate, er will mindestens 80 Dollar die Woche, wenn er was taugt. Das sind 640 Dollar weniger für uns. Dann bleiben jedem von uns nur noch 680 Dollar, wenn wir in Frankreich ankommen."

„Das ergibt Sinn. Dafür müssten wir von Juni bis September arbeiten, 160 Dollar im Monat, 40 die Woche. *Nom de Dieu!* – sechs Dollar am Tag!"

„Richtig, *mon ami,* und das sind exakt fünfzig Cent pro Stunde! Wenn wir sozusagen zwölf Stunden am Tag arbeiten würden. Das machen wir natürlich nicht. Wir arbeiten ja achtzehn Stunden am Tag, und manchmal länger. Nein, Jean-Pierre, es wäre reine Zeitverschwendung, Bermuda anzulaufen – und die Chance wäre groß, dass wir dann dort bis Oktober stecken bleiben und noch viele Wochen lang auf unsere Heuer warten müssten. Die einzige Möglichkeit ist, weitermachen!"

Den ganzen Tag lang, es war der 30. Juli, ließ der Wind langsam nach, aber die See ging immer noch hoch. Eine Riesensee folgte der anderen, sich hebende Massen aus graugrünem Wasser aus Südost. Als der Wind nachließ, refften wir Schritt für Schritt das Großsegel aus, bis wir um Mitternacht wieder Vollzeug gesetzt hatten. Die Nacht war klar. Millionen von Sternen schienen fahl aus einem schwarzen Samthimmel auf uns herab und spiegelten sich tausendfach in den weißen Schaumkronen der langsam müde werdenden See wider.

Am Morgen hatte sich die See so weit beruhigt, dass wir die Segel auf Selbststeuerung einstellen konnten. Jean-Pierre konnte den ganzen Vormittag schlafen, bis ich ihn weckte, damit ich über die Mittagszeit die Sonnenhöhen schießen konnte. Zusammen mit der Sternenpeilung in der Dämmerung am vorangegangenen Abend und am frühen Morgen ergab dies eine ziemlich genaue Position. Wir machten gute Fahrt, im Durchschnitt drei Knoten nach Nordost.

Während der nächsten drei Tage blies der Wind so um die fünfundzwanzig Knoten, und wir liefen stetig auf unserem Kurs Nordost. Am 9. August waren wir endlich auf 60 Grad westlicher Länge und 35 Grad nördlicher Breite – noch weiter östlich und weiter nördlich als unser ursprünglich vorgesehener Wendepunkt.

Hier trafen wir auch endlich auf Westwind, allerdings in Form eines ausgewachsenen Sturms. Er kam in der Abenddämmerung. Die Sonne sah fahl und ungesund aus, bleich und wässrig; sie ging hinter den pechschwarzen Gewitterwolken im Westen unter. Die Temperatur von etwa fünfundzwanzig Grad sank innerhalb einer Stunde auf zehn Grad. Unser Barometer, so ein alter Glasröhrenapparat, der wie durch Wunder immer noch funktionierte, stürzte nach unten.

Unser Radio, ein kleines Transistorgerät, empfing Musik von Radio ZBM auf Bermuda. Wenn man dort eine Sturmwarnung gesendet hatte, mussten wir sie zwischen der vielen Werbung für Limonade und Bettdecken verpasst haben. Aufgepasst hatten wir schon, als der Wind zulegte, und die Seen anfingen, vorbei zu donnern. Aber wir waren ja zweihundertfünfzig Seemeilen östlich von Bermuda. Der Empfang wurde immer schwächer und setzte immer öfter aus. Wir zogen unsere wollenen Pullover an.

In der Morgendämmerung, am 10. August, lagen wir wieder einmal beigedreht unter Besansegel. Der Wind hatte obere Sturmstärke erreicht und blies über eine aufgewühlte See, deren Schaumkronen zerfetzt und weggeweht wurden. Langsam drifteten wir nach Westen. Vorher hatten wir versucht, unter der nur handtuchgroßen Sturmfock abzulaufen, aber die Bewegungen des Schiffes in der See waren so heftig, dass ich Sorge um den Mast bekam. Außerdem hatte ich Bedenken, dass sich die Planken durch die drehenden und schlängelnden Bewegungen noch weiter öffnen könnten und wir noch mehr pumpen müssten. Deshalb drehten wir wieder bei. Bis zum heutigen Tag bin ich sicher, dass das bei dem Zustand des Schiffes die richtige Entscheidung war.

Ich schätzte, dass wir mit etwa zwei Knoten nach Osten drifteten, etwa fünfzig Seemeilen am Tag – und so ging es elf Tage lang! Elf Tage lang donnerte die See gegen den alten und angeschlagenen Rumpf von *Quiberon*. Elf Tage lang heulte und pfiff der Wind. Er zerrte und riss am Rigg, während Jean-Pierre und ich uns alle sechs Stunden ablösten und gleichmäßig pumpten – wie ein menschliches Herz das Lebensblut.

Als der Wind endlich nachließ, waren wir auf 51 Grad West. Wir waren 540 Meilen gedriftet, aber diesmal in die richtige Richtung – nach

Osten. Wir waren jetzt etwa 800 Seemeilen östlich von Bermuda. Der Himmel klarte schnell auf. Der Wind wurde zunehmend schwächer.

Jean-Pierre band das Rad los, und ich machte mich bereit, auf dem wild auf und ab gehenden Vorschiff die Arbeitsfock zu setzen. Ich hielt mich krampfhaft an den Wanten fest. Zu der Seereling von *Quiberon* hatte ich absolut kein Vertrauen, weil die Scheuerleisten (die das Deck mit dem Rumpf verbinden) ziemlich morsch waren. Drei Relingstützen hatten bereits durch die Gewalt der überkommenden Seen aufgegeben. Mühsam schlug ich die Fock am Vorstag an, während der Wind in meinen Ohren heulte und ich die halbe Zeit bis zu den Knien im kalten Seewasser stand, wenn der Bug in die Wellen eintauchte. Durch das Heulen in meinen Ohren hörte ich irgendwie, dass Jean-Pierre nach mir rief.

Ich drehte mich um. Er stand mit gespreizten Beinen im Cockpit und hielt seine Arme quer ausgestreckt, mit den Handflächen zu mir. Er sah total geschockt aus. Ich hakte die letzten Fockreiter ein und stolperte total durchnässt nach achtern.

„Das Ruder, Tristan, das Ruder – es ist weg!"

„Weg? Was redest du da, zum Teufel noch mal!" Ich ergriff das Steuerrad. Er hatte recht. Ich konnte das Rad ohne Widerstand hin und her drehen. Die hektischen Bewegungen des Rumpfs in der aufgewühlten See während der letzten zehn Tage hatten die Ruderaufhängung gelockert, und jetzt war es abgefallen.

Da waren wir also – mitten im Atlantik, 800 Seemeilen weg vom nächsten Land, von dem uns der Wind ohnehin immer weiter wegblies – und ohne Ruder!

„*Merde .... merde!*", jammerte Jean-Pierre.

„Ach du lieber Gott!", sagte ich leise zu mir selbst.

No matter though our decks be swept
And mast and timber crack –
We can make good all loss except
The loss of turning back.
So 'twixt these Devils and our deep
Let courteous trumpets sound,
To welcome fate's discourtesy
Whereby it will be found.
How in all time of our distress
And our deliverance too,
The game is more than the player of the game
And the ship is more than the crew!

(Auch wenn unser Deck überflutet ist,
Und das Holz der Masten splittert –
Wir können jeden Verlust ersetzen,
außer den Verlust der Umkehr.
So zwischen diesen Übeln und dem Meer
Lasst die hellen Trompeten erschallen
zur Begrüßung uns'res dunklen Schicksals,
das wir hier finden werden.
Wie in der Zeit unserer Not
Und auch unserer Erlösung,
Das Spiel ist mehr als der Spieler des Spiels,
und das Schiff ist mehr als die Mannschaft.)

Rudyard Kipling
A Song in Storm

11 Matt!

Q̶uiberon hatte ein innenbords aufgehängtes Ruder, kein Heckruder, das außen am Spiegel angeschlagen ist. Der Ruderschaft ging also über ein Kokerrohr, das etwa eineinhalb Meter vor dem Heck in der Schale saß, durch den Rumpf hindurch. Eigentlich habe ich diese Art von Ruder nie besonders leiden können, aus dem nämlichen Grund: wenn auf See irgendwas passiert, dann kann man es unmöglich reparieren, weil man nicht dran kommt. Ich habe stets die außenbords aufgehängten Rudertypen bevorzugt, also die, die direkt am Heck befestigt sind. Man kann sie zur Not aushängen, an Bord nehmen und reparieren. Außerdem kann man das Ruder und seine Aufhängungen von Bord aus sehen und weiß, woran man ist.

Eine heftige Bewegung des Schiffes hatte mich inzwischen ins Cockpit befördert, wo ich mit einigen Prellungen auf der Steuerbordbank landete.

„*Qu'est-ce que nous faisons maintenant?*" Jean-Pierre brüllte, um das Heulen des Windes, das Hämmern der See, das Stöhnen des malträtierten Rumpfes und das Knallen der Segel zu übertönen.

„Wir machen ein neues Ruder, *mon ami!* Wir sind jetzt gut östlich und ziemlich in Sicherheit vor den verdammten Hurrikanen."

„*Comment? Nom de Dieu!*" Jean-Pierre warf seine Arme voller Zorn in die Höhe. „*Comment nous faisons une nouvelle barre?*" (Wie sollen wir denn ein neues Ruder machen?)

„Es gibt genug Holz auf dem Schiff. Wir haben Werkzeug, wenn es auch ziemlich verrostet ist, und es gibt auch genug Schrauben und Muttern, um ein ganzes Arsenal zu bauen. Wir nehmen die Vorschiffskojen auseinander, da gibt es gutes Mahagoniholz und viele Schrauben dazu. Ich mach' das. Du schraubst die Maschine auseinander und nimmst so viele lange Schrauben und Bolzen heraus, wie Du kriegen kannst. Wenn wir die Kojenbretter und die Bolzen zusammen haben, werden wir sehen, was man daraus machen kann. Wir können jetzt bestimmt auf ein paar Tage mit ruhigem Wetter rechnen, also bleiben wir beigedreht mit dem Bug zu den Seen und schuften, was das Zeug hält."

„Aber wenn ein starker Sturm aufkommt? Wie halten wir denn das Schiff beigedreht? Ohne Ruder? Reicht der Besan aus?"

„Falls es anfängt zu blasen, dann bringen wir halt einen Seeanker aus. Schlag' den Boden aus dem Eimer da, mach' alle Festmacherleinen dran und verknote sie schön, und das sollte reichen! Aber das machen wir erst, wenn der Besan nicht mehr ausreicht, sie im Wind zu halten."

Wir fingen an zu arbeiten. Wie Vandalen nahmen wir die Vorschiffskojen und die Maschine auseinander. Wir hatten Glück, denn das Wetter hielt sich gut, und der Wind wurde schwächer. Wir arbeiteten die ganze Nacht und auch noch am nächsten Morgen. Ich fand heraus, dass wir wieder vierzig Seemeilen nach Osten gedriftet waren. Zumindest waren wir auf Kurs in Richtung Europa, wenn auch mit dem Heck voraus.

Die Kabine sah aus wie ein Schweinestall. Fetzen von Holz und ölige Maschinenteile lagen auf den Bodenbrettern herum. Ich hatte zwei große Mahagonibretter ausgebaut, jedes etwa zwei Meter lang, sechzig Zentimeter breit und zwölf Millimeter stark. Außerdem hatten wir genügend Lattenstücke, um die Bretter zusammenzuhalten, Jean-Pierre hatte mehrere zehn Zentimeter lange Bolzen und den Innenteil der Propellerwelle zusammen mit den Lagern.

„*Bon*, Jean-Pierre, wir benutzen die Propellerwelle als Ruderschaft. Mit den Lagern machen wir sie irgendwie am Heck fest."

Jean-Pierre klammerte sich in der Kabine am Pfosten des Hauptmastes fest, als das Schiff wieder einmal stark gierte. „Aber wie machen wir das Ruderblatt an der Welle fest?"

„Wir müssen vier Löcher durch die Welle bohren und dann zwei Bleche daran festschrauben, die Holzplatten schrauben wir dann an den Blechen fest."

„Bleche? Welche Bleche denn?"

„Die Seiten unserer Treibstoffkanister sind ganz gut dafür geeignet. Also los, ich mach' die Welle fertig, und du sägst die Kanister auseinander. Wir brauchen zwei Bleche, etwa fünfzehn mal zwanzig Zentimeter."

Weitere zwei Tage lang waren wir mit Sägen und Bohren beschäftigt, während das Schiff in der See wild umherstampfte. Dann hatten wir schließlich etwas am Heck hängen, das einem Ruder doch recht ähnlich sah. Wir hatten die Wellenlager in den Heckbalken hineingearbeitet, und das Ende der Welle stand gerade weit genug nach oben heraus, dass wir es mit einer großen Wasserrohrzange fassen konnten. Das war also unsere neue Pinne. Da der Besanmast im Weg war, konnten wir die „Pinne" nicht so lang machen, dass wir vom Cockpit aus hätten steuern können. Deshalb bastelten wir eine Vorrichtung aus Tauen, die an der Zange festgemacht waren und über Blöcke ins Cockpit führten. Durch Ziehen an den Tauen konnte man das Ruder bewegen, ohne aus dem relativ sicheren Cockpit heraus zu müssen.

Das Wetter war immer noch schön und sonnig, als wir mit unserem Notruder fertig waren. Es wehte eine frische Brise aus Nordwest. Ich testete das Ruder den ganzen Nachmittag lang und setzte immer mehr Segelfläche. Jean-Pierre räumte die Kabine auf, so gut er eben konnte. Denn unser Frischwasser konnten wir nicht zum Aufwischen verwenden, und mit Salzwasser ist gegen Öl und Fett nichts auszurichten.

Bald hatten wir alle Segel oben und liefen raumschots mit sauberen vier Knoten. Unser Notruder, so primitiv es auch aussah, steuerte das Schiff besser als das versunkene Original. Das Schiff war nicht mehr so luvgierig, das heißt, es wollte nicht mehr immerzu in den Wind schießen. Bald fand ich heraus, dass *Quiberon* sich selbst steuern konnte, wenn ich das Ruder festzurrte und das Großsegel ein wenig fierte. So kamen wir stetig voran, aßen, ruhten uns aus und versuchten, nach den Anstrengungen der letzten Tage wieder zu Kräften zu kommen.

Es folgten drei Tage mit schönem sonnigem Wetter, und am sechsundzwanzigsten August ermittelte ich unsere Position auf 44 Grad West und 35 Grad Nord. Die Azoren lagen fast exakt 1000 Meilen östlich von uns. Alles, was wir tun mussten, war, weiter nach Osten zu laufen, hoffentlich nicht zu Fuß.

Am 28. August wurde der Himmel im Nordwesten dunkler und dunkler. Es bildeten sich große, schwere Gewitterwolken. Bald gab es auch Blitz und Donner. Wir refften die Segel und bereiteten das Schiff wieder einmal auf einen Sturm vor. Diesmal kam er aus Norden, und das ist sehr selten mitten im Atlantik! Wenn man den Maury-Wetterkarten Glauben schenkt, in denen die Windverhältnisse seit 1930 ausgewertet werden, dann gibt es für einen solchen Sturm nur eine Chance von 110:1. Aber er kam: Waagrechter Regen wie aus Gießkannen, Blitze, stürmischer Wind, sich steil aufbauende Seen, die sich überschlugen und wie wahnsinnig übereinander wälzten – und mitten drin die arme *Quiberon*, wieder einmal ganz den Elementen ausgeliefert. Wieder lagen wir beigedreht in diesem brutalen Wind, diesmal unter gerefftem Besan.

Vier Tage lang wurden wir durchgeprügelt, Wind und Wellen wurden immer verrückter und heftiger. Wir wurden südwärts gestoßen, gerüttelt, geschüttelt, geworfen und geprügelt. Das bereitete mir besondere Sorgen, denn wir drifteten in den Bereich des Azorenhochs hinein, wo im allgemeinen sehr schwache Winde vorherrschen. Das ist die Gegend, die die alten Rahsegler mieden wie die Pest – die Sargassosee.

Die Sage lautet, dass Schiffe von den meilenlangen schlingpflanzenähnlichen Ranken des Sargassokrauts festgehalten wurden. Die Mannschaft verdurstete und verhungerte, und die Schiffe verrotteten, bis sie endlich von unbeschreiblichen Meeresmonstern in die Tiefe gezogen wurden.

Aber es war nicht diese Sage, die mich besorgt machte. Ich befürchtete, dass wir nach diesem ungewöhnlichen Sturm aus Nord in eine Flaute kommen könnten. Unser Frischwasser und unsere Vorräte waren fast zur Hälfte aufgebraucht. Ich entschied, dass wir unsere Vorräte rationieren würden. Das Trinkwasser wurde auf einen halben Liter alle zwölf Stunden reduziert, und es wurde nur noch mit Seewasser gekocht und nicht wie vorher mit halb Frischwasser und halb Seewasser.

Die Morgendämmerung am 1. September gab den Blick frei auf eine wild schäumende weiße See. Der Wind heulte wie wild aus Nord, pfiff durch die Wanten und zerrte an jedem Zentimeter Segeltuch. Jean-Pierre und ich krochen auf allen Vieren über das Deck und zurrten zusätzliche Leinen über die aufgeschossenen Segel. Wir hielten uns an den Drähten und Handläufen fest, während der Wind versuchte, uns über Bord zu blasen. Wir hatten Sicherungsleinen um unsere Oberkörper gelegt, und jeder arbeitete mit einer Hand, einem Ellenbogen und den Zähnen.

Wir brauchten über zwei Stunden für ein zusätzliches Tau, das wir über das Großsegel und den Großbaum zurrten, um dem Wind weniger Angriffsfläche zu bieten. Die ganze Zeit bockte *Quiberon*; sie zerrte, wand sich, tauchte und sprang hoch. Unzählige Male kämpfte sie mit den heranrauschenden Ungetümen von Wellen, deren Schaumkronen der Hurrikan zerfetzte und als graue Gischt vor sich herjagte. Diese Wassermassen schossen auf uns zu, wie aus Kanonen abgefeuert, knallten auf unser Ölzeug, stachen in unsere wunden Augen und prallten trommelnd von dem knallharten Tuch des Besans ab, der bis auf einen kleinen Fetzen weggerefft war. Wir hatten unsere Füße an der Scheuerleiste in Lee verkeilt und pressten unsere Körper flach auf das Kabinendach. Mit einer Hand hielten wir uns mit aller Kraft fest und versuchten mit der anderen Hand, uns gegenseitig das Ende zuzuwerfen. Wieder und wieder, immer hin und her und um den Großbaum und das Segel herum, um es fester zu zurren und dem Wind weniger Angriffsfläche zu bieten.

Nach einer Ewigkeit, wie es uns schien, kletterten wir wieder in die wild bockende Kabine hinunter. Der Kocher geigte wie besessen in seiner kardanischen Aufhängung. Wir schlossen das Luk und ließen uns einfach fallen, halb auf die Kojen und halb auf die Bodenbretter. Trotzdem mussten wir uns zusätzlich noch an der durchgehenden Maststütze mittschiffs festklammern.

Jean-Pierre grinste grimmig. „*Et maintenant?*, er war außer Atem, „was jetzt?"

„*Rien, mon ami. Maintenant nous sommes dans les mains du Bon Dieu!*", schnaufte ich. „Nichts, mein Freund, jetzt sind wir Gottes Hand!"

Jean-Pierre grunzte. Er war ein stolzer Bürger der französischen Republik, ein Nachkomme von Marat und Robespierre und ein überzeugter Atheist. Irgendwie kam er in dieser wilden Schaukelei auf die Füße und hangelte sich zu dem wild schlingernden Kochherd hin. „*Bon. Donc, moi je vais faire du thé.*" „Gut, dann mach' ich eben Tee."

Trotz unserer ernsten Lage musste ich lachen.

Fast eine halbe Stunde lang, wie mir schien, kämpfte Jean-Pierre mit dem Herd und den nassen Streichhölzern. Plötzlich, mit einem Ruck, der mir wie das Ende der Welt vorkam, hob sich *Quiberon* nach oben in die Luft und knallte mit einem schrecklichen Wimmern auf die Seite. Jean-Pierre wurde quer durch das Schiff geworfen. Er landete wie ein Sack auf einer Koje. Ein paar Sekunden lang, nachdem sich das Schiff wieder aufgerichtet hatte, war es irgendwie totenstill. Die Sekunden dieser unnatürlichen und grausamen Stille kamen mir wie eine Ewigkeit vor.

Jean-Pierre und ich sahen uns in die Augen. Wir wussten beide, was vor sich ging. Wir fühlten uns wie zum Tode Verurteilte, kurz vor der Hinrichtung, Sekunden, bevor sich die Falltür öffnet. Atemlose Stille, bevor der Schuss fällt. *Quiberon* war quergeschlagen!

Mit einem mächtigen Donnern, das in unseren Ohren klang, als hätte man alle wilden Tiere dieser Welt auf einmal auf uns losgelassen, war die Monstersee, unsere Monstersee, die viele Jahre und Tausende von Seemeilen auf uns gewartet hatte, über uns! Ich lag auf allen Vieren auf den Bodenbrettern und dachte: Das ist sie also, schade, dass ich sie nicht sehen kann! Dann schien es, als würde das Schiff auseinandergerissen.

Es gab ein Rumpeln unter dem Donnern und ein Zischen unter dem Rumpeln, ein Quietschen unter dem Zischen und ein Schreien unter dem Quietschen. Und dann eine wütende Explosion aller geballten Kräfte des Universums. Plötzlich schien es, als wären wir direkt im Sog einer riesigen Implosion und alle Energie der Welt hätte sich auf *Quiberon* konzentriert, und durch sie hindurch auf mein Rückgrat, mein Herz, meine Seele und mein Gehirn. Die konzentrierte Macht der Zerstörung schoss in mich hinein. Hier war der Tod, nackt und pur. Und dann kam der Schock, wie ein Höllenhund mit gefletschten Reißzähnen.

Mit einem Donnern wurde das Schiff hinabgezogen, hinab, hinab, hinab – dann ein Schütteln, ein Zittern, ein Rütteln – halt! – dann nach oben, sie ging nach oben! Dann, durch die brausende, donnernde, brutale Krafteinwirkung flog die Seite des Kabinendachs weg. Ich starrte auf den Atlantik, als er durch den Spalt zwischen Kabinendach und Seitendeck ins Schiff strömte. Der Spalt war bestimmt fünfunddreißig Zentimeter breit! Die nächsten Sekunden waren das reine Chaos. Das Schiff füllte sich mit Wasser.

Ich erinnere mich, dass ich in einem Strudel von Wasser und Utensilien auf die Knie kam; dann schaffte ich es, mich aufzurichten. Ich sah, dass Jean-Pierre ebenfalls stand und sich an der Maststütze mittschiffs festklammerte. In dem ohrenbetäubenden Donnern und Rauschen packte er mich an der Schulter.

„*Ca va?*", seine Stimme war wie ein Fels in der Brandung, ruhig und stabil.

„Okay", spuckte ich.

Das Wasser stand uns nun bis zu den Hüften. Wir kamen beide wieder zu unserem seemännischen Verstand. Gleichzeitig tauchten wir nach der Bilgepumpe. Jean-Pierre schaffte es als Erster. Die Pumpe war zwar unter Wasser, aber er begann zu pumpen. Ich hechtete zum Luk und drückte es auf. Dann sprang ich wieder ins kalte Wasser und schnappte einen Eimer.

Was dann folgte, war eine ungeheure Anstrengung, ein wilder Kampf um das Recht zum Überleben. Meine Erinnerung daran ist ziemlich verschwommen. Ich erinnere mich, dass Jean-Pierre an der Pumpe hing, und dass ich wie ein Irrer einige Minuten lang mit dem Eimer Wasser durch das Luk hinausschöpfte. Dann fiel mir ein, dass ich etwas gegen das Loch im Deck unternehmen musste.

Ich humpelte durch die Kabine, wobei ich immer wieder umherschwimmendes Zeug aus dem Weg räumen musste, und riss die Matratzen aus dem Vorschiff, eine nach der anderen. Ich schaffte es, sie an den Niedergang zu zerren. Während ich die Treppe hinauf kletterte, band ich eine Sicherungsleine um mich und nahm eine der Matratzen mit nach oben auf das wild schlingernde Deck. Der Wind heulte. Irgendwie rammte ich die beiden Matratzen in den Spalt. Ich schlug wie ein Verrückter auf sie ein, bis sie festsaßen. Dann machte ich mir, so gut wie es ging, ein Bild von der Zerstörung.

Quiberon war in üblem Zustand, aber zum Glück stand das Rigg noch. Aber die Steuerbordsaling des Großmasts war gebrochen. Das Kabinendach, die Kajüte oder wie immer es früher einmal geheißen hatte, war an der Backbordseite eingeschlagen, aber die Steuerbordseite war noch intakt. Der Hurrikan wütete immer noch, aber das war jetzt nicht so wichtig. Das Wichtigste war das Überleben!

Als Erstes galt es, den Großmast zu sichern, der umherflog wie der Taktstock eines irren Dirigenten beim Stakkato. Irgendwie zog ich mich gegen den pfeifenden Wind zum Großmast hin und bekam mit meinen zitternden und klammen Fingern das Großfall frei. Dann machte ich es schnell, aber mit großer Vorsicht, an den Püttings auf der Steuerbordseite fest, an denen auch die Wanten befestigt sind. Das war nicht ganz ungefährlich, denn die lose Want des Großmasts schlug umher wie ein Pferd mit den Hufen. Aber es gelang mir, ins Luv der

Want zu kommen. Dann setzte ich das Fall so dicht, wie ich nur konnte. Mühsam fing ich die lose Want mit einer kurzen Leine ein und sicherte sie.

Als nächstes kämpfte ich mich zum Ende des Großbaums hin, der vor der Katastrophe auf dem Kabinendach festgelascht worden war. Mit gewaltiger Anstrengung bekam ich mit einer Hand den Schäkel für die Dirk auf, während ich mich mit der anderen Hand am Handlauf festklammerte und Wind und Gischt mich von Bord zerren wollten. Ich kroch wieder nach vorn zu den Steuerbordpüttings und zurrte die Dirk dort fest. Ich schaute nach oben zu der gebrochenen Saling. Das hat Zeit, bis das Wetter besser wird, dachte ich.

Wie durch ein Wunder hatte der Besan überlebt und hielt das Schiff immer noch im Wind.

Befriedigt, dass ich Gott aus besten Kräften geholfen hatte, mir zu helfen, kroch ich wieder nach unten. Jean-Pierre pumpte mit gleichmäßigen, atemlosen und schmerzhaften Schlägen. Der Wasserstand im Schiff war um etwa 15 Zentimeter gesunken. In dem schlingernden Chaos unter Deck machte ich mich wieder mit dem Eimer an die Arbeit. Langsam aber stetig schöpfte ich öliges Seewasser nach oben ins Cockpit, von wo es ablief.

Später schätzte ich, dass der Wassereinbruch so gegen neun Uhr morgens stattgefunden hatte. Als wir das Schiff einigermaßen trocken hatten, war es vier Uhr nachmittags, und augenscheinlich war der Höhepunkt des Sturms vorüber. Der Wind ließ nach, aber die See bestand aus wogenden Bergen.

Als ich ihn um vier Uhr ablöste, hatte Jean-Pierre volle sieben Stunden lang gleichmäßig an der Pumpe gearbeitet. Dann bearbeitete ich die Pumpe vier Stunden lang, dann wieder Jean-Pierre, und so ging es die ganze Nacht hindurch – vier Stunden pumpen, vier Stunden Schäden reparieren. Am nächsten Morgen waren wir völlig fertig, aber der Wind war auf verhältnismäßig milde vierzig Knoten zurückgegangen, und das Schiff lag gut. Wir brachen auf unseren Kojen zusammen und schliefen drei Stunden lang.

„Was ist mit der Saling?", fragte Jean-Pierre noch, bevor er einschlief, „wann werden wir sie reparieren?"

„Später", murmelte ich, „erst müssen wir schlafen, dann was essen, wenn wir aufwachen. Dann nehmen wir uns die Saling vor, o.k.?"

„Du bist der Boss", grunzte er, schon halb im Schlaf.

Als wir am Abend des 2. September aufwachten, war das Wetter besser. Am Morgen des 3., nach einer weiteren Nacht mit Pumpen, Schlafen und Pumpen, wehte der Wind nur noch mit zwanzig Knoten, und die See hatte sich leicht beruhigt. Es war an der Zeit, sich um die Saling zu kümmern.

„Wer geht nach oben?", fragte Jean-Pierre und starrte auf den wild geigenden Mast.

„Wir werfen eine Münze, dann ist es fair!"

Ich besorgte eine Münze aus der Krimskrams-Schachtel im Navigationsschapp. Als ich sie auf dem Kabinenluk drehen ließ, hoffte ich, sie würde mit der Zahl nach oben liegen bleiben – Kopf ist immer die Seite des Skippers. Zahl!

„Du hast die Ehre, Jean-Pierre!"

„Phut!"

Er band die Sicherungsleine an den Mast, einen Segeltuchsack mit Werkzeugen um seine Hüften und die neue Saling, die wir am Tag vorher gemacht hatten, um den Hals.

Er brauchte sechs Stunden, um die neue Saling einzubauen, aber danach, am späten Nachmittag, war der Mast wieder sicher. Erwartungsvoll setzten wir das Großsegel, um die neue Saling auszuprobieren.

Während Jean-Pierre im Mast arbeitete, nagelte ich sechs Meter schweres Segeltuch über den Spalt mit den Matratzen im Deck. Von unten her nagelte ich große Holzstücke dagegen, die ich aus Teilen der Schapps und aus Bodenbrettern zurechtgesägt hatte. Dann nagelte ich noch drei weitere Bodenbretter über das kaputte Kabinendach, um der Schale wieder Stabilität zu geben, die normalerweise vom Kabinendach selbst kommt.

Über und unter Deck war *Quiberon* ein totales Wrack. In jeder normalen Marina hätte man sie an Land geholt und verbrannt, um so an ihre Eisenteile heranzukommen. Aber mitten im Atlantik ist man nicht so wählerisch – Wrack hin oder Wrack her – wir mussten sie zu ihrem Bestimmungsort bringen. Sie war unser Leben!

Jean-Pierre setzte die letzte Schraube an der neuen Saling ein und zog die Wanten an der Steuerbordseite wieder fest. Sein Gesicht war gerötet von der Anstrengung und vor Stolz. Er hatte ein schwierige und gefährliche Arbeit mit Bravour hinter sich gebracht.

„Moi, je ne crois pas ce miracle!", posaunte er, als ich ihm einen Becher mit Suppe in die Hand drückte.

Dann saß er im Cockpit und schaute sich das schwimmende zusammengeschusterte Wrack namens *Quiberon* an. Endlich schien wieder die Sonne im Westen, wenn auch ein wenig blass und trübe. Dann schaute er hinauf zu den Segeln, die sie wieder gen Osten zogen, endlich wieder!

„Was kannst du nicht glauben?", fragte ich, als ich meine heiße Suppe löffelte.

„Ich kann nicht glauben, dass wir noch am Leben sind." Er tunkte einen Zwieback in die dampfende Ochsenschwanzsuppe.

„Jean-Pierre, die Götter lieben die, die jung sterben. Du hast Glück, du hast den Teufel zur Seite."

Er lachte, klemmte seinen Becher zwischen die Knie und gab der Fockschot ein wenig Lose.

Quiberon schob voran – nach Osten.

Alors, les Anglais sont arrivés!
Les sanglais sont arrivés!

(Oh, die Engländer sind da!
Oh, die Blutigen sind da!)

Altes französisches Wortspiel

(Der Vers stammt aus dem Mittelalter und bezieht sich auf die kriegerischen Einfälle englischer Heere in Frankreich.)

12 Die Engländer sind da!

uiberon stand auf 43° West, 30° Nord. Stetig stampfte sie ihre Bahn über den sich langsam beruhigenden Ozean, Kurs ONO. Fünf Tage lang pumpten Jean-Pierre und ich abwechselnd jede Stunde 30 Minuten lang, rund um die Uhr. Dann, am 11. September, drehte der Wind auf West, seine normale Richtung für diese Jahreszeit. Weitere fünf Tage lang machten wir gute Fahrt nach Osten.

Am 15. September erlebten wir eine Überraschung: der Wind drehte auf Süd! In der Gegend um die Azoren herum ist das etwa so selten wie ein Schneesturm in San Diego. Trotzdem war ich dankbar dafür, denn es brachte das ramponierte Deck aus dem Seegang heraus. Aber der Sturm war nur von kurzer Dauer, und bald drehte der Wind wieder auf West. Am 18. September, exakt zwei Monate nachdem wir Antigua verlassen hatten, liefen wir durch die enge Einfahrt in den winzigen Hafen von Faial auf der Azoreninsel Horta ein.

Es war etwa Mitternacht, als wir an der verrotteten Pier anlegten. Wir waren fertig bis auf die Knochen, aber wir dankten allen Göttern dafür, dass wir heil angekommen waren. Nachdem die Polizei unser Schiff in die portugiesischen Gewässer aufgenommen hatte, klappten wir zusammen und schliefen den Schlaf der Gerechten und großer Erleichterung, obwohl das Schiff die Nacht hindurch manchmal am Steinkai anstieß.

Ausgeschlafen, hellwach und guter Laune machte ich mich am nächsten Morgen auf die Socken, ging um den kleinen Hafen herum und besuchte meinen alten Freund Don Enrique in der Bar Sport. Ich erklärte ihm unsere Lage. Don Enrique freute sich, mich zu sehen und erzählte mir von allen Schiffen, die in den letzten fünf Jahren vorbeigekommen waren. (Die Zahl stieg stetig von Jahr zu Jahr, Transatlantik-Segeln wurde immer populärer).

Kurz darauf hatte ich verabredet, *Quiberon* Kiel zu holen, das heißt, sie auf die Rampe der Walfängerstation von Horta hinauf zu ziehen. Sie machten das genau wie bei den Walen, die vor Horta mit Handharpunen erlegt werden. Die Männer der Walfängerstation legten ein Stahlkabel um *Quiberon* herum. Dann zog ich beide Anker mit ihren Ketten an der

Mastspitze hoch, und *Quiberon* krängte mit fünfzig Grad nach Steuerbord. Die Dampfwinsch zog an, das Kabel kam dicht und nach fünf Minuten lag *Quiberon* hoch und trocken auf der Seite auf der Walrampe, mitten in den Überbleibseln eines großen Pottwals, den man drei Tage vorher hier zerlegt hatte. Die ganze Gegend stank zum Himmel.

Wir malochten den ganzen Tag, verstärkten unser Notruder und kalfaterten den Kielsaum (wo der Kiel mit dem Rumpf verbunden ist). Während ich den ganzen Tag kalfaterte, kratzte Jean-Pierre unsere zweimonatliche Sammlung von Muscheln und anderem Seegetier vom Rumpf ab.

Am Morgen des 20. ließen wir *Quiberon* wieder die Rampe hinab. Ein toter Wal, ein Monster von etwa 30 Meter, war draußen festgemacht und wartete darauf, die Rampe hinaufgezogen zu werden.

Mit Hilfe von zwei Walfängern reparierten wir am nächsten Tag die Seite des Kajütdachs. Es war eine grobe Reparatur, aber stabil. Jean-Pierre machte eine Tour durch die örtlichen Läden und kaufte eine Wochenration an frischen Lebensmitteln ein. Wir füllten die Wassertanks auf. Jeder zwei Bier in der Bar Sport, und schon waren wir wieder unterwegs, Kurs Ushant, eine Insel vor der Nordwestspitze Frankreichs.

Auf der Ostseite der Azoren hatten wir nun schönes Wetter auf der ganzen Strecke, selten Wind über dreißig oder unter zwanzig Knoten. Die Luftlinie zwischen Horta und Ushant ist 1500 Meilen lang, und unsere Logge zeigte nur 1650 an, was zeigt, wie stabil unsere Windverhältnisse waren. Wir brauchten achtzehn Tage für die Strecke. Am 8. Oktober machten wir den willkommenen Blitz des Leuchtfeuers Ushant (eines der stärksten Leuchtfeuer der Welt) aus.

Der Wind wehte immer noch stetig aus Südwest, und so entschied ich mich dafür, direkt Cherbourg anzulaufen. Wir hatten noch genügend Vorräte, und unsere Wassertanks waren noch zu einem Drittel voll. Wir gingen auf Kurs ONO. Als wir Guernsey in Sicht hatten, schlief der Wind ein – totale Flaute. Die Götter benutzten *Quiberon* immer noch als ihren Spielball.

Acht Tage lang saßen wir dort, drifteten in den starken Tiden des Kanals mal vor und mal zurück, manchmal bis zu fünfundzwanzig Seemeilen weit, wenn Ebbe und Flut sich abwechselten. Endlich, zehn Meilen nördlich von Alderney, waren wir in Rufweite eines französischen Trawlers aus Cherbourg.

„*Bonjour, M'sieurs!*“, rief der Skipper herüber und hängte sich aus dem Ruderhaus heraus. Seine Crew, zwei junge Burschen und zwei alte Männer, schauten amüsiert zu uns herüber.

„*Bonjour, Capitaine!* Wo fährst du hin? Kannst du uns bis Cherbourg ins Schlepp nehmen?“

„Wo kommt Ihr her?“ rief der Skipper. Er hatte die Hände zu einem Trichter geformt und nahm die ramponierte *Quiberon* näher in Augenschein.

„Cayenne, Guyana, über die Azoren!“ brüllte Jean-Pierre.

Über das ruhige, gläserne Wasser hörte ich von allen fünf Fischern deutlich die gleiche Antwort: „*Ça alors!*“

Sie warfen eine Leine herüber, aber sie fiel ins Wasser.

„*Putain!*“, fluchten sie im Chor.

„Lass’ es sein!“, rief ich Jean-Pierre zu, der auf dem Bauch lag, um die Leine aufzufischen.

„Lass’ die Leine los! Rühr’ sie nicht an! Ich will keine Bergungskosten bezahlen! Wirf ihm eine Leine von uns zu, aber mach’ erst einen Preis mit ihm aus.“

„Wieviel willst du für das Schleppen nach Cherbourg, *M'sieur?*“, rief Jean-Pierre.

„Ah, nix, aber habt ihr Whisky an Bord, *mes amis?*“

„Wir haben zwei Flaschen Rum“, rief ich zurück. (Die beiden einzigen ungeöffneten Flaschen an Bord).

„Okay, ich schlepp’ euch rein für eine Flasche davon, mit fünf Knoten. Es sind nur achtzehn Meilen!“ Französische Seeleute benutzen Meilen, nicht etwa Kilometer, was zeigt, wie unnatürlich das metrische System ist!

„Abgemacht!“, ich hielt den Daumen nach oben, „Jean-Pierre, wirf eine Leine hinüber!“

Und so wurden wir am 17. Oktober 1964 nach Cherbourg hineingezogen, einhundertvier Tage nachdem wir in Cayenne ausgelaufen waren. Wir waren neunundneunzig Tage lang auf See gewesen, mit einem Schiff, das noch nicht einmal für einen Nachmittagstörn tauglich war, ohne Maschine, und mit mehr als drei Wochen Wind über Sturmstärke. Und unsere Einnahmen waren sieben Dollar am Tag, mit Essen etwa zehn.

Der Name des Fischtrawlers, der uns nach Cherbourg hineinbrachte, war übrigens *La vie c'est dure* – das Leben ist hart. „Stimmt genau", stellte ich fest.

Im Hafen traf ich meinen alten Freund Marcel Bardinaux. Dann telegrafierte ich Monsieur Pinet, dem Eigner von *Quiberon*, dass wir angekommen waren. Ich arrangierte mit den Leuten vom Yachtclub, dass sie das Schiff jeden Tag lenzen würden, und begleitete Jean-Pierre zum Bahnhof und zum Zug nach Brest.

„Du kriegst dein Geld diese Woche mit der Post, Jean-Pierre. Wenn nicht, schick' mir ein Telegramm zum Yachtclub, und ich werde sicherstellen, dass du es bekommst. Wenn der Sauhund Pinet nichts ausspuckt, dann komme ich persönlich nach Cherbourg zurück und versenke den alten Kasten!"

Jean-Pierre lachte. „Tristan, du bist total verrückt, aber ..." Er sprach nicht zu Ende, er grinste nur.

„Mach's gut Jean-Pierre, ohne dich hätte ich es nicht geschafft. Ich würde jederzeit wieder mit dir zusammen segeln, überall hin, aber nie und nimmer mehr auf der verdammten *Quiberon*!"

Der Zug in die Normandie fuhr ab, und ich ging zurück zum Yachtclub. Marcel hatte mir ein kleines Zimmer besorgt, wo ich schlafen konnte, während ich darauf wartete, dass *Quiberon* von der örtlichen Werft übernommen wurde. Monsieur Pinet arrangierte, dass ich bei meiner Ankunft in Barcelona mein Geld in spanischen Peseten bekommen würde. Mir schien, das wäre nur eine „kleine" Devisenschieberei.

Marcel Bardinaux hatte vor dreizehn Jahren in einer selbstgebauten 31-Fuß-Yacht, der berühmten *Les 4 Vents*, eine Weltumsegelung gemacht. Auf der „falschen" Route, westlich um das Kap Hoorn herum, gegen den Wind und die Strömungen. Seine sloopgetakelte Yacht kenterte vor Kap Hoorn zweimal durch. Seine Reise hat er in dem auszeichneten Buch *4 Winds of Adventure* beschrieben, das vier Jahre zuvor, 1961, herausgekommen war. Marcel war ein dunkler, breitschultriger Mann mit hungrigem Blick, aber mit einem großen Sinn für Humor.

Am nächsten Tag saßen wir im Yachtclub von Cherbourg. Draußen, vor den Fenstern, pfiff ein rauer, kalter Wind, der den Regen vor sich her über den grauen Hafen trieb. Der Himmel war dunkel. Marcel erzählte mir, wie er im Südpazifik, fünfundsechzig Meilen außerhalb von Noumea in Nordkaledonien auf ein Riff geworfen wurde, das auf der Karte nicht vorhanden war; und wie er sein Schiff *Les 4 Vents* mit Hilfe der Anker, die er zu Fuß ausbrachte, wieder von diesem gottverlassenen Riff herunter und durch die höllische Brandung hinaus ins freie Wasser brachte. Als es das endlich aus eigener Kraft geschafft hatte, segelte er nach Noumea und sah siebenundzwanzig gestrandete Wracks auf dem Weg dorthin. Als er endlich in den winzigen heißen Hafen von Noumea einlief, lag sein Schiff halb gesunken bis zum Deck im Wasser.

Für eine Woche oder so blieb ich bei Marcel. Ich traf seine Freunde, wir spannen ein wenig Seemannsgarn, und ich schaute mir sein im Bau befindliches neues Schiff an, eine große komfortable 60-Fuß-Ketsch. Aber langsam wurde ich ungeduldig, ich hatte Sehnsucht nach *Cresswell* und nach Nelson. Ich entschied mich gegen einen schnellen Abstecher nach England, sagte Marcel *adieu* und machte mich auf den Weg nach Toulouse. Als ich auf dem Kai aus dem Taxi stieg, sah mich Nelson. Er warf seinen Kopf hoch und fing an zu bellen. Langsam hoppelte er auf seinen drei Beinen auf mich zu. Ich warf meinen Seesack auf den Kai und kraulte seinen Kopf, während er mit dem Schwanz wedelte wie ein junger Welpe. Ich nahm ihn mit in ein kleines *estaminet*, und wir tranken ein Bockbier, das er liebte. Aber ich bemerkte, dass er ab und zu an etwas anstieß und sein „gutes" Auge auch nicht mehr so gut war.

Der Mann hinter der Bar, ein unverschämter alter Kerl, sagte zu mir: „Dieser Hund ist eine Plage. Ich will ihn hier nicht sehen!"

„*À ton face, crapaud!* Leck mich am Arsch, du Scheißkerl!"

Wir drehten uns um, gingen hinaus und schlugen die Tür hinter uns zu. Nelson schaute zu mir hoch, seine schwarzen Ohren zitterten, und ich sah, dass sein gutes Auge viel trüber war als früher. Er wedelte mit dem Schwanz, als wir im Regen an Bord gingen.

„Hör' einfach nicht hin, mein alter Kerl. Bald sind wir wieder in der Sonne und segeln." Ich kraulte seine Ohren. „Willst du einen Schlag Burgoo, Kumpel?"

Sobald er das Wort „Burgoo" hörte, hob sich seine Stimmung. Ich schloss die Kabinenluke auf. Nach ein paar Minuten dampfte die scheußliche Masse auf dem Kocher. Er klopfte die ganze Zeit mit dem Schwanz gegen die Niedergangsleiter und den Herd, und ich fluchte über den Mann hinter der Bar. Ich dachte an die Zeit auf der Reise nach Island, wo mir Nelson das Leben gerettet hatte. Durch dick und dünn war er mit mir gegangen, immer hatte er zu mir gehalten, und er hatte *Cresswell* treu bewacht, während ich weg war.

„Also, mein alter Rumtreiber", sagte ich zu ihm, während er aufgeregt sein Burgoo fraß, „sieht so aus, als wenn du es nicht mehr so lange machst." Ich kitzelte ihn an den Ohren. Da war eine Schramme auf seinem Kopf, und er keuchte. „Mein Gott, wir werden noch einen schönen Törn machen, bevor du abreist – und noch einmal die Mittelmeersonne genießen." Er wedelte wieder mit dem Schwanz.

Am Abend ging ich zu Monsieur Dupont nach Hause. Dod war krank und in England im Hospital. Joe war mit der Reparatur am Schiff fertig geworden und nach Hause gegangen, auf die Isle of Man. *Cresswell* war jetzt das einzige nicht-französische Schiff im Hafen von Toulouse. Im November überführte ich das wieder gutaussehende Schiff von Monsieur Dupont zusammen mit Nelson nach Marseille und kam dann wieder zu *Cresswell* zurück.

Nach Weihnachten begann ich eine langsame Reise durch den Canal du Midi, denn ich wollte erst im Frühjahr '65 im Mittelmeer ankommen. Danach wollte ich nach Barcelona segeln und das Geld für die Überführung von *Quiberon* abholen. Ich hatte keine Eile und nahm mir Zeit, um *Cresswell* in Schuss zu bringen.

Die erste Station meiner langsamen und umständlichen Kanalreise war Villefranche, eine kleine Stadt, etwa fünfundzwanzig Meilen südlich von Toulouse. Umständlich war es, weil nach der anfänglichen Begeisterung über das Herumtuckern in dem auf beiden Seiten mit Platanen bestandenen Wasserweg der Kanal langweilig wurde, er war gerade wie eine Linie. Es war reine Monotonie. Aber das Wetter im Februar war schön und sonnig. Ich schaute über die Felder hinweg und über die Weinberge auf den niedrigen Hügeln im Osten. In der Ferne konnte man die schneebedeckten Gipfel der Pyrenäen sehen.

Am zweiten Tag, nach einer Nacht vor einem *estaminet* am Kanalufer in Villefranche, nahm ich Kurs auf Castelnaudary, eine Stadt an der Hauptverbindungsstraße zwischen Spanien und Paris. Kurz vor der Stadt gibt es ein großes Bassin und in der Mitte davon ist eine kleines grünes Inselchen. *Cresswell* tuckerte in das Becken hinein, wilde Enten flogen auf und über das Wasser, und die Pyrenäen glänzten im Südwesten. Alles war sonnig und warm; spontan beschloss ich, eine Woche oder so dort zu bleiben.

Ich ging in die Stadt, traf einige Leute in den Bars und kam an einen Platz, der mit Mädchen aus der ganzen Welt überfüllt war. Sie studierten Französisch an der Uni. Die freundlichen, gastfreundlichen Leute hier, ihr herzlicher gutmütiger Humor, ihre herausragende Kochkunst, ihre herzhaften Weine und der kleine Unterschied zwischen den Geschlechtern bewogen mich dazu, meine Pläne zu ändern. Ich würde an dem Inselchen festmachen und die Welt des Kanals an mir vorüberziehen lassen, so etwa zwei bis drei Lastkähne am Tag. Ich hörte den Gesang der Sirenen – und ich war begeistert!

Das Schöne am Paradies ist, dass man die Schlangen weder sieht noch hört und noch nicht einmal daran denkt, bis sie plötzlich auftauchen. So erging es mir. Zwei Monate lang arbeite ich tagsüber am Schiff und machte die Vernachlässigung der letzten zwölf Monate wieder wett. Am Abend labte ich mich an den Fleischtöpfen der kleinen Provinzstadt. Es war eine so glückliche und sorgenfreie Zeit in meinem Leben, wie ich sie selten erlebt habe. Es gab überhaupt keine Anzeichen dafür, dass das Schicksal bald zuschlagen wollte.

Der einzige *navigateur*, den ich in Castelnaudary traf, war ein englischer Naturforscher, der mit dem Kanu durch das französische Kanalsystem paddelte. Mit Ausnahme von ein paar importierten Nüssen lebte er von der Natur. Er sammelte verschiedene Arten von Gräsern und machte zusammen mit Blättern daraus einen sehr guten Salat. Seine Ernährung schien sich gut auf ihn auszuwirken, denn er war einer der gesündesten Männer die ich je traf, durch und durch fit. Er war ein ausgezeichneter Geschichtenerzähler, und er hasste Freud und Hegel, also passten wir gut zusammen.

Tagsüber arbeitete ich am Schiff, an den Segeln oder an der Maschine. Ab und zu machte ich mit Nelson einen gemütlichen Abendspaziergang zum Pub an der Straßenkreuzung. Eine Stunde lang, oder auch zwei, redete ich mit den Leuten dort und trank Pernod. Dann ging ich in ein Restaurant; die Mahlzeiten hatten die einfache Eleganz, wie man sie nur in diesem Teil der Welt findet. An Samstagen oder am Sonntag kamen manche Einheimische zu Besuch auf das Inselchen. Es gab da eine Anzahl Jungs, die im Bassin kleine Jollen segelten, und ich half ihnen, ihre Boote zu reparieren und ihre Segeltechnik zu verbessern. Zwei Mal nahm ich den Schnellzug nach Paris, um Freunde zu besuchen, aber ich hatte schnell wieder Sehnsucht nach Castelnaudary und der Ruhe und dem Frieden. Dort sprangen abends die Fische, die Enten schwammen herum, und die Bäume bewegten sich in der sanften Brise. In der Abendruhe hörte man die Kirchenglocken, und die Massive der Pyrenäen leuchteten in der Sonne über den klaren Weinbergen der Aude: am Morgen silbern und golden am Abend. So verbrachte ich den Frühling dort, ruhig und zufrieden.

Plötzlich und unabdingbar, aus dem blauen Nichts heraus, mitten in einem Traum des Seemannslebens, wurde dieser Friede in tausend Splitter zerfetzt.

Es war ganz früh am Morgen. Draußen waren die Felder und das grasbewachsene Kanalufer nass vom Morgentau, der in der Sonne glänzte wie tausend Diamanten auf grünem Grund. Die Regenwolken ließen ab und zu die Sonne durch, und die Berge schimmerten. *Cresswell* bewegte sich leicht, als ein Lastkahn sich langsam durch das ruhige Wasser des Bassins schob, um seine Ladung algerischen Weins zu den hektischen Piers in Marseille zu bringen.

Unter Deck war alles ruhig. Nelson schlief auf seinem angestammten Platz unter dem Kabinentisch. Ich lag zusammen mit einer kuscheligen Freundin in der Koje unter der Decke, und auf dem Kabinentisch stand noch die fast leere Flasche Wein vom letzten Abend. Sie schimmerte im Morgenlicht.

„Also wirklich! *Cresswell*! Ahoi! Auf, auf, Tristan! Beweg' dich! Beweg' dich endlich!"

Ich schüttelte mich.

„Also auf mir dir!" .Es folgte ein lauter Schlag auf das Kajütdach. „Aufwachen!" Bumm! Bumm!

Ich öffnete erst einmal ein Auge. Nelson stand am Fuß der Niedergangsleiter und knurrte.

„Heraus mit dir, mein Liebling!", die Stimme war durchdringend.

„*Qu'est-ce qu'il y a?*" fragte meine kleine Freundin.

„*C'est rien, mon petit chou, c'est rien!*", ich kuschelte mich näher an sie.

„Hallo da drin! Hallo! Tristan! Tristaaan!" – wieder ein Schlag auf das Kajütdach.

Ich schoss hoch und brüllte: „*Qu'est-ce qu'il y a?*"

„Tristan, alter Junge, ich bin's! Cecilia St. John. Weißt du noch ... Wir haben uns in Antigua getroffen, letzten Juli!"

„*Nom de Dieu!*", flüsterte meine Bettgenossin.

„So eine Scheiße!", sagte ich, als ich aus der Koje kletterte und meine Hosen anzog. „Verdammte, verfluchte, stinkende, gewaltige Oberscheiße!"

„*Quoi?*", fragte meine kleine Rose.

„*Cést rien du tout. Attends!* Das ist nichts. Wart' nur ab!"

Ich kletterte die Leiter hoch, machte die Luke auf und spähte mit verschlafenen Augen in den grauen Sprühregen des Morgens hinaus. Die Bäume am Ufer schienen wegen meines Unglücks zu weinen. Da stand sie, breitbeinig und in Wanderstiefeln. Ein dreckiger grauer Regenmantel verdeckte halb das großkarierte Holzfällerkleid, das hinunter bis zu ihren Knöcheln zu gehen schien. Ihr karottenrotes Haar blickte unter einem feuchten englischen Krankenschwesternhut mit Krempe hervor: es triefte vor Nässe. Die Feder auf dem Hut sah bemitleidenswert aus, es schien, als wäre sie auf halbmast. Ihre Apfelbäckchen glänzten gesund und rosig. Es war tatsächlich Sissie, die Schwester des Bischofs von Southchester. In einer Hand hielt sie eine riesengroße Reisetasche aus Leder, in der anderen einen vor Nässe triefenden Tennisschläger, einen zusammengelegten Regenschirm und einen Hockeyschläger.

„*Hallo Sissie. Comment ca va?*". Meine Überraschung war so komplett, dass mir zur Begrüßung nichts in Englisch einfiel.

„Ahoi, alter Junge, wunderschöner Tag, was? Hatte eine furchtbare Reise hierher! Ein kleiner Franzmann hat mich mitgenommen, schrecklich langweiliger Kerl! Konnte kein Wort Englisch, und mein Französisch hat er auch nicht verstanden! Aber das wundert mich nicht – ich kann es selber nicht verstehen – was, alter Junge? Aber Tristan, mein Lieber, wie geht's dir?"

Sie kam einfach an Bord! Diese großen braunen Wanderstiefel waren tatsächlich auf *Cresswells* Deck! Und sie tropfte sich ihren Weg die Leiter hinunter! Irgendwie fiel oder stolperte ich nach unten, als ihre Beine in braunen Socken die Treppe herunter kamen und auf dem Kabinenboden trampelten wie die Schritte eines mittelalterlichen Ritters, der ins tiefe Verlies zu seinen Gefangenen hinabsteigt. Sissie warf ihre riesige nasse Reisetasche auf den Kabinentisch, wo sie liegen blieb wie ein verendetes Nashorn. Dann feuerte sie das Tennisracket und den Hockeyschläger auf meine Koje hinunter.

Mon petit chou sprang mit einem Schrei des Entsetzens auf. Ihre zerbrechlichen, samtweichen Puppenärmchen kamen frei, und man konnte ihr goldenes Haar, ihre zarten Schultern, ihren sanften Hals, ihren kleinen festen Busen und ihren flachen Bauch mit dem süßen Bauchnabel sehen. Sie warf die Arme in die Luft, fasste nach mir und rief: *„Au secours, mon amour!"*. Dann drehte sie sich um und starrte Sissie entsetzt an: Diese englische Frau vom Lande, die aussah wie Florence Nightingale in Rage, wie Mrs. Gladstone beim Empfang eines Herumtreibers vom Piccadilly Circus, wie Britannia, die schreckliche Herrin der See, furchterregend in ihrem majestätischen Zorn – die Rache der Boudicca stand in ihren stahlblauen Augen, die wie Schwerter blitzten –und Sissie starrte zurück und blickte sie an, wie Queen Victoria eine Rolle Toilettenpapier angeschaut hätte, die versehentlich im Musikzimmer von Windsor Castle aufgetaucht wäre.

Ich war in dem winzigen Raum zwischen Petroleumkocher und Kartoffelschapp eingekeilt, und die Pfanne mit Burgoo und Speck kam ins Wackeln und rutschte die Pantry hinunter. Nelson stand wie versteinert da und blickte grimmig mit seinem guten Auge. Die Unterwäsche meiner *peti chou* hing in peinlicher Weise vom Navigationstisch herunter wie die weiße Fahne der Besiegten von Calais. Selbst *Cresswell* schien unter dem musternden Auge des Drachens von Devon vor Scham zu zittern.

Sissie unterbrach die Stille. Ihre bajonettscharfe Stimme durchschnitt die Morgenstille der klaren Luft von der Aude bis zu den Pyrenäen hin.

„Tristan, ich glaube, deine kleine Expedition braucht einen gewissen moralischen Standard. Also werde ich dafür sorgen!" Ihre Zähne sahen so kräftig und gesund aus wie die Klippen von Dover.

„Jedenfalls ...", fuhr sie fort und schaute auf meine Freundin, die nackt und zitternd dastand, „ ... jedenfalls hast du mich damals eingeladen, weißt du nicht mehr?" Sie ließ sich mit einem schweren Schlag auf eine Koje plumpsen, den Regenschirm immer noch umgehängt.

Der Honigmond war vorbei, das Paradies verloren, unwiderruflich, unabwendbar, endgültig. Die englische Lady war da und hatte die Herrschaft übernommen.

Nelson winselte.

Sur le pont, d'Avignon,
L'on y danse, l'on y danse.
Sur le pont, d'Avignon,
L'on y danse, tout en rond!

(Auf der Brücke von Avignon
Tanzt ein jeder, tanzt ein jeder.
Auf der Brücke von Avignon
tanzt ein jeder, rund herum.)

Altes provençalisches Lied

13 *Une vignette française*

W ie der Blitz, und nur halb angezogen, schoss *mon petit choute* vom Schiff und über die Felder zurück nach Castelnaudary. Die britische Löwin hatte die Alleinmacht über die Pantry übernommen, machte Tee und briet Eier mit Speck. Aus ihrer riesigen Reisetasche förderte sie Original Keiller's Marmelade im schottischen Steinkrug hervor. Sie warf die peinlich penisförmigen knusprigen französischen Brote über Bord und schmierte Butter aus Neuseeland auf trockene, graue, flache, fade, schottische Frühstückskekse. Die ganze Zeit sah sie aus, als hätte sie der berüchtigte Henker Richter Jeffrey persönlich hierher geschickt, um die Rechte der Männer mit Füßen zu treten. Nelson und ich warteten zitternd und beunruhigt auf den sich zusammenbrauenden Sturm.

„Freundin von dir?", fragte Sissie treuherzig und *nonchalant*.

„Ah ... ja. Sie wusste nicht, wohin, hab' ihr ein Bett für die Nacht gegeben ...hab' ihr ein wenig Englisch beigebracht. Liebes Kind, ist bei den hiesigen Pfadfinderinnen ...oder so... weißt du."

„Ein oder zwei Eier?", fragte sie im Befehlston.

„Zwei bitte."

„Mhmm ... Tee? Wie viel Zucker?"

„Zwei bitte."

„Kennst du sie schon lange?"

„Weißt du, sie ist die Tochter des Aufsehers vom Kanal und der ... also der ist am Wochenende mit seiner Frau in Paris ... und wie ich schon sagte ... ich pass' ein wenig auf sie auf, wenn sie weg sind."

„Ach Tristan, wie süß von dir! Wie die Eltern sich freuen können, dass du dich so um das kleine Ding kümmerst!"

„Ja, sicher freut sich Pierre drüber, er ist ein lieber Kerl!", ich kraulte Nelson.

„Mhmm, ja! Also als Erstes müssen wir diese fürchterlich dreckige Pantry sauber machen und dann diese scheußlichen Schapps. Schau, du hast Curry und Senf und ... ach du lieber Gott, was sucht denn das hier?" Sie zog ein etwas schmieriges Pornoheft hinter den Zeitungsausschnitten mit Rezepten hervor.

„Das gehört ins Navigationsschapp", murmelte ich.

„Jawohl, genau dort gehört es hin!"

Sie knallte meinen Teller vor mich hin – einen Blechteller, den ich bis zu diesem Tag noch nie benutzt hatte. In meiner damals noch himmlischen Einsamkeit hatte ich immer direkt aus der Pfanne gegessen. Als ich gerade die Gabel in die Hand nahm, klopfte es oben auf das Kajütdach.

„Hallo!", rief ich, „komm' runter, *entrez!*"

Pierre, der Kanalaufseher, ein kräftig gebauter Junggeselle von etwa vierzig, kam die Leiter herunter. Als er Sissie sah, die mit einem Ei in der Hand dastand, zog er seine Augenbrauen auf gallische Art in die Höhe. Aber Sissie schaltete auf „volle Breitseite". Sie blickte auf den Ankömmling wie ein Tiger auf einen sich unbeobachtet fühlenden Wasserbüffel.

„*Bonjour M'sieur Tristan!*"

„*'jour Pierre*", ich winkte mit der Gabel, „das ist Sissie. Sie ist ... aus England."

Auf Pierres Nasenwurzel bildeten sich kleine Falten, sein Gesicht hatte einen Ausdruck, der Bände sprach.

„Ahm ... sie ist die Schwester ... eines ... eines Bischofs", ich zwinkerte mit einem Auge und zog dann die Augenbrauen hoch.

Blitzschnell fing Pierre sich wieder. Auf seine charmante französische Art nahm er Sissies Hand und verbeugte sich. Schlagartig sah Sissie aus wie die *Titanic* kurz vor dem Sinken, dann erholte sie sich langsam.

„Pierre?"

„*Oui, Madame,* so heiß' ich", sagte er in Englisch.

„Dann müssen Sie der Kanalaufseher sein?", erwiderte Sissie und lächelte.

„Ja, ich habe eine wichtige Aufgabe am Kanal", Pierre blies sich fürchterlich auf, so wie es nur ein französischer *fonctionnaire* fertig bringt.

„Wie gefällt es Ihrer Frau in Castelnaudary, *M'sieur?*", fragte Sissie süß.

Er setzte eine absolute Unschuldsmiene auf.

„Oh, aber *Mam'selle,* ich bin nicht verheiratet. Ich hab' eine Freundin, *oui, mais,* aber verstehen Sie, es ist nichts Ernstes, *pas encore ...*"

„Wirklich? Tee?" bellte Sissie und starrte mich an. Ich versuchte, mich hinter dem Berg von angebranntem Speck auf meinem Teller zu verstecken. Pierre nutzte die Gelegenheit, um über die Niedergangsleiter abzuhauen.

„Wirklich?", wiederholte sie murmelnd und füllte meinen Becher mit Tee auf. „Was ist mit diesem scheußlichen Köter, Tristan? Was gibst du ihm zu fressen?"

„Er nimmt ein wenig Brot mit Speck, falls etwas übrig ist", sagte ich und schaute ihr direkt in die Augen.

Sie legte ein wenig Speck auf einen weiteren Blechteller, zerbröckelte etwas von den Keksen und beugte sich hinunter, um es Nelson anzubieten. Der kroch langsam rückwärts und knurrte.

„Komm schon, sei ein lieber Hund", muhte sie.

Nelson fletschte die Zähne und schnappte nach ihrer Hand. Sie sprang zurück, und verstreute dabei den Speck und die Krümel auf dem Kabinenboden. Nelson stand auf, schüttelte sich und sprang langsam und überheblich die Leiter hinauf ins Cockpit.

„Er hat dich aufs Korn genommen!", säuselte ich und grinste.

Sie knallte die Töpfe, die Bratpfanne und den Teekessel, alles, was ich über viele Jahre und Tausende von Mahlzeiten nicht gespült hatte, um den Geschmack zu erhalten, in einen Eimer, und fing wie wild an zu schrubben.

„Weißt du, es ist schon ein bisschen komisch, du platzt hier einfach so herein. Woher hast du denn gewusst, wo du mich finden würdest?"

„Ach, ich hab' da so einen kleinen Kerl getroffen in einem Club für ehemalige Marineleute in London – schauderhafter Platz, voll mit diesen schrecklichen Typen. Sie hatten ihr alljährliches Treffen da, weißt du. All' diese Ex-Offiziere in ihren scheußlichen Anzügen von der Stange, und dann erst ihre entsetzlichen Frauen. Mein Lieber, es war wie in einem Vorstadttheater, und sie hatten diese primitiven Kleider an, mit großen Blumen drauf, und dann diese fürchterlichen, zusammengepappten Frisuren! Sie sahen alle aus wie die Frau von Chruschtschow. Weißt du, was ich meine? Aber der Major, der ist ein Goldstück! Er hat jetzt da so eine Art Hausmeisterjob, seit er vom Dach der Kensington-Kaserne gefallen ist, als er Flugzeug spielen wollte. Aber zu mir war er natürlich furchtbar nett. Doch ich fühlte mich trotzdem wie eine Herzogin, die in der Bastille schmachten muss. Und dann traf ich diesen komischen kleinen Mann, ganz lieb war der – er arbeitet auf einem Lastkahn bei den Docks, oder was weiß ich – und er kannte deinen Freund Dod Osborne".

„Kein Wunder!"

„Ja, natürlich. Also, der Major und ich tranken ein oder zwei Glas Schampus, weißt du, und wir versuchten, uns diese gewöhnlichen Vorstadtmenschen vom Leib zu halten, damit sie uns nicht auf die Füße traten und uns mit ihrem abscheulichen Bier beschmutzten. Und sobald der komische kleine Kerl mir sagte, wo Dod war, mein Lieber, raste ich mit dem Taxi zum Krankenhaus und fand ihn da."

„Wie geht's ihm?"

„Er ist ein phantastischer Kerl. Einfach super! Er hielt sozusagen Hof in seinem Bett. Hunderte von Schwestern wimmelten um ihn herum und klebten an seinen Lippen."

„Das hört sich an wie Dod!"

„Aber ja, Liebling, und alle wollten natürlich noch mehr hören. Aber meine gute Freundin Millicent, sie ist die Oberschwester da ... Oh, mein Lieber, was für ein scheußliches Weibsbild! Sie hat die kleinen Schwestern aus Irland und Jamaika so herumkommandiert, dass sie mit Bettpfannen herumrannten, die Verbände abstaubten und was sie sonst noch alles machen müssen an diesem scheußlichen Ort."

„So, also Dod hat dir gesagt, dass ich hier bin?"

„Nicht so direkt. Als ich ihn fragte, legte er seine Hand auf mein Bein – mein Lieber, ist das nicht süß, in seinem Alter und fast im letzten Atemzug? Er sagte mir, du hättest an einem Lagerhaus für Wein festgemacht, in Toulouse. Natürlich hab' ich sofort meine Sachen gepackt, bin zu *Fortnum und Mason's* gerannt und hab' einiges eingekauft." Sie nickte hinüber zu der gewaltigen Reisetasche, die mit den verschiedensten Lebensmitteln überquoll. „Der liebe Willie hat alles bezahlt. Dann schleppte ich alles zur Waterloo Station. Was für ein abscheulicher Platz, mein Lieber! Und dann bin ich über einen Schuhputzer gestolpert und buchstäblich in das Büro des Bahnhofsvorstehers gefallen und direkt an Toby's Schreibtisch gelandet. Er ist ein ganz süßer Kerl!"

„Toby?"

„Ach mein Lieber, natürlich kennst du ihn nicht! Er war mit dem lieben Willie in der Armee, und sie haben diese bösen Deutschen durch die Wüste gejagt, weißt du. Er hat das Viktoria-Kreuz und all diese Sachen. Jedenfalls ist er jetzt der Stellvertreter vom Bahnhofsvorsteher, da kann er sich von seinen langen Nächten im Operncafé am besten erholen. So ein kleines, schreckliches Chormädchen. Ach, der arme, arme Toby ... aber ich sollte nicht tratschen, nicht wahr, Tristan?"

„Nein." Ich stand auf, und gab Nelson etwas übriggebliebenes Burgoo. „Also, wie hast du mich nun gefunden?"

„Also, natürlich habe ich den *Golden Arrow* genommen, er ist in Windeseile nach Paris gesaust ... und dann diese scheußlichen Taxifahrer, solche gewöhnlichen Kerle, mein Lieber. Und dann dieser Streit mit diesem fürchterlichen Rüpel am *Gare d'Austerlitz*, er wedelte mit den Armen und schrie mich an!"

„Was hast du gemacht?"

„Also, mein Lieber, was sollte ich schon machen? Ich hab' ihm eins übergezogen, mit dem guten alten Hockeyschläger. Mein Lieber, das hättest du sehen sollen, die *gendarmes* haben in ihre Pfeifen gepfiffen und sind gerannt, mit ihren Capes, *képis* und ihren riesigen Schlagstöcken. Es war super! Bis dieser kleine Inspektor kam und mich zum Zug gezerrt hat. Und weißt du, Liebling, ich hatte kein französisches Geld, nur das Ticket, das der liebe süße Toby mir gegeben hatte, und dann hab' ich diesen tollen erstklassigen Autoverkäufer im Zug getroffen, mit seiner abscheulichen Schwester, und er hat mich zu einem phantastischen Abendessen eingeladen. Aber er wollte natürlich nur das Eine, weißt du!"

„Sissie, du hast doch nicht etwa ...?"

„Natürlich nicht, du komischer Kerl, ich bin doch ein großes Mädchen, und außerdem hat er meinen Hockeyschläger gesehen." Sie schnappte ihn und schlug damit nach dem sauberen Geschirrtuch, das sie in der Pantry aufgehängt hatte. Der Schlag ließ das Schiff erzittern.

„Und dann?"

„Ach, er wollte Englisch mit mir üben und so."

„Und was hast du gemacht?"

160

„Ach, Liebling, ich hab' so getan, als wär' ich aus Finnland, aber seine abscheuliche Schwester hat tatsächlich ein paar Worte Finnisch gesprochen, ein absolut schreckliches Kauderwelsch, und ich hab' nichts verstanden. Sehr peinlich!"

Sie nahm das Geschirrtuch und begann, die Töpfe damit abzureiben.

„Und dann?"

„Sie stiegen in einem absolut grässlichen Ort aus, und weg waren sie. Aber ich habe der Schwester noch eine Grimasse geschnitten. So eine langweilige Kuh, Liebling, das kannst du dir gar nicht vorstellen!"

„Und?"

„Ich kam um zwei Uhr morgens in Toulouse an, und es regnete in Strömen. Aber dieser Engel von Gepäckträger schaffte mich in so ein Haus, wo man schlafen kann. Als ich mich im Spiegel sah, war ich ganz erschrocken ... aber diese lieben kleinen Kerle machten Kaffee, und es gab diese scheußlichen klebrigen Dinger."

„Croissants."

„Was auch immer. Und, Liebling, sie lagen mir praktisch zu Füßen."

„Wirklich?", fragte ich, und starrte auf ihre braunen Wanderstiefel. „Also, jetzt bist du hier, was wirst du jetzt machen?"

„Oh, Tristan, Liebling, ich würde so ... wirklich, ernsthaft ... ich würde so gerne nach Spanien segeln! Es soll dort so schrecklich interessant sein. Und dann, mit meinem Bruder, als evangelischer Bischof, das ist ein bisschen heikel, weißt du. Katholische Länder und so. Aber ich bin so richtig wild drauf, im Mittelmeer zu segeln!"

„Aber Sissie, von was willst du denn leben? Ich meine, alles kostet Geld: Essen und Treibstoff und das ganze Drum und Dran."

„Ja, ich weiß, wie dumm von mir! Aber weißt du, mein Kleiner, ich kriege mein vierteljährliches Taschengeld im Juni, und dann kann ich es dir zurückzahlen, sagen wir eine Guinee pro Tag (etwa DM 2,50)."

„Sagen wir zweiundzwanzig Schilling (auch DM 2,50) am Tag, Mädchen, und wir sind im Geschäft!"

„Liebling!" Sie packte meine Hand und schüttelte mir fast den Arm aus der Schulter.

„Aber wo wirst du schlafen?", fragte ich, als ich mich ein wenig erholt hatte.

„Ach, irgendwo, mein Alter. Weißt du, ich war einmal auf einer Sahara-Expedition, und ich bin es gewöhnt, einfach zu leben, mit all diesen Leuten um mich herum in der Nacht...“

Ich ließ sie nicht ausreden. „Also, ich mach' dir einen Vorschlag. Ich geb' dir die kleine Kabine im Vorschiff. Sie ist fast leer, nur ein paar Taue und Reservesegel liegen da rum. Die Kabine ist komplett abgeschottet vom Schiff. Da kannst du pennen. Du kaufst ein, schaust nach der Kombüse und bleibst mir um Gotteswillen aus dem Weg, wenn ich arbeite. Und ...“

Ihre eisblauen Augen strahlten. „Oh Tristan, Liebling! Und was noch?“

„Nelson nicht füttern!“

„Natürlich nicht, mein Lieber!“

„Und außerdem will ich nie mehr hören, dass du ihn „Köter“ nennst!“

Sie ergriff meine schmächtigen Schultern mit einem Griff, der selbst Dschingis Khan umgebracht hätte, gab mir einen trockenen essigsauren Kuss unter das rechte Ohr, tanzte ungelenk in der winzigen Kajüte herum und sang dabei: „Ein Leben auf den Ozeanwellen, ein Leben auf der wogenden See!“ Ihr inzwischen getrocknetes Haar sah aus wie Hanf zum Kalfatern.

Nelson kam die Leiter herunter und starrte sie an. „Mein Gott!“, sagte ich leise zu ihm, „auf was haben wir uns da eingelassen?“ Nelson zog die Augenbraue über seinem guten Auge hoch und seufzte tief.

Also zog Sissie, die Schwester des Bischofs von Southchester, mit Reisetasche, Tennisracket, Hockeyschläger und all ihren Habseligkeiten ins Vorschiff, einen kleinen dreieckigen Raum, nicht mehr als einmeterfünfzig lang und einmeterzwanzig breit. Und nur etwa siebzig Zentimeter hoch!

Um nicht ungastlich zu erscheinen, gab ich ihr noch die alte Tranlampe, die sich auch mit französischem Salatöl betreiben ließ. Damit konnte sie in ihrer Bibel lesen, wenn sie nicht gerade damit beschäftigt war, ihre Ginflaschen zu leeren. Sie hatte sechs davon mitgebracht, und die klirrten aneinander, als sie die riesige lederne Reisetasche ins Vorschiff schaffte.

Am nächsten Tag, in aller Frühe, kam Pierre, der Kanalaufseher, an Bord. Er hatte mir versprochen, auf der Strecke nach Carcassonne mitzufahren. Aber als er an Bord kam und Sissie sah, war ich nicht sicher, ob er sein Versprechen nicht doch bereute. Er brachte Käse und Wurst mit, die wir zusammen mit Sissies trockenen Frühstückskeksen verspeisten. Pierre und ich tranken zusammen eine Flasche Wein, und Sissie hielt sich an ihren *Booth's London Dry Gin*.

Es war ein herrlicher, sonniger Tag. Die Luft war so klar und frisch, wie sie es nur an der Aude sein kann. Die Reise war ein stetiges Dahintuckern – wenn wir nicht gerade Schleusentore auf- und zukurbelten. Endlich sahen wir nach einer Biegung im Kanal das märchenhafte Schloß von Carcassonne, das an einem langen, lieblichen, grünen Hügel liegt. Es wurde im Mittelalter während der arabischen Invasion Frankreichs gebaut. Es war ein überwältigender Anblick – rosa Mauern mit zerbrechlich anmutenden Türmchen umgaben den Festungswall. Am Hauptturm wehten Fahnen und Wimpel.

„Wenn wir in Carcassonne angelegt haben", sagte Pierre, „kommt mein Cousin zum Kai und fährt uns in die Stadt. Er hat da ein Restaurant. Wir essen *Cassoulet Carcassonne, hein?*"

„Na klar, *mon ami*, machen wir!"

Sissie stand auf dem Vordeck, man sah ihre Muskeln spielen, und ihr rotbraunes Kraushaar erschreckte die friedlichen Kühe am Kanalufer. Sie sah aus wie die Turnlehrerin aus einem dieser Mädchenpensionate, wo auch im Winter noch alle Fenster offen stehen. Haferbrei, Cicero, geräucherten Fisch und kalten Tee zum Frühstück, und dann ein patriotisches Lied in der zugigen Aula. Plotin, Gulasch und Klöße zu Mittag, anschließend Hockey im Regen. Klebrige Hörnchen und Tee exakt um fünf Uhr, eine Dusche mit kaltem Wasser, und danach kalte Hammelkoteletts im ungeheizten Speisesaal. Dann wird zitternd noch ein Lied geschmettert und dann ab ins Bett, Mädchen, aber dalli!

Als wir aus einem uralten rotbraunen moosbewachsenen Backsteintunnel herauskamen, stand die Sonne hinter unserer stämmigen Turnlehrerin, die ihren Schatten nach achtern warf. Pierre beäugte sie argwöhnisch. Er schien irritiert zu sein angesichts der Anwesenheit einer Vertreterin des vierten Geschlechts. Warum, so wunderte er sich, war für sie ein Königreich verschleudert worden, das von den Höhen des Everest bis zum brennenden Sand der Kalahari reichte. Warum hatten, für sie, Männer ihren Weg gebahnt durch die unerbittliche Gewalt von Wasserwüsten und dem Lauf der Welt getrotzt? Pierre war verblüfft und verwirrt. Französisches *savoir-faire* und *sang-froid*, gallische Höflichkeit, Charme, *bon mot* und *mot juste* – die ganze Fassade seiner ihm auferlegten und angenommenen tausend Jahre alten Zivilisation, nach deren Wertmaßstäben er handelte und über die er nachdachte, schien in Anwesenheit dieser Tochter des perfiden Albion von ihm abzubröckeln.

Sie stand da, Beine breit, abstehendes karottenrotes Haar, das selbst dem Wind standhielt, und ihre Nordseeaugen blitzten. Eine Galionsfigur, die selbst die Wikinger bewogen hätte, den Bug ihrer Drachenschiffe zu wenden, um aus Angst vor der Niederlage in Panik wieder in ihre eisigen Fjorde im Norden zu segeln. Und was die arabischen Invasoren von Carcassonne anbetrifft, so hätten sie bestimmt auf das kleinste Flattern von Sissies Vorsegel hin das Kreuz geküsst.

Wir legten am Kai an und krochen alle in den 2 CV von Antoine, Pierres Cousin. Das war schon ein ungewöhnliches Automobil! Es schien aus Wellblech gemacht zu sein und auf den Knien zu fahren, besonders in den Kurven, in denen es krängte wie eine Jolle.

Antoine war ein lebhafter Mann von etwa Dreißig. Er hatte fünf Interessen im Leben: Kinder, Essen, Sex, Rugby und Politik. Er sprach sehr schnell in seinem südfranzösischen Akzent, hauptsächlich über die Ungerechtigkeit des französischen Steuersystems, seit de Gaulle die Regierung übernommen hatte. Antoine war ein *pied noir*, ein Schwarzfüßler, wie man die Kolonial-Franzosen nennt, die man nach der Unabhängigkeitserklärung aus Algerien hinausgeworfen hatte. Seine Familie hatte seit einhundertdreißig Jahren dort gelebt und musste wegen der Kapitulation de Gaulles (wie er das sah) nach Frankreich zurückkehren. Antoine hasste de Gaulle. Ich habe nie erlebt, noch nicht einmal in Südamerika, dass ein Staatsmann mehr angefeindet wurde als General de Gaulle zu jener Zeit im Midi, noch nicht einmal in Südamerika, wo bisweilen die schlimmsten Tyrannen unbarmherzig herrschen. Hätte Antoine de Gaulles Wagen auf der Straße gesehen, hätte er ihn mit voller Geschwindigkeit gerammt.

Ich versuchte, das Thema auf Rugby zu bringen. Antoines blumige Sprache war sogar für Sissies Bullenohren ziemlich anstößig, obwohl sie sicher Mühe mit dem Akzent hatte.

Wir kamen in den Stadtkern mit mittelalterlichen Häuschen und kopfsteingepflasterten Straßen. Es war ein erstaunlicher Kontrast, wenn man modern gekleidete Menschen vor dieser historischen Kulisse vorbeigehen sah und Autos, die nicht in diese Szenerie einer mittelalterlichen Liebesgeschichte zu passen schienen.

Antoines Restaurant war piksauber und gut geführt. Die Mahlzeit war riesig und köstlich. Ein großes dampfendes *cassoulet* als Hauptgang und kross gebratenes, saftiges Wildbret auf einem Spieß. Wir machten kurzen Prozess mit allem, was auf den Tisch kam, inklusive dem Wein. Sissie arbeitete an einer Salatschüssel, die so voll war, dass sie wie die Gärten von Babylon in *French Dressing* aussah. Wir brachten Trinksprüche aus auf *la République* und die Franzosen. Die Franzosen tranken auf das Wohl Ihrer Majestät *la reine d' Angleterre*.

Nach dem Essen waren wir alle fröhlich wie die Spatzen im Frühling. Die Kinder wurden hereingeführt, alle frisch gewaschen und gekämmt, um die Gäste aus England, *les Anglais*, zu begrüßen. Es war mir sofort klar, dass Antoine all seine fünf Interessen ausgiebig verfolgte. Das Essen war ausgezeichnet, seine Kinder waren gesund, robust, gut anzogen, intelligent und hübsch – und es gab sieben davon! Der Älteste schien etwa dreizehn zu sein, und das Nesthäkchen, ein kleiner Junge, etwa drei. Wie alle französischen Kinder der Mittelschicht waren sie im Beisein Fremder angenehm und gut erzogen, sicherlich nicht so, wenn sie allein unter sich waren. Die Jungs gaben jedem die Hand, die Mädchen knicksten und lächelten niedlich.

Ich sang ein Lied für sie, indem ich: „It's a Long Way to Tipperary" Wort für Wort ins Französische übersetzte, worauf Kinder wie Erwachsene eine Zugabe wollten. Sissie fand großen Gefallen an Martin, dem dreijährigen lustigen Jungen mit unschuldigen blauen Augen und einem Engelsgesicht.

Einmal in ihrem Leben verhielt sich Sissie wie eine richtige Frau. Sie schaukelte Martin auf ihren dicken beige-bestrumpften Knien, und die groben Fasern ihres Tweedrocks kitzelten den Kleinen am Hintern, so dass er kichern musste. Nach einiger Zeit wurde ihm das Drücken und Hätscheln zu viel, und er wollte weg. In ihrem besten Schulfranzösisch sagte Sissie zu ihm: „Wenn du ein lieber Junge bist, wirst du vielleicht einmal Präsident von Frankreich. Stell' dir mal vor, Präsident, so wie General de Gaulle!"

In seinem kämpferischen Bemühen, von Sissie weg zu kommen, stieß Martin sie „unabsichtlich" gegen das Schienbein. Dann sagte er laut in seiner klaren, kindlichen, hohen Piepsstimme: *„Moi, je n'aime pas ce générale."* (Ich mag den General aber nicht).

„Aber, Schätzchen, warum denn nicht?"

Martin drehte ihr seinen blonden Krauskopf zu, sah ihr mit seinen unschuldigen, blauen Augen direkt ins Gesicht und zirpte: *„Si les cons peuvent voler, il est le capitaine d'ecadrille!"* (Wenn Arschlöcher fliegen können, ist er der Staffelführer!).

Es gab ein plötzliches Raunen in dem überfüllten Restaurant. Dann war es ganz still. Manche Leute saßen wie eingefroren da, mit der Gabel zwischen Teller und Mund. Sissie stierte ihn an, entsetzt, und ihre Augen quollen hervor. Sie sah aus wie die Medusa des Midi. Doch dann, wie auf ein Zeichen, brach das ganze Restaurant in schallendes Gelächter aus.

Ich bestellte ein riesengroßes Eis für Martin.

As I walked out one evening, all on a summer's day,
I spied a little frigate-ship a-passing by my way,
I hoisted up my signal, which she so quickly knew,
And when she saw my bunting she immediately hove to-oo-oo.

Chorus: She had a dark and roaming eye,
And her hair hang down in ringlets,
She was a nice girl, a proper girl, but,
One of the roving kind!

(Als ich eines Abend ausging, an einem Sommertag,
Sah ich ein kleines Fregattschiff, das meines Wegs kam.
Ich zog mein Signal auf, das es schnell erkannte,
Als es die Flagge sah, da drehte es sofort bei.

Refrain: Sie hatte wilde, dunkle Augen,
Ihr Haar fiel in Locken herab.
Ein hübsches Mädchen, ein gutes Mädchen
aber eins von der flatterhaften Art.)

Seemannslied
Frühes 19. Jahrhundert

14 Skipperehre

S issie, Pierre, Antoine und ich kamen erst spät am Abend aus dem Restaurant „Chez Antoine" heraus. Wir waren gerade im Begriff, aus dem Parkplatz hinauszufahren, als Antoine plötzlich heftig auf die Bremse trat und seinen alten Citroën stoppte, mit dem Kühler schon halbwegs auf der Straße. Er wand sich hinaus und war einige Sekunden später zurück. Er rollte ein rostiges altes Fahrrad mit Spinnweben zwischen den Speichen neben sich her, und unter dem Sattel schaute Stroh hervor.

„*Regarde*, Tristan, das hat er dir geschenkt", erklärte Pierre und zog an der Caporal-Zigarette, die zwischen seinen Zähnen steckte. „Das ist sehr praktisch für dich! Du steuerst das Schiff, und *Mam'selle* Sissie setzt sich auf das Fahrrad und macht die Tore der *écluse* auf. Und *poof!* – wenn du mit dem Schiff ankommst, ist die Schleuse schon bereit, *non?*"

„Was soll ich sagen, absolute Superidee!", quietschte Sissie. Sie saß auf dem winzigen Rücksitz, eingepfercht zwischen Paketen mit Essen, die Madame Antoine uns mitgegeben hatte. Einige von Nelsons Hundehaaren – er haarte gerade – flogen herum, und es roch entschieden nach *Booth's Dry London Gin*. Sissie rieb sich hin und wieder das Schienbein, das Martin so zielsicher getroffen hatte. Sie lehnte sich hinüber und klopfte Pierre auf die Schulter. „Gut gemacht, alter Kumpel, ganz toller Einfall!", flötete sie.

Pierre zuckte unter Sissies Schlag zusammen, und die Zigarette fiel ihm aus dem Mund. Mit einem gemurmeltem „Merde!" tauchte er nach ihr in der mit Spielzeug und klebrigen Lutscherstengeln übersäten Unterwelt seines uralten Citroën.

Als er nach einer Weile mit seiner *sang-froid* wieder auftauchte, fragte er mich. „Wie gefällt dir das Tristan?"

„Phantastisch! – Alles was mir jetzt noch fehlt, ist ein Schubkarren und ein Wanderstock mit Klingel!"

Wir stiegen alle aus und halfen Antoine, das rostige Fahrrad auf dem Autodach festzumachen, mit Hilfe meines Gürtels und Antoines Hosenträgern. Sissie tänzelte herum und meckerte. Halb Carcassonne schaute neugierig zu und kommentierte unser Treiben mit: *„putain!"*, *„sacré bleu!"* und *„ma foi!"*. Die Männer starrten erstaunt auf Sissies dicke Beine in den beigefarbenen Strümpfen, und die Frauen schauten verwundert und amüsiert auf ihre derben braunen Stiefel und ihr whiskyfarbenes wirres Kraushaar.

„Sattelt die Pferde, wir reiten nach Hause!", rief unsere britische Turnlehrerin. Antoine und Pierre murmelten: *„Merde!"*, und ich sagte ganz leise „Mein Gott!" Ratternd setzten wir uns in Bewegung und schlingerten über das Kopfsteinpflaster der mittelalterlichen Stadt. Die Szenerie ließ mich anfangen zu träumen, von Childe Harold, der zum dunklen Turm schleicht und Karl dem Großen, der triumphierend auf seinem weißen Schlachtross dahergaloppiert, umgeben von Paladinen und Pomp, Pfalzgrafen und Palaver. Plötzlich geriet der uralte Citroën mit einem Rad in ein großes Schlagloch, und ich wurde ruckartig wieder in die Gegenwart versetzt.

Die Luft im Auto war so dick, dass man sie hätte schneiden können. Der Qualm von Gauloises und Caporal-Zigaretten vermischte sich mit Sissies bevorzugtem Parfüm, dem Duft von *Booth's London Dry Gin*. Man hätte die Luft in Blöcke schneiden, verpacken und seiner alten Großmutter in Donegal schicken können.

Wieder an Bord beäugte Nelson misstrauisch Sissie, die sich nützlich machte. Sie servierte blitzschnell Tee, Kekse und Bier im Cockpit, denn es war ein schöner warmer Aprilabend. Dann verschwand sie in ihrem winzigen Refugium vor dem Mast, von wo bald die klingelnden Laute ihrer heimlichen Alchemie drangen. Als sie zurück kam, war ihr wirres Haar noch wirrer, und ihre Augen waren wie die sturmgepeitschte See im Spithead Channel an einem bitterkalten Wintermorgen.

Als die beiden Franzosen und ich das Fahrrad losbanden, schwatzten wir munter miteinander. Doch dann kam Sissie im fahlen Laternenlicht über das Seitendeck nach achtern gestolpert. Ihre Schultern waren noch vorne gebeugt, und die Franzosen starrten ängstlich auf ihren Schatten. Aber Sissie war in Hochform. Mit einer Hand hielt sie sich an einer Want fest, in der anderen Hand hielt sie ein Glas mit Gin. Sie schwankte vor und zurück, wie der Bootsmann im Sturm vor Kap Hatteras.

„Käpt'n Tristan, Liebling, und *vooz Messieurs, notre* ... galante Herren. Ich will euch ein Lied sssingen ... für eure schrecklich super Gastfreundschaft ... und für einen furchtbar prima Abend ... und ein herrliches Essen ... Sssingen werde ich euch ... *Allons enfants de la patria, le jour de gloire est* ...

Sie kam nicht viel weiter mit ihrer alkoholseligen Hymne. Nelson, der den Niedergang vor ihren Füßen bewachte, stand plötzlich auf, hob seinen Kopf hoch und knurrte sie an. Sissie erschrak, verlor die Balance und ging mit einem großen Platsch über Bord.

Wir starrten alle ins Kanalwasser. Sissie hielt sich an der Scheuerleiste fest und versuchte, wieder an Bord zu klettern. Wir beugten uns hinunter und retteten sie, indem wir ihre Tweedjacke krallten und alles hochhoben. Danach machte sie sich grinsend und in Decken eingewickelt, auf den Weg zu ihrem Refugium. In der Hand hielt sie immer noch das Ginglas, das sie trotz ihres unfreiwilligen Bades nicht hatte fallen lassen.

Nachdem Pierre und Antoine gegangen und nach Castelnaudary zurückgefahren waren, ging ich nach vorne, um nachzusehen, wie es um Sissie stand. Ich stieg die Leiter des Vorschiffs eine Sprosse hinab und klopfte.

„Herein", blökte sie.

Ich stieg ganz nach unten und spähte ins Vorschiff hinein. Bis zu diesem Moment hatte ich nicht gewusst, wie sie sich da unten eingerichtet hatte, und nun war ich überrascht. Sie hatte all' die Leinen und Reservesegel fein säuberlich auf eine Seite der winzigen Koje geräumt; es blieb gerade genug Platz für ihren Schlafsack in einer Art Tunnel, etwa so groß wie eine Hundehütte. Die alte Tranlampe von den Eskimos brannte an der Seite, darunter hatte sie einen religiösen Kalender aufgehängt. Über das winzige Bullauge hatte sie ein Stückchen Spitze drapiert, und ihre riesige lederne Reisetasche lehnte in der Düsternis gegen den Vordersteven wie ein fetter, schlafender Pascha.

Ihr hellrotes Kraushaar stand in alle Richtungen, und ihre Wangen leuchteten rosig (wobei ich inzwischen wusste, dass das nicht allein auf ihren Gesundheitszustand zurückzuführen war). Sissie hatte ihre dicken Beine bis unter das Kinn gezogen und las in der Bibel. Um ihre Schultern hatte sie trockene Decken gewickelt. Sie sah aus wie Quasimodo, der bucklige Glöckner von Notre Dame, in seinem Versteck unter den Dachsparren der Kathedrale. Alles, was fehlte, waren die Fledermäuse und eine schwarze Katze.

„Wie geht's dir, Mädchen?" Ich versuchte, gleichgültig zu klingen.

„Oh, absolut prächtig, Tristan, mein Lieber, so besorgt bist du um mich, das ist wirklich rührend!"

„Ja ... eh ... Also, gute Nacht Sissie."

„Gute Nacht, lieber, süßer Tristan." Sie winkte mit einer Hand wie ein Jagdfalke, der im Begriff ist, eine Feldmaus zu fangen.

„Also, gute Nacht!"

„Danke, und was willst du zum Frühstück?"

„Französisches Brot und Tomaten!"

„Oh ..."

Sie dachte an ihre miserablen schottischen Kekse, die so grau und elend aussahen wie die Pflastersteine vor einer alten Kirche in Gallowgate an einem nassen Sonntagabend im Dezember.

„Wie du willst, Skipper", sagte sie mit einer dünnen Mädchenstimme.

Endlich war wieder Ruhe auf *Cresswell*. Der Schiffshund hatte seine Meinung gesagt, der Skipper auch. Jetzt wussten alle, wo sie dran waren. Gott war oben im Himmel, und die Welt war wieder in Ordnung. Die Gesetze, Prioritäten und die Regeln der in Samthandschuhen verborgenen eisernen Hand der Schiffsführung waren wieder in Kraft. Die Fahrt konnte in geordneter Form weitergehen. Die Schwertspitze von Sir Francis Drake zeigte nun aus den sturmgepeitschten eisigen Gefilden um Kap Hoorn herüber bis in die unbedeutenden Binnengewässer des französischen Kanalsystems.

„Du alter Sauhund!", flüsterte ich Nelson zu, als ich mich in der Koje umdrehte. Er bellte ganz leise und gab das Kompliment an mich zurück.

Südlich von Carcassonne besteht der Canal du Midi aus einer Reihe von geraden Abschnitten, die von Pappeln gesäumt sind. Die Landschaft erinnert irgendwie an ein Märchenland. Grüne Wiesen und Felder erstrecken sich bis zu den in der Ferne aufragenden Bergeshöhen der Pyrenäen. In Olivenhainen stehen kleine Bauernhäuschen mit roten Ziegeldächern. Alle dreißig Meter oder so saß ein Angler mit seiner Rute, denn zu jener Zeit gab es viele Karpfen und Barsche im Kanal, und Angeln ist sowieso der bevorzugte Sport der Franzosen.

Zu meiner großen Erleichterung war Sissie nicht an Bord, sondern auf dem Fahrrad. Hektisch strampelte sie auf dem Treidelpfad entlang, ihre dicken Beine gingen auf und ab wie Kolbenstangen, und ihr wirres Haar wehte im Wind. Von einer Schleuse zur nächsten. Immer, wenn *Cresswell* dort ankam, waren die schweren Tore bereits offen, das Schiff glitt hinein in die uralte Schleuse mit ihrer Einfassung aus handbehauenen Steinen. Ich saß mit Nelson in der Sonne im Cockpit, rauchte und steuerte lässig und faul mit einem Fuß, Nelson kaute an einem Knochen. Wenn wir an der Schleusenmauer längsseits gingen, schlenderte ich zu den Festmacherleinen und warf sie hinüber zu Sissie, die auf der Mauer stand wie ein aufgeregter Fußballtorwart vor dem Strafstoß.

Sie fing die Leinen auf (nie ließ sie eine fallen) und legte sie um die Poller. Dann rannte sie in der heißen Sonne zum Schleusentor, ihre kräftigen Oberschenkel machten einem Eisschnelläufer Konkurrenz und erschreckten eventuell anwesende Hühner, Enten und achtzigjährige Schleusenwärter. Sie schnappte den etwa zwölf Kilo schweren Schleusenhebel, so eine Art Kurbel, rammte ihn in den Mechanismus und kurbelte wie besessen, als wollte sie sämtliche Ölreserven der Welt herauffördern. In nur dreißig Sekunden waren die Tore zu, besiegt von der blanken Kraft und brutalen Entschlossenheit der englischen Turnlehrerin mit den stahlblauen Augen. Nachdem die hinteren Tore geschlossen waren, marschierte Sissie mit exaktem Eins-zwei-eins-zwei-Schritt zum vorderen Tor, um weiterzumachen. Ähnlich entschlossen müssen die Spartaner vorangerückt sein, um die Invasion der Perser bei den Thermopylen abzuwehren.

Die Schleusenwärter, meist pensionierte Skipper einer *péniche*, trugen üblicherweise blaue Arbeitsjacken und Jeans und hatten eine selbstgedrehte Zigarette im Mundwinkel. Sie hatten schon viel gesehen in ihrem Leben, auf den Wasserstraßen zwischen Dresden und Marseille. Irgendwie hatten sie sicher gedacht, das sei's gewesen, und gerade deshalb waren sie über Sissies rekordverdächtige Schleusenarbeit absolut verblüfft. Wenn Sissie vorbeischoss, als stände die Ehre Englands auf dem Spiel, starrten sie, wie nur Franzmänner starren können: Mit offenem Mund und einer Augenbraue bogenförmig nach oben gezogen, verfolgten sie Sissies Kraftakte in der heißen Mittagssonne.

Wenn Sissie am vorderen Schleusentor ankam, packte sie die Kurbel und wartete schnaufend, bis der *éclusier* sich erholt hatte und kopfschüttelnd die Wassereinläufe betätigte. Dann schaute er üblicherweise mich an, und dann wieder auf Sissie, wie auf ein Gespenst. Sissie war voller Eifer, winkte und jauchzte.

„Alles klar, Tristan, Liebling! Das macht furchtbar Spaß!"

Sie grinste über das ganze Gesicht, warf ein Bein in die Luft wie eine Balletttänzerin, und ihr kurzes blaues Turnhöschen war nass vor Schweiß. Wenn der Schleusenwärter wieder zu mir herüber sah, zwinkerte ich ihm zu – ein großes, langes, weises Zwinkern. Er schüttelte den Kopf und fluchte leise vor sich hin: *„Merde alors! Les Anglais! Les Anglais!"*

Einige Wochen lang reisten wir auf diese Art, nur über die Mittagszeit machten wir Pause. Jeden Morgen stampften ihre schweren Wanderstiefel im Frühnebel über das Deck nach achtern. Sie rieb ihre mit Schwielen bedeckten Hände wegen der morgendlichen Kälte aneinander, und ich hörte sie zu Nelson flüstern, der vor dem Niedergang Wache hielt. „Hallo, Nelson, alter Kerl, guten Morgen, sei ein lieber Hund!" Während ich warm und trocken in meiner Koje lag, hörte ich Nelson leise knurren. Nur langsam und widerwillig gab er den Weg nach unten frei. Dann drehte er sich um und schlief weiter, während Sissie sich wie eine Kräuterhexe in der Kombüse zu schaffen machte. Aber nur ganz leise, um den Kapitän nicht aufzuwecken.

Jeden Morgen wurde ich mit einem dampfend heißen Frühstück geweckt, das auf einem sauberen blaukarierten Tischtuch serviert wurde. Als ich zum ersten Mal sah, wie Sissie es auflegte, musste ich entsetzt daran denken, was Tansy wohl dazu gesagt hätte. Dann ein glänzendes Besteck, Gabel, Messer und Löffel, und eine dampfende Tasse Tee aus ihrer Teekanne aus Porzellan. Nachdem sie alles serviert und sich vergewissert hatte, dass ich anfing zu essen, kletterte sie bereits die Leiter hinauf und stapfte durch die im Morgentau schimmernden Weinberge zum nächsten Dorf, so acht bis zehn Kilometer weit weg, um frische Lebensmittel für den Tag einzukaufen.

Obwohl sie schnell marschierte, waren die Dörfer oft so weit entfernt, dass sie ein oder zwei Stunden lang weg war. Ich versuchte das bereits einzuplanen, wenn ich die geeignetsten Stellen zum Übernachten auswählte. Das gab mir Gelegenheit, in Ruhe mein Frühstück zu genießen und danach notwendige Arbeiten zu verrichten, zum Beispiel an der Maschine herumzufummeln, Taue zu spleißen, Farbe auszubessern und andere Wartungsarbeiten. Das machte ich alles, während sie weg war. So sah sie mich nie arbeiten, und ich konnte meine Rolle perfekt weiterspielen: Faulenzen, Nichtstun – ein Gentleman, der das Leben genießt.

Das war die einzige Möglichkeit, jemanden wie Sissie zufrieden zu stellen – so dachte ich damals zumindest.

The further you get from England
The nearer you come to France ...
So will you, won't you
Will you, won't you,
Won't you join the dance?

(.... Je weiter du dich von England entfernst,
Desto näher kommst du an Frankreich heran ...
Also willst, willst du nicht,
Willst du, willst du nicht,
Willst du nicht mitmachen beim Tanz?)

Aus *The Lobster Song*
Lewis Carroll *Alice im Wunderland*

15 Mast ab, die dritte!

E ines Tages kam Sissie total durchnässt zurück, als hätte sie unter der Dusche gestanden. Es war sieben Uhr, und um halb acht wollten wir ablegen. Schnaufend lud sie fünfzig Pfund Kartoffeln ab und schaffte sie zusammen mit den eingekauften Tomaten, dem Mehl und den anderen Lebensmitteln in die Schapps. Sie hatte das alles auf dem Rücken durch die matschigen Felder und über zahlreiche dornige Hecken getragen – im Laufschritt.

„Du bist spät dran", sagte ich und zündete mir eine Gauloise an, „was ist denn passiert?"

„Ach Tristan, Liebling, es war so furchtbar ermüdend. Ich renne, so schnell ich kann, schnappe alle Sachen, die ich kriegen kann, und packe alles der Frau im Laden direkt unter die Nase. Ich habe sie angebrüllt, habe gesagt, dass du wartest und fürchterlich wütend wirst. Aber weißt du, mein Lieber, sie stehen einfach nur da und starren dich an. Und wenn es dann zum Zusammenzählen kommt, also, Schätzchen, das ist einfach eine Zumutung! Wirklich! Diese Bauern aus der Steinzeit brauchen ungefähr eine Stunde, um bis fünf zu zählen! Mein Lieber! So etwas habe ich nicht mehr gesehen, seitdem mein Vater in Belutschistan war! Das ist doch einfach – einen Moment, Liebling, der Teekessel. Willst du frische Milch oder dieses schauderhafte Kondenszeugs? Erinnert mich an den Klebstoff, den wir im Kindergarten zum Basteln nehmen mussten."

„Was ist passiert?" Ich gab nicht nach, ich wollte es genau wissen.

„Also, eigentlich gar nichts, es war nur so, dass ich auf diese einfach scheußliche alte Vettel wartete, während sie die blöden *centimes* und *sous*, oder was auch immer, zusammenzählte. Ich frage dich, Tristan, Liebling, warum rechnen die Leute auf dem Kontinent nur so langsam?"

„Es ist das metrische System, das sie durcheinander bringt! Es blockiert einen Teil ihres Gehirns. Sie denken nur in Einheiten von 10, das macht sie faul. Dann passiert es, dass sie im Alter von acht Jahren auch nur bis zehn zählen können." Ich rührte meinen Tee um.

„Wirklich?" Sie war am Schrubben der Töpfe, Pfannen und Bestecke. Die Tischdecke steckte in einem neuen Plastikeimer, weichte ein und erwartete die tägliche Katzenwäsche, bevor sie zum Trocknen aufgehängt wurde und Sissie sich auf das Fahrrad schwang, um zur nächsten Schleuse zu rasen. „Das ist wirklich schrecklich interessant!"

„Genau, Sissie! Und außerdem beruht das metrische System auf einem Fehler, genauer gesagt, wenn man es in der Längenmessung benutzt!"

„Wieso denn das?"

„Also, weißt du, während der französischen Revolution haben sie diesen Quatsch erfunden. Sie haben den Meter aufgrund der Entfernung zwischen dem Äquator und dem Nordpol berechnet und gedacht, das wären 10 000 km. Also, das wären 10 Millionen Meter, verstehst du?" Ich nahm einen Schluck Tee.

„Mhmm?"

„Aber diese dummen Kerle haben sich geirrt, weil es nämlich nicht 10 Millionen Meter sind vom Äquator zum Nordpol! Siehst du, Sissie, die Erde ist nicht wie eine Orange, sie ist keine Kugel, sie ist ein abgeflachter Rotationselipsoid."

„Oh Gott!", sagte Sissie. Sie war mit dem Abwasch fertig und tauchte nach dem Tuch zum Abtrocknen. „Ich hoffe, das ist nicht ansteckend!"

„Irgendwie rund, kugelförmig, aber an den Polen abgeflacht und dafür etwas fetter am Äquator. Das ist, weil sie sich dauernd dreht, die Zentrifugalkraft am Äquator presst den flüssigen Kern im Erdinneren nach außen." Ich zündete mir eine Zigarette an.

„Wirklich?"

„Ja, bestimmt! Als die Franzosen den Meter aufgrund einer Entfernung auf der Erde definiert haben, haben sie sich geirrt. Also ist der Meter nicht wirklich ein Meter, eigentlich ist er etwas zu kurz!"

„Wunderbar, das wird ihnen eine Lehre sein, nicht wahr, mein Lieber?" Sie war dabei, mit dem Tuch das Geschirr abzutrocknen. Nelson sah sie finster an, als ein Spritzer Seifenschaum auf seinem Rückenfell landete.

„Aber wie steht es denn dann mit unserem niedlichen kleinen britischen *yard?* Ich meine, auf was basiert der dann?"

„Auf der verdammten Wahrheit. Er basiert auf der Entfernung zwischen der Nase von König Edward II. und seinem Zeigefinger. Und das hat sich als richtig erwiesen. Sie haben nämlich vor etwa hundert Jahren das Skelett wieder ausgegraben und haben nachgemessen." Ich nahm wieder einen Schluck Tee.

„Aber warum hat dann ein Yard drei Fuß?"

„Also, das ist, weil zwölf durch drei teilbar ist, genau so wie durch zwei und durch vier. Und jetzt frage ich dich, durch was die blöde Zehn teilbar ist!"

Sie dachte einen Moment lang nach. „Mm ... zwei ... und fünf ..."

„Und sonst nichts, richtig?"

„Ja, genau, Liebling!"

„Also, welche Zahl ist flexibler?"

„Zwölf!"

„Wie viele Wochen gibt's im Monat?"

„Vier ... also ... Ach Liebling, jetzt versteh' ich ... Zwölf lässt sich durch vier teilen!"

„Wie viel Grad in einem Kreis?", ich schnippte die Asche von meiner Zigarette.

„Also, davon verstehe ich nichts."

„Dreihundertsechzig, wieder durch zwölf teilbar! Wie viele Minuten pro Grad? – sechzig! Wie viele Seemeilen pro Längengrad am Äquator? – sechzig! Wie viele Sekunden pro Minute? – sechzig!

Wenn wir auf See navigieren, halten wir überhaupt nichts vom metrischen System! Nur bei der Tiefenmessung werden sich diese übereifrigen Bürokraten nicht zurückhalten können! Jedenfalls arbeitet die Natur nicht im Dezimalsystem, mit der Ausnahme der Anzahl der Finger einer Affenpfote. Das ist, damit der sein Gehirn nicht überanstrengen muss, um bis zwölf zu zählen.

Das verdammte metrische System blockiert die Gehirne der Kinder. Und einfache Leute vom Land kommen auch nicht damit zurecht, weil es einfach unnatürlich ist, sonst würden sie nicht das Dutzend verwenden. Alles, was nicht aus der Natur und dem Universum kommt, ist schlecht! Es geht einfach gegen den Strich! Aber die Bürokraten lieben das metrische System, und es erzeugt eine Horde von Beamten, die völlig unfähig sind, sich zu fragen: „Ja, aber warum eigentlich?

Überall lauern diese trickreichen Zweier und Dreier herum ... und erst die Sechzehn, das ist ein Schätzchen!"

Ich steckte mir wieder eine Zigarette an.

„Aber jetzt, Mädchen, an die Arbeit!"

Sie rannte die Leiter hoch, sprang über die Seereling an Land, schnappte das Fahrrad und strampelte los. Nelson und ich schlenderten zum Ruder und setzten uns in die Morgensonne. Ich mit einer frischen Kanne Tee und Nelson mit einem Knochen. Ich startete die Maschine. Schon waren wir wieder auf einer zwanzig Meilen langen Vergnügungsfahrt, während der Drachen von Devon mit weiteren zehn von Richelieus schweren Schleusentoren kämpfte.

In Narbonne gönnte ich Sissie eine kleine Atempause. Mit ihrer antiken Kamera um den Hals und mit ihrem rhodesischen Infanteriehut auf dem Kopf ging sie auf Landgang. Unter den erstaunten und entsetzten Augen der örtlichen Bevölkerung machte sie ein Foto von der Kathedrale. Sie wollte ihrem Bruder, dem lieben Willie, ein paar Bilder von der Reise schicken. Ich wartete in sicherer Entfernung ab, bis sie im Marschschritt über das Kopfsteinpflaster verschwunden war. Dann ließ ich Nelson zur Bewachung von *Cresswell* zurück und nahm Kurs auf eine Bar am Ufer. Ich nippte an meinem Pernod, und sah den Leuten zu, wie sie zur Arbeit gingen – einfach herrlich!

Irgendwann erreichten wir das Ende des Kanals. Es war ein trostloser Ort. Zwei lange Molen verlängern das Flussbett ins Meer hinaus. Um diese Jahreszeit, im Mai, bläst der Wind an diesem Teil der Küste ziemlich hart. Also warteten wir besseres Wetter ab, um den Mast zu stellen. Das dauerte drei volle Tage. Als der Wind endlich nachließ, war Sissie gerade wieder einmal auf einer ihrer Einkaufstouren. Ich beschloss, schon einmal ohne sie mit dem Maststellen anzufangen; ich wollte nach Spanien und zu den dort wartenden *pesetas*. Mein Bargeld ging zu Ende. Ich hatte gerade noch genug für die Reise nach Barcelona, für die Sissie gerade den Proviant einkaufte.

Als sich der Wind am Nachmittag legte, brachte ich eine Leine an Land aus und machte sie an einem Poller fest. Mit Hilfe von Blöcken brachte ich langsam den Mast hoch. Es war harte Arbeit, aber nach einiger Zeit stand der Mast in seinem Koker. Er wurde jetzt nur durch den unteren Bolzen im Drehpunkt und von der langen Leine an Land gehalten. Da die See durch die Molen der Hafeneinfahrt hereinkam und das

Ganze etwas schaukelte, wollte ich die Mastspitze nicht einfach starr mit dem Poller verbinden. Also fragte ich einen Herrn, der mir zuschaute, ob er das Ende der Leine halten könne. Das war ziemlich einfach, die Leine war bestimmt vier oder fünf Mal um den Poller herumgeführt, und man brauchte keine große Kraft, um sie zu halten. Es war ein freundlicher älterer Herr mit Regenmantel und einem schwarzen Hut auf dem Kopf. Er konnte die Leine bequem mit einer Hand halten.

„*M'sieur*", sagte ich, hielt ihm die Leine hin und bat ihn höflich: „Würden Sie bitte für zwei Minuten diese Leine festhalten?"

Das würde reichen, um vorsichtig an Bord zu klettern, damit der Mast nicht ins Schwingen kam, den zweiten Bolzen durch den Koker und den Mast zu klopfen und das Ganze mit speziellen Holzstücken zu verkeilen. Dazwischen kam dann noch ein englischer Kupferpenny, weil das Glück bringt. Hatte ich erst einmal den zweiten Bolzen und die Keile drin, dann war die Sache schon so stabil, dass ich das Vorstag und dann die Wanten festmachen konnte. Ich war darauf aus, diese schwere Arbeit fertig zu haben, bevor Sissie zurück kommen würde, sonst würde sie noch vielleicht denken, sie würde gebraucht!

Der ältere Herr lächelte und nickte. „*Mais certainement, M'sieur.*" Er streckte seine verknöcherte Hand aus und nahm die Leine.

„Also", sagte ich, und hielt immer noch fest, „was immer passiert, *M'sieur*, lassen Sie nicht los, bevor ich es Ihnen sage! Okay?"

„*Mais oui, M'sieur, bien sûr.*"

Ich ließ ich die Leine los und kletterte an Bord. Vorsichtig balancierte ich über die Seereling und das Deck. Ich nahm gerade den bereit gelegten Bolzen in die Hand, als ich aus dem Augenwinkel heraus eine Bewegung wahrnahm. Es war Sissie, die aus der Ferne heranradelte und wie wild auf ihrem Fahrrad strampelte. Ich wollte unbedingt fertig sein, bevor sie ankommen und mir ihre Hilfe anbieten konnte. Nelson stand neben dem älteren Herrn und schaute auf die Leine.

Ich hämmerte den Bolzen mit ein paar Hammerschlägen hinein, dann tauchte ich in das vordere Niedergangsluk, um die Keile hineinzutreiben. Ich fischte in meinen Taschen nach dem Penny. „Scheiße", knurrte ich, weil ich ihn nicht finden konnte. „Verdammt ... „ ich begann, den ersten Keil hineinzutreiben. Dann, als ich mich gerade aus der Gefahrenzone hinaus schob, begann der Mastfuß sich nach vorne zu bewegen. Es gab ein Knirschen und die Geräusche von langsam zersplitterndem Holz. Entsetzt duckte ich mich zur Seite. Dann gab es auch schon einen gewaltigen Schlag, und der Großmast knallte mit voller Wucht auf das Kabinendach.

In einem Regen von Staub und Holzsplittern und leise vor mich hin fluchend kletterte ich an Deck. Das Bild, das sich mir bot, war chaotisch. Der Mast hing mit der Spitze über einer Seite des Hecks, der Mastfuß war bis zu einem Drittel der Länge aufgesplittert und sah aus wie ein zerborstenes rohes Ei.

Wütend, mit aufgerissenen Augen, drehte ich mich zum Kai um. Der blöde Kerl hatte die Leine losgelassen, um dem Hund einen Keks zu geben.

Für eine Sekunde oder so traute ich meinen Augen nicht. Dann setzte ich mich mit einem Plumps auf die Überreste des gesplitterten Handlaufs auf dem Kabinendach. In diesem Moment kam Sissie bei dem alten Hundeliebhaber an und begrüßte ihn. *„Bonjour, M'sieur,* was für ein schrecklich schöner Tag heute, nicht wahr?" Ich stöhnte laut.

Sie sah mich an und dann den Mast. „Ach mein Lieber, was soll ich dazu sagen, so ein verdammtes Pech aber auch!"

„Arr – halt' die Klappe!"

Gebrochenen Herzens, fast blind vor Zorn, machte ich mich auf den Weg nach unten und ließ mich auf die Koje fallen. Jetzt kam auch noch der Drache von Devon schwerfällig an Bord geklettert. Inzwischen hatte ich mich wieder in der Gewalt. Es wurde mir klar, dass ich mich nicht an einem gütigen alten Herrn rächen konnte. Nelson konnte ich keine Schuld geben, er war ja fast blind. Und eins war sicher: Sissie konnte auch nichts dafür! Wenn jemand einen Fehler gemacht hatte, dann war ich es, ich ganz allein!

Ich hatte mich Sissie gegenüber saudumm benommen. Ich war zu stolz gewesen, um sie helfen zu lassen, obwohl sie es nur allzu gerne getan hätte. Und jetzt hatte ich die Bescherung! „Geschieht dir recht!", dachte ich. Ich wischte die gedanklichen Tränen weg, während sie ihre schweren Einkäufe ablud und mich traurig ansah. Mit den Ellenbogen auf dem Kabinentisch und den Fäusten an den Schläfen grinste ich sie an.

„Du kommst spät", sagte ich, „was ist passiert?"

Sie knallte ihren Einkaufsbeutel auf den Tisch, und ihr Krankenschwesternhut fiel dabei herunter. Sie kam um den Tisch herum und griff nach meinem Unterarm. „Tristan, lieber Tristan ...", fing sie an zu schluchzen, und große Tränen kullerten über ihr Gesicht.

„Also komm, Siss! Es gibt Arbeit für uns! Knall' den Kessel auf den Herd – wir trinken eine Tasse Tee, und dann geht's los!"

Es bedurfte einiger Anstrengung, die Worte herauszubringen und ihre Hand von meinem Arm los zu bekommen.

Stille – totale Stille, nur der Kocher zischte leise unter dem Kessel. Sissie kroch nach vorne in ihr Versteck, in meinem Gehirn brodelte es. Kein Großmast, kein Geld, Keiner hier, der überhaupt einen Mast machen konnte. Mein Gott, was für ein Problem!

Sissie kam wieder nach hinten. Ich nahm an, dass sie einen schnellen Schluck aus der Ginflasche genommen hatte, denn sie hatte ihre Bibel dabei. Missmutig nippte ich an dem Burma-Tee (kein „gewöhnlicher" Tee für Sissie). Murmelnd blätterte sie in den Seiten der Bibel. Langsam sprach sie lauter, und es wurde mir klar, dass sie einen Psalm vorlas. „Der Herr ist mein Hirte, nichts wird mir fehlen ... du lässt mich lagern auf grünen Auen und führest mich zum Ruheplatz am Wasser ..."

Ich unterbrach ihre Lektüre. „Zum Teufel, Sissie St. John, wenn du Bibelstunde halten willst, dann halt' sie im Vorschiff!" Ich fühlte mich grausam, wenn auch nur bei mir selbst. Ich fand keine Worte mehr.

Sie sah mich verletzt an. Mit großen Tränen in den Augen sah sie mich an und dann durch den Niedergang hinaus. Plötzlich begann sie langsam zu lächeln. Widerwillig drehte ich den Kopf, um zu sehen, auf was sie schaute. Auf dem Kai lag ein Bündel Telegrafenstangen, fein säuberlich mit Draht zusammengebunden.

„Tristan, Liebling", sagte sie sanft und leise, „siehst du auch, was ich sehe?" Sie zeigte mit ihrem Doppelkinn auf die Stangen und lächelte süß. Dann drehte sie sich um und schaute mich an, als ich zuerst auf die Stangen blickte, dann in ihre roten Augen.

„Heiliger Bimbam! Sissie! Ich kann's nicht nur sehen, ich kann's sogar schmecken! Also, los! Ich hol' das Werkzeug!"

Sie blühte auf wie eine Rose, und ihr Gesicht strahlte. Dann sprang sie mit wehendem Turnhöschen die Leiter hinauf und jauchzte. „Juhuu, juhuu, an die Arbeit! An die Arbeit!"

Fast eine Minute saß ich bewegungslos. Mein Herz war blitzschnell geheilt und voll spitzbübischer Freude – und meine Seiten schmerzten vom Lachen.

Als es dunkel wurde, lenkte Sissie den begeisterten und erstaunten örtlichen *gendarme* mit einem Flirt in ihrem Schulfranzösisch ab. Ich schlich mich mit der Kneifzange an Land und machte vorsichtig die Bindedrähte auf. Sorgfältig suchte ich eine Telegrafenstange aus und zog sie in eine dunkle Ecke. Dann sägte ich ein zwölf Fuß langes, sauber und gerade gewachsenes Stück Fichtenholz heraus (kein verdammtes metrisches System in dieser kritischen Situation!). Leise und verstohlen schaffte ich es mit einem Ende in die Kabine.

Sissie kam bald darauf zurück und erzählte mir atemlos von den Angriffen des *gendarme* auf ihre britische Tugend. (Ach, Liebling, alles was die Franzosen im Kopf haben, ist Sex. Wie langweilig!")

Wir bearbeiteten das Holz mit Hobel und Raspel. Das Radio war auf volle Lautstärke gedreht, um die Arbeitsgeräusche (und Sissies Geschwafel) zu übertönen. Um Mitternacht hatten wir ein nagelneues Mastunterteil, das weiß und unschuldig im Licht der einsamen Glühbirne an Land glänzte. Um drei Uhr nachts hatten wir das neue Unterteil mit dem gesplitterten Mast verbunden, und um vier Uhr war das Ganze mit meiner besten Angelschnur umwickelt und geteert. Um unserer Arbeit noch den richtigen Schliff zu geben, und als Glücksbringer, machte ich noch zwei Zierspleiße um das Fußende herum. Selbst die königliche Werft ihrer Majestät in Portsmouth hätte es nicht besser machen können, versicherte ich mir selbst, denn ich war schon wieder ein wenig überheblich.

Um fünf Uhr half dann der *gendarme* diesen verrückten, aber freundlichen Engländern, ihren Mast zu stellen. Seine Pistole hatte er zwischenzeitlich auf der Mole deponiert. Die Arbeit war vollbracht!

Ich schlug das Großsegel an. Den Besanmast ließ ich an Deck festgelascht, das würde ich mir für Spanien aufheben, nix wie weg von hier! Sissie erledigte das Anschlagen der Vorsegel, und nach einem

fröhlichen *adieu* zu dem *gendarme* waren wir unterwegs im Mittelmeer.

Das Wetter im Golf von Lyon war windig, aber die See war angenehm. Im Sonnenlicht des frühen Morgens sah ich die Grenzmarkierung
zwischen Frankreich und Spanien vorbeiziehen. Sissie zirpte: „Was soll
ich sagen, alter Kumpel, ich kann einfach nicht verstehen, warum du den
schweren Mast ganz alleine hoch bringen wolltest! Warum hast du nicht
auf mich gewartet, ich war doch nur einkaufen in diesem blöden Laden?"

Ich beschloss, die Wahrheit für mich zu behalten und etwas zu erfin-
den.

„Also Sissie, als ich nach Alderney kam, aus der Arktis, hab' ich meinen alten Freund Aussie Bill getroffen. Mit ihm zusammen hab' ich 1959
zwei Schmuggeltörns nach Frankreich gemacht."

„Ach nee, wie aufregend! Was habt ihr denn geschmuggelt? Parfüm
und so'n Kram?"

„Nein, Whisky, sechshundert Kisten von dem Zeug."

„Das war aber schrecklich phantastisch!" Sie gab mir noch eine Tasse Burma-Tee und einen mit Marmelade beschmierten Keks.

„Jedenfalls hat mir Aussie erzählt, dass die in Frankreich nach mir suchen. Aber als sie mich nicht fassen konnten, haben sie mich in absentia
für *contrabande* vor Gericht gestellt. Doch sie konnten mich nicht verur-
teilen, weil sie keine Beweise hatten, denn es gab nur Gerüchte. Trotzdem haben sie mich aus Frankreich verbannt, ich darf für acht Jahre keinen französischen Boden betreten. Die Verhandlung war damals in Paris,
im Justizpalast. Im November 1960."

„Und jetzt ist es Mai 1965."

„Ja, und das heißt, dass ich seit September 1963, seit ich damals in
Bordeaux ankam, illegal in Frankreich, auf französischem Boden, bin.
Wenn sie mich entdecken, dann wird das Schiff beschlagnahmt, und ich
komme automatisch fünf Jahre hinter Gitter." Ich zog an meiner Gauloise und nippte an meinem Tee. „Und als ich damals ankam, in Bordeaux,
ohne Mast und mit einem Wrack von Schiff ...."

„Wieso haben sie dich nicht geschnappt?"

„Sie waren zu sehr damit beschäftigt, mit dem metrischen System
klar zu kommen, denk' ich." Ich gab dem Rad einen Schubs, um höher

am Wind zu laufen. „Zu viele Probleme, die einzelnen Dezimalstellen auszurechnen."

„Und dann hast du das Schiff mitten durch Frankreich gebracht!"

„Jawohl, und nicht nur das, wir haben die ganze Regierung auch noch an der Nase herumgeführt!"

„Oh, wie prima!"

„Und das ist immer noch nicht alles!"

Sie beugte sich gespannt nach vorne.

„Wir sind einfach aus dem Land abgehauen – mit einem herrlichen neuen Telegrafenmast von General de Gaulle!"

„Und einem rostigen Fahrrad – juhuu!"

Sie nahm die Fockschot dichter, und Nelson hechelte zu meinen Füßen.

Teil 3: ¡Vamonos!

Mai 1965 – April 1969

Ulysses speaks:

„I put forth on the deep and open sea
With but one ship and that shall company
Which until then had not forsaken me ...

Both I and they were growing old and slow
When we were coming to that narrow strait
Where Hercules once set his landmarks.
To warn men not to venture further ...

We kept our poop straight turned toward the morning.
And in our oars had wings for our mad flight."

(Odysseus sprach:

„Wiederum schifft ich hinaus ins offne Meer
Mit einem einzigen Schiff, den wenigen Gefährten,
die mich nie verlassen haben.

Wir waren alt geworden, schwer beweglich,
Als wir zur Meeresenge kamen,
Wo Herkules die Warnungszeichen setzte,
damit der Mensch nicht weiter vorwärts dringe...

Das Hinterschiff dem Morgen zugewandt,
machten wir Flügel für den tollen Flug aus unsren Rudern.")

Dante *Die Göttliche Komödie*
Hölle, XXVI. Gesang

I had a love I thought was true
Her hair was gold, her eyes were blue,
She said that she would wait for me
On the coast of Barcelona.

She swore by all the stars above
I was her one and only love –
That she'd be mine and marry me
On the coast of Barcelona.

I gave her silk, I gave her gold –
With chains she did my heart enfold –
Another's taken her from me
On the coast of Barcelona.

Her heart was ice, her love was cool –
We're bound away for Liverpool –
And never more – I'll go a-roving –
On the coast of Barcelona.

(Ich hatt' eine Liebe, treu wie ich dachte,
Mit goldenem Haar und blauen Augen.
Sie sagte sie würde warten auf mich
An der Küste von Barcelona.

Sie schwor zu mir bei allen Sternen
Ich sei ihre einzige Liebe auf Erden –
Sie sagte sie sei mein, werde meine Frau
An der Küste von Barcelona.

Ich gab ihr Seide und auch Gold –
Sie wickelte mein Herz in Ketten –
Doch ein and'rer nahm sie mir weg
An der Küste von Barcelona.

> Ihr Herz war aus Eis, ihre Liebe kühl –
> Wir fahren davon nach Liverpool –
> Und niemals mehr – werd' ich umherstreifen –
> An der Küste von Barcelona!)

Seemannsballade, spätes 17. Jahrhundert
(Das Lied hat einen miserablen Reim, aber die Melodie ist sehr schön. Es war ein typischer viktorianischer Gassenhauer – vermutlich wurden die anstößigen Stellen abgeändert. Ich hörte es zuerst von Dod Orsborne.)

16 Auf und ab

$\mathcal{E}$ rst musste ich einmal um das stürmische Kap Creus herumkommen, die erste herausragende Landmarke Spaniens. Wir kamen nur langsam voran. *Cresswell* stampfte hoch am Wind, der aus Südwest kam. Unser geflickter Großmast hatte seit seiner wundersamen Entstehung noch keine Belastungsprobe durchstehen müssen, aber aufgrund gewisser Umstände, außerhalb meiner Kontrolle, oder *force majeure*, wie Franzosen und Seeleute sagen, hatten wir abhauen müssen ... und zwar schnell.

Wie sich herausstellte, hielt sich der Mast bei der Schaukelei in der bewegten See vor dem gefürchteten Kap Creus ganz ausgezeichnet. Ein paar Mal, am Anfang, quietschte und knarrte es beängstigend im Rigg, als das Schiff auf die steilen Seen vor dem Kap traf, aber alles hielt sich tapfer, auch Sissie. Als wir durch die Nacht knüppelten, versorgte sie mich mit heißem Tee, Suppe, Kakao und „Häppchen" mit Butter und Marmelade (*Keiller's Scotch Marmelade*) oder französischer Wurst.

In der Tat war das für mich Luxussegeln. Alleine hätte ich die Nacht im Kampf mit dem bockigen Rad und nur einer Handvoll Burgoo durchziehen müssen. Zu zweit ging es wie im Waldorf-Astoria, allein eher wie auf dem Vorschiff der *Bounty* zu.

Der Besanmast mit seinem Zubehör wie Baum, Gaffel und Wanten war auf dem Steuerbord-Seitendeck festgelascht, das altertümliche verrostete Fahrrad auf der Backbordseite. Da Sissie jetzt gleichzeitig Vorschiffmatrose und Koch war, suchte sich Nelson einen Platz auf dem hinteren Poopdeck, so weit wie möglich außerhalb ihrer Reichweite. Er genoss den Törn über alles; vielleicht ahnte er, dass dies sein letzter sein könnte. Aber er zeigte wenig Regung, außer wenn Delphine im Wasser sprangen. Er sah sie jedoch nur noch, wenn sie dicht ans Schiff kamen. Dann hob er den Kopf von seinen Vorderpfoten hoch, seine Augen strahlten, seine Zunge hing weit heraus, und er sah ihnen mit einer Art Grinsen zu. Nelson liebte Delphine, und sein Schwanz klopfte jedes mal laut gegen die Achterklampe, wenn sie auftauchten.

Den Rest der Zeit bewachte er die zwei Angelleinen, die wir hinterher zogen, und wartete darauf, dass eine anfing zu zittern. Dazu hatte er seine gesunde Pfote immer auf einer der Leinen liegen. Wenn ein Fisch anbiss, dann klopfte Nelson mit dem Schwanz laut aufs Deck und jaulte. Sissie schoss dann mit dem Fischmesser in der Hand wie der Blitz aus der Kabine hoch. Bevor ich noch meine Tasse Tee ausgetrunken hatte, war der Fisch bereits aufgeschlitzt, ausgenommen und gewaschen. Nelson bekam traditionsgemäß den Kopf.

Wenn sie einen Fisch ausnahm, redete Sissie die ganze Zeit mit ihrem Opfer. „Nun komm' schon, mein Lieber! Oh, du bist aber ein wunderschöner Kerl. Ein starker und kräftiger Schwimmer! Gerade richtig für Sissie und Trissie, nicht wahr? Alles klar! Nelson kriegt auch seinen Anteil. Hoppla! Musst gar nicht erst versuchen, über die Seite zu entwischen."

Mit gerefftem Großsegel und der Arbeitsfock brauchten wir drei Tage bis Barcelona. Es war diesig, fast neblig, als wir durch die lange Hafeneinfahrt tuckerten. Tausende kleiner Fischerboote kamen uns entgegen, und Millionen von Muschelflößen schwammen rechts und links in der Einfahrt. Das waren große, fest verankerte Pontons, von denen nach allen Seiten lange Stangen, manchmal bis zu zweihundert Stück, hinaus über das Wasser ragten. Von diesen Stangen hingen beschwerte Leinen hinab bis auf den Grund. Die Muscheln setzen sich auf diesen Leinen fest und wachsen, bis sie bereit sind für die unzähligen Restaurants von Barcelona bis Madrid.

Als wir im Nebel durch die Flöße hindurchsteuerten, kam ich mir vor wie mitten drin in einer chinesischen Tuschezeichnung auf Pergament, die ich einmal gesehen hatte. Man hatte überhaupt kein Gefühl mehr für den Raum, die Dimensionen und die Richtung.

Gegen sechs Uhr am Morgen glitten wir in das innere Hafenbecken hinein. Im Vorbeituckern schaute ich mir den Royal Barcelona Yacht Club in einer Bucht des großen Hafens an. Einige Millionen Dollar lagen da, wahre Paläste unter Segel oder Motor. Sie schienen sich im Hochglanz ihrer weißen Rümpfe und im Blitzen ihres silberfarben verchromten Schnickschnacks gegenseitig überbieten zu wollen. Und sie waren so herrlich lackiert wie der Traumsarg eines Totengräbers. Auf fast jedem dieser schwimmenden Lustschlösser war mindestens ein Matrose mit Schrubben und Polieren beschäftigt. Ich stellte mir im Geiste das Chaos vor, das Sissies Ankunft im Club hervorrufen würde und beschloss daher, auf einen Besuch zu verzichten.

Ich nahm Kurs auf den Anlandepier der Fischtrawler, in der Nähe des „Nachbaus" der *Santa Maria* von Christoph Columbus. Es war nicht wirklich ein Nachbau, denn der Riss der wirklichen *Santa Maria* ist nicht überliefert, aber es machte die Touristen happy und füllte die Kasse, also was soll's?

In Spanien, zu Francos Zeiten, war die Unterdrückung der Nationalisten extrem hart, aber die Einreiseformalitäten waren extrem lasch, vielleicht die laschesten in der Welt. Fremde jeder Sorte, egal ob gesuchte Verbrecher oder Kunstfälscher, wurden zwar nicht gerade mit offenen Armen empfangen, aber sofort eingelassen. Sie mussten nur Geld haben. Dann konnten sie so lange bleiben, bis sie kein Geld mehr hatten. Man hatte die bis Ende der fünfziger Jahre sehr strengen und komplizierten Einwanderungsgesetze völlig liberalisiert, damit sich die zirka fünfzehn Millionen Touristen aus den Industriestaaten Europas jedes Jahr ungehindert an den Stränden der Costa Brava in der Sonne braten lassen konnten. Ungefähr eine weitere Million von Galgenvögeln jeder Art hatte natürlich sofort von den neuen Bestimmungen Gebrauch gemacht und streifte jetzt frei und unbehelligt in Francos gesegnetem Land umher.

Außerdem war Spanien damals nicht teuer, man brauchte etwa nur ein Drittel im Vergleich mit Frankreich. Das Leben war also billig, und die Einheimischen wurden von der nahezu perfekten Organisation der Geheimpolizei niedergehalten. Die Arbeiter hatten als einziges Recht das Recht auf Hungerlohn. Aber der Himmel war trotzdem fast immer blau.

Deshalb gab es auch kein Palaver mit der Polizei, als sich *Cresswell* im Hafen von Barcelona in eine Ecke des Fischdocks schob. Der ältere Beamte der *guardia civil* brauchte etwa eine Stunde, um überhaupt zu bemerken, dass wir angekommen waren. Er war viel zu sehr damit beschäftigt, zu überwachen, dass ja keiner der Fischer sich über seine Lebensumstände, oder gar über das Regime, beschwerte. Dann kam er schwerfällig wie ein Möbelwagen zu uns herüber. Er trug die übliche nebelgraue Uniform, eine große Pistole am Gürtel und einen Lederriemen über der Schulter. Unter dem engen, runden, grauen Henkerskragen der Uniform schaute ein Stück seines engen, runden, weißen Hemdkragens hervor. Über seinem geröteten Gesicht, und auf seinem ergrauten Haar, war ein kleiner, glänzender, schwarzer Lederhelm festgezurrt, dessen Krempe vorn und hinten hochgebogen war, damit er sich bequem im Schatten mit dem Rücken an eine Mauer lehnen und im Stehen schlafen konnte. Mit gemächlichem Schritt kam er herüber, den Daumen seiner linken Hand in den Schulterriemen gehakt. Am Rand des Kais blieb er stehen und schaute hinunter auf Sissie.

Die saß mit der Vorleine in der Hand auf dem Bugspriet und hatte immer noch ihr blaues Turnhöschen an. Mit ihrer anderen roten Hand voller Sonnenbrandbläschen gestikulierte sie in Zeichensprache mit etwa fünfzig dunkelhäutigen Fischern jeder Art, jeden Alters und jeder Verfassung, die sich auf dem Kai versammelt hatten. Die sonnengebräunten Fischer, alle streng katholisch, kannten in ihrer Kultur bisher nur zwei Arten von Frauen, Abbilder der Jungfrau Maria und Huren. So standen sie also sprachlos da und starrten wie hypnotisiert auf die *señora inglesa* mit dem roten Haar, dem roten Gesicht und den roten Augen (weil sie letzte Nacht nicht geschlafen hatte), den roten Armen und den (*Dios mío*) roten Beinen. (Ihre Oberschenkel waren kaum bedeckt!). Alle, im Alter von dreizehn bis zweiundneunzig, starrten fasziniert auf das verschwitzte Turnhöschen, den absolut flachen Busen, die überquellende Michelintaille, die Speckfalten an Beinen und Hüften und die gespreizten Knie (die aussahen wie Dick und Doof). Der Blick glitt weiter, fast zwangsweise, begierig und lüstern, dann sahen sie ganz unten verwurstelte, khakifarbene britische Armeesocken, die in riesigen irischen Lederstiefeln steckten. Keiner sagte ein Wort, nur Sissie fing an zu plappern.

„Oh, Tristan, was für liebenswürdige kleine Kerle, sie sind so schrecklich freundlich und ganz süß! Schade, dass sie auch nicht das kleinste Bisschen Englisch sprechen. Das ist ja so blöd! Ich denke, wir sollten diesem süßen kleinen Burschen da ...". Sie zeigte auf einen bösartig aussehenden Kerl von etwa fünfzehn, mit öligem Haar und verschlagenen Augen, der aussah, als sei er in einem Hafenbordell zur Welt gekommen... „Ich meine, wir sollten ihm ein paar Kekse geben, er sieht so schmächtig aus, und irgendwie hungrig und verloren. Ich glaube, er muss furchtbar hart arbeiten, für diese schrecklichen Kerle, die machen ihn ganz kaputt auf ihren alten Kähnen."

Der Beamte der *guardia civil* starrte sie ungläubig an, und ich auch, ein paar Sekunden lang.

Als ich mich erholt hatte, sagte ich leise: „Sissie, um Himmelswillen, halt' die Klappe und geh' runter. Ich versuch' so unauffällig wie möglich hier festzumachen, und du versetzt das ganze Dock in Aufruhr! Mein Gott, benimm dich unverdächtig!"

Die Lüsternheit der Versammlung auf dem Kai hing in der Luft, man konnte sie förmlich fühlen. Man hätte sie in Stücke schneiden und auf der siebenundvierzigsten Straße in New York verkaufen können.

„Aber Liebling, ich will doch nur freundlich sein zu diesen lieben süßen Kerlen!", blökte sie. „Und außerdem, mein Kleiner, benehme ich mich immer unauffällig, was denn sonst!"

„Dios mio", murmelte die *guardia civil*.

Vor Aufregung und Nervosität wurde ich ärgerlich. „Du stehst da wie ein überflüssiger Pimmel bei der Hochzeit. Schaff' sofort deinen Arsch nach unten und zieh' dir ein paar anständige, christliche Klamotten an. Die hecheln ja geradezu!"

Mit einem varietéreifen Händewedeln für die Gruppe und einem dolchstoßartigen Blick für mich stapfte Sissie nach achtern und hinunter in die Kabine. Die *guardia civil* suchte in der Uniform nach seinem Bleistift. Dabei fiel ihm der Notizblock aus der Hand und landete in einem Klumpen aus Fischresten. „*Mierda*", murmelte er. Als er sah, dass sich sein Block unwiderruflich mit Fischblut voll saugte, schaute er mich an und schüttelte seinen Kopf, dass der Lederhelm wackelte. „*Mierda*", schimpfte er noch einmal. Mit einem letzten Blick auf Sissies Rosthaar, das gerade im Niedergang untertauchte, schüttelte er wieder den Kopf. „*Dios mio!*", stöhnte er laut.

Das war unsere offizielle Einklarierung in Spanien.

Sissie machte Tee und Corned-Beef-Sandwiches, die sie mir ins Cockpit hinaufreichte. Ich war inzwischen damit beschäftigt, den Besanmast aufzustellen. Mit einem hellblauen Band, einem Webeleinstek und zwei halben Schlägen drauf hatte sie inzwischen ihr Kraushaar gebändigt. Sie sah mich schüchtern und unterwürfig an, also wusste ich, dass sie etwas wollte.

„Gut gemacht, Mädchen", sagte ich, als sie mir den Tee nach oben reichte.

„Tristan, Liebling", sagte sie mit leiser Stimme.

„Was is'n jetzt?"

„Brauchst du mich heut' Mittag, mein Lieber?"

„Nein."

„Prima, ganz prima!", jauchzte sie.

„Was?"

„Ich möchte so gerne die Gaudi-Kathedrale sehen und für den lieben Willie ein paar Bilder machen."

„Kein Problem, Mädchen. Aber mach' keinen Ärger, hörst du! Und pass' auf die spanischen Kerle auf, die sind teuflisch geil, verstehst du?"

„Oh, Tristan, Liebling, du bist so großzügig, und du machst dir solche Sorgen um mich! Du bist wirklich ein süßer Kerl!"

Ich schaute auf ihre Lederstiefel.

„Sissie?"

„Ja, mein Kleiner?"

„Versprich' mir etwas!"

„Natürlich, mein Engel! Was denn?"

„Pass' auf dich auf!"

„Aber natürlich tu' ich das!"schnaufte sie, tauchte hinunter ins Vorschiff und kletterte wieder nach oben. In der Hand hatte sie ihren Hockeyschläger, den sie schüttelte. „Ich will mal den sehen, der es mit mir aufnehmen will!"

Sie schwang ihren Hockeyschläger, und die Horde auf dem Pier wich um zwei Meter zurück. Dann machten sie lange Hälse, um wieder auf das fremdartige und erste britische Sexobjekt zu starren, das sie je gesehen hatten.

Später nach der Siesta, machte ich mich auf den Weg zur Bank, um meinen Anteil aus der Überführung von *Quiberon*, tausend Dollar in Peseten, abzuheben. Mein hart verdientes Geld – verdammt hart verdient! Aber das Geld war nicht eingetroffen. Pinet hatte mich beschissen! Es sollte noch viele Monate dauern, ehe er endlich bezahlte.

Ich entschied mich für einem Törn zu den Balearen, wo es vielleicht eine kleine Chance gab, etwas Geld zu verdienen. Aber erst musste ich *Cresswells* Mast in Ordnung bringen, und so nahmen wir Kurs auf Arenys del Mar.

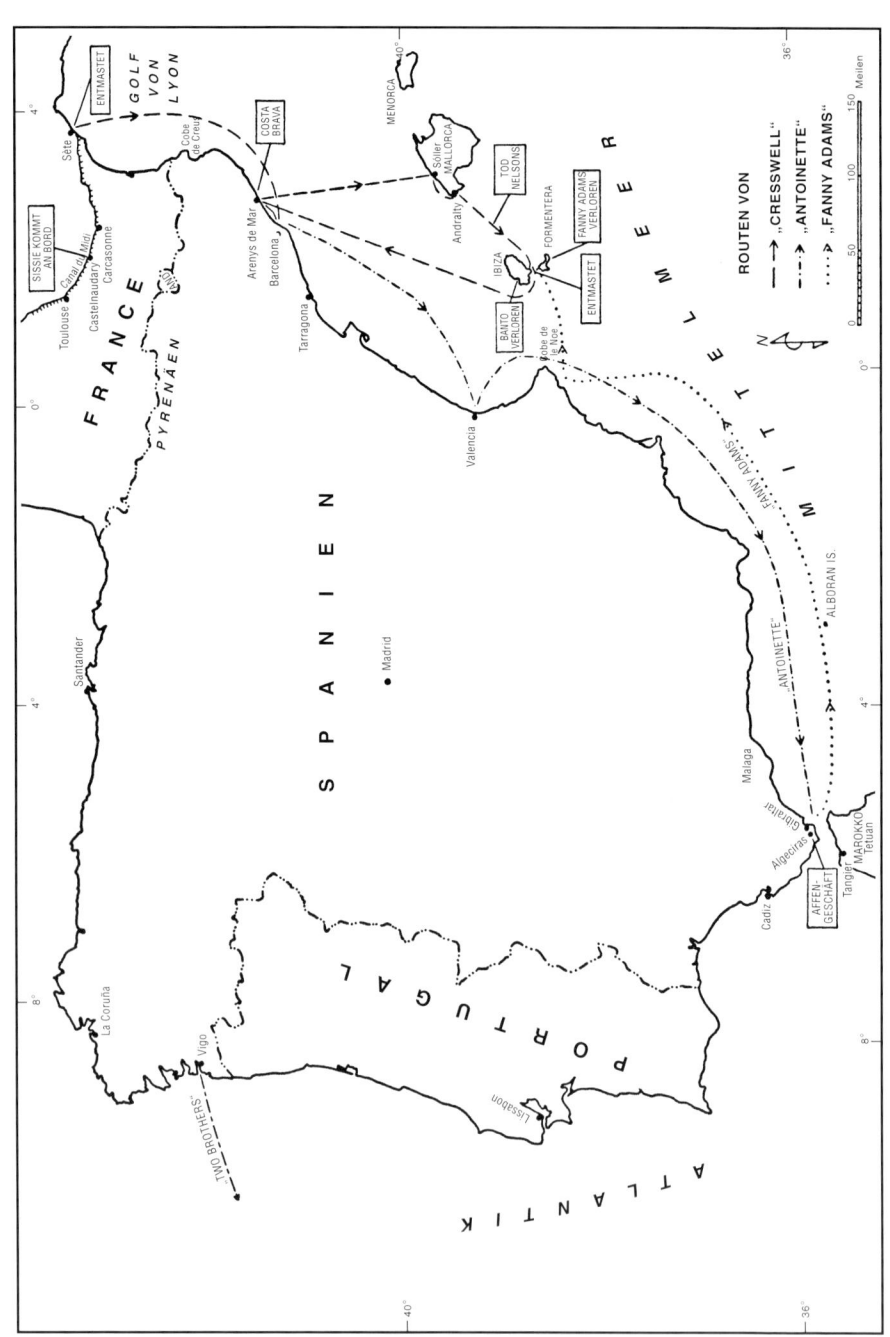

ROUTEN VON
→ „CRESSWELL"
—·—·— „ANTOINETTE"
········· „FANNY ADAMS"

0   50   100   150 Meilen

GOLF VON LYON

ENTMASTET

COSTA BRAVA

MENORCA

Sóller
MALLORCA

TOD NELSONS

FANNY ADAMS VERLOREN

FORMENTERA

IBIZA

ENTMASTET

BANTO VERLOREN

Cabo de la Nao

Andratx

Cabo de Creus

Sète
Cap de Creus
Castelnaudary
Carcassonne
Toulouse

SISSIE KOMMT AN BORD

Arenys de Mar
Barcelona

Tarragona

Valencia

FRANCE

PYRENÄEN

SPANIEN

Madrid

Santander

La Coruña

Vigo

PORTUGAL

Lissabon

TWO BROTHERS"

Malaga

Gibraltar

Algeciras

Cadiz

Tanger

MAROKKO
Tetuan

AFFEN-GESCHÄFT

ALBORAN IS.

„ANTOINETTE"

„FANNY ADAMS"

MITTELMEER

ATLANTIK

¡Abajo con la intelligencia!
(Nieder mit der Intelligenz!)

General Quipo de Llano
in einer Pro-Franco-Hetzrede im Jahre 1936.

¡Es mejor morir en sus pies que vivir en sus rodillas!
(Besser auf den Füßen sterben, als auf den Knien leben!)

Republikanischer Slogan, 1936 verwendet von „La Passionara" (Dolores Irribarra), aber ursprünglich geprägt 1910 von Emilio Zapata in Mexiko.

17 *El Caudillo*

*a*renys del Mar liegt an der Costa Brava, der wilden Küste, etwa zwanzig Seemeilen nordöstlich von Barcelona. Leider hat man es in der heutigen Zeit bis über die Grenze des Erträglichen hinaus „entwickelt"; da es auf dem ersten Abschnitt spanischer Küste nach Frankreich liegt, wird es von den Horden der Touristen aus dem Norden überrannt, die billig Ferien machen wollen. Die Invasion begann aber erst so um 1966 herum. Damals, als *Cresswell* in den kleinen Hafen einlief, war Arenys noch ein kleines verschlafenes Fischerdorf.

Barcelona und Arenys liegen in der früheren spanischen Provinz Katalanien, deren Hauptstadt Barcelona ist. Die Katalanen sprechen ihre eigene Sprache, eine Mischung aus Spanisch und dem mittelalterlichen Provençal, der ehemaligen Sprache Südfrankreichs. Jahrzehntelang kämpften die Katalanen für ihre Selbständigkeit und eine gewisse Unabhängigkeit von der autokratischen, halsstarrigen, kurzsichtigen Regierung in Madrid. Nach der Vertreibung der Mauren im späten fünfzehnten Jahrhundert gab es mehrere blutige Aufstände seit der Vereinigung Spaniens.

Den Höhepunkt der katalanischen Unabhängigkeitsbewegung bildete der dreijährige blutige Kampf gegen Franco 1936–39 während des spanischen Bürgerkriegs. Nach Jahrzehnten des Chaos unter einer schwachen Monarchie zeigte die republikanische Regierung Spaniens Anfang der dreißiger Jahre erste Anzeichen einer Liberalisierung. Man erlaubte die Bildung von Gewerkschaften und teilte Großgrundbesitz in Felder für einfache Bauern auf. Das führte wiederum zu einer Polarisierung. Auf der rechten Seite die alteingesessenen Grundbesitzer, die Kirche und die Armee, auf der linken die Stadtbevölkerung, die Gebildeten unter den Bauern, die liberalen Intellektuellen, die katalanischen Separatisten im Nordosten und die Basken im Norden.

Die Mittelschicht der Bevölkerung war klein und schwach, es gab nichts, was das Zentrum zusammenhielt – nichts, das verhinderte, dass die Rechte immer mehr in Richtung Faschismus und die Linke in Richtung Kommunismus driftete. Im Jahre 1936 bildete sich daraus die Bühne für einen der grausamsten und blutigsten Bürgerkriege unserer jüngeren Geschichte. Grausam deshalb, weil Bruder gegen Bruder kämpfte, Vater gegen Sohn. Blutig deshalb, weil es keine Gnade gab, denn es wurden keine Gefangenen gemacht.

Der spanische Aufstand begann 1936, angeblich unter der Führung von General Mola, einem klassischen Frontkämpfer. Aber der verschwand schnell und bequemerweise durch einen Flugzeugabsturz, und die wahre Macht kam ans Tageslicht: General Francisco Franco Bahamonde, der kommandierende General der spanischen Streitkräfte in Marokko. Ein gnadenloser, brutaler, militärischer Tyrann. Es wird erzählt, dass er einmal einen Mann exekutieren ließ, weil dieser anfing zu stottern, als Franco ihn ansprach.

Der Bürgerkrieg dauerte drei entsetzliche Jahre lang, mit den deutschen Nazis und den italienischen Faschisten auf der Seite Francos, die ihn mit brutalen Luftangriffen auf die Zivilbevölkerung unterstützten (das war damals in Europa etwas völlig Neues). Der Regierungsseite kamen die russischen Kommunisten unter Josef Stalin zu Hilfe. England und Frankreich hielten sich notgedrungen an einen Nichteingriffspakt (wofür sie sich schämen sollten) und überließen das Feld den Diktatoren, die ihren Blitzkrieg und ihr Terrorregime auf dem Rücken der Zivilbevölkerung austrugen.

Trotz des heroischen Widerstands der Regierung in Madrid, der Basken im Norden und der Katalanen im Nordosten gewann letztendlich Franco durch brutales Abschlachten seiner eigenen Landsleute. Die Regierung in Madrid brach zusammen. Damit, und mit der Ausrottung der letzten Widerstandsnester, begann die wahre Leidensgeschichte Spaniens – und hielt siebenunddreißig Jahre lang an. Soldaten, die sich ergaben, wurden entweder gemeinschaftlich exekutiert oder zu langjähriger Zwangsarbeit in unmenschlichen Arbeitslagern oder Gefängnissen verurteilt. Bekannte Regierungsanhänger – also Anhänger der gewählten und rechtmäßigen Regierung Spaniens – wurden zusammengetrieben und dem gleichen Schicksal zugeführt. Denjenigen, die nicht erschossen oder eingesperrt wurden, entzog man die bürgerlichen Ehrenrechte, einschließlich dem Recht zu arbeiten. All die Leiden, die durch dieses Unrecht verursacht wurden, können nur erahnt werden. Hochqualifizierte Ärzte, Forscher, Schriftsteller und Männer aller Schichten waren gezwungen, Schuhe zu putzen und Lotteriescheine in den Cafés zu verkaufen, während die siegreichen Rebellen sich als Herren aufspielten.

Ich erinnere mich an Szenen in Valencia im Jahre 1950. Die Armut und die brutale Unterdrückung der Bevölkerung durch die Arroganz der falangistischen Parteimitglieder war unbeschreiblich. Sie kamen daher wie die aufgeputzten Pfauen, in ihren grauen Geckenuniformen. Voll aufgeblähtem Machtbewusstsein schritten sie durch die ärmlichen Straßen, italienische Pistolen lässig am Gürtel hängend, und immer auf der Suche nach dem geringsten Widerstand in der Bevölkerung ... ja, ich erinnere mich!

So um etwa 1965 änderte sich das Gesicht Spaniens, wenigstens an der Oberfläche. Das geschah hauptsächlich aus dem Grund, Touristen anzulocken. Nach außen hin wurde Spanien ein liberaleres Land, obwohl Frauen in Hosen oder mit unbedeckten Armen der Zutritt in Kirchen untersagt und manche Touristinnen verhaftet wurden, weil sie sich außerhalb der dafür strikt (aber unauffällig) überwachten Strände im Bikini gezeigt hatten. Aber Kritik an Franco oder der Regierung war verboten. Jede Bar, jedes Restaurant und jede öffentliche Versammlung wurde durch die allgegenwärtige Geheimpolizei Francos in Zivil heimlich überwacht. Keiner traute keinem, wenn es um Politik ging.

In den kleinen Dörfern hatten die Ausländer einen geringen Vorteil: Die Beamten der Geheimpolizei waren meist ziemlich dumm, kamen aus dem kriminellen Milieu, oder auch beides. Sie konnten keine Fremdsprachen. Bei den Engländern und den Amerikanern entstand so eine Art Code. Franco war „Fuck Face" (Arschgesicht), und die Geheimpolizei hieß „the Busies" (die Wichtigtuer). Die Mittel der in Spanien lebenden Ausländer, die aus bestimmten Gründen nicht in ihre Heimat zurück konnten oder wollten, bildeten für Franco eine wichtige Devisenquelle, zusammen mit den Geldern, die er von der amerikanischen Regierung als „Entwicklungshilfe" und im Namen der „militärischen Unterstützung" bekam.

Als *Cresswell* in den Hafen von Arenys einlief, konnte man die Spuren des Bürgerkriegs nur noch an ein paar unbenutzten Flächen in der Stadt und an den traurigen Gesichtern der meisten Einheimischen erkennen. Der kleine Hafen brodelte vor Aktivität. Es war früh am Morgen, und die Spanier sind Frühaufsteher. Sie wollen die Hauptarbeit des Tages hinter sich bringen, bevor die Mittagshitze einsetzt und gegen zwei Uhr am Nachmittag die Siesta beginnt. Junge und alte Frauen putzten Fische und verkauften sie; ihre Männer, Söhne und Brüder reparierten auf der Mole die Netze. Andere schrubbten die Decks ihrer Schiffe, denn die Katalanen halten ihre Schiffe piksauber.

Viele der Frauen waren schwarz gekleidet, wie es in ganz Spanien Sitte ist. Der Bürgerkrieg hatte ungefähr zwei Millionen Frauen zu Witwen gemacht, und das in einem streng katholischen Land, in dem eine Wiederheirat verpönt ist.

Sissie machte die Leinen an Pollern auf dem Kai fest. Sie war wieder in ihrer üblichen Aufmachung, mit Turnhöschen, weißem Unterhöschen, britischen Armeesocken und Wanderstiefeln. Sofort kam die einheimische Bevölkerung heran und starrte voller Verwunderung. Einige der jungen Burschen liefen in die Stadt, um ihren Freunden zu sagen, dass es eine *señora inglesa* zu sehen gab. Ich blickte so unverfänglich wie nur möglich drein, setzte mich ins Cockpit und schaute auf die blauen Hügel im Hinterland. Bald hatte sich die übliche Schar der Zuschauer auf dem Kai versammelt. Sie schwatzten, lachten und begutachteten Sissies Mätzchen. Nelson humpelte auf dem Deck hin und her und knurrte die Mischlingshunde an, die mit den Leuten mitgekommen waren.

Einige Zeit später schlenderten zwei *guardia civil* heran und kamen an Bord. Sie schrieben lediglich unsere Namen und Passnummern auf sowie den Namen des Schiffes. Dann schlenderten sie weg, während die Zuschauer sie schweigend beobachteten.

„Soll ich heute einkaufen gehen?", fragte Sissie.

„Was haben wir noch?", erwiderte ich.

„Oh, für heute Abend haben wir genug. Wir haben diese vorzüglichen Würstchen in Dosen, vier winzig kleine Eier, und ich kann ein paar Kartoffeln braten. Ich weiß, wie sehr du meine Bratkartoffeln liebst."

Sie lief auf dem Schiff herum, und alle Augen im Umkreis von hundert Meter folgten ihr. Die Männer schauten lüstern, die Frauen wünschten ihr den Teufel an den Hals.

„Ja", antwortete ich, „ich liebe Bratkartoffeln über alles."

„Ich weiß, mein Lieber. Ich werd' einen riesigen Haufen davon machen, und dann feiern wir ein richtiges Bratkartoffelfest!"

„Machen wir das! Morgen kannst du in die Stadt gehen und einkaufen. Vielleicht haben sie sich dann schon ein wenig an deinen Anblick gewöhnt. Denn wenn du heute morgen in diesem Aufzug gehst, laufen dir garantiert so viele Kinder nach, dass der Rattenfänger von Hameln dagegen aussieht wie ein blutiger Amateur."

„Ich weiß, Liebling. Ist es nicht schrecklich, wie sich diese armen kleinen Seelen an einen hängen?"

„Ja, wie die Filzläuse. Also komm' jetzt. Hol das Sandpapier, und dann machen wir uns an die Arbeit!"

„Oh, prima, prima!", jauchzte sie. „Wenn bei Capri die gold'ne Sonne im Meer versinkt ..."

Sissie stampfte in die Achterkajüte und war bald mit Bögen von Sandpapier, dem Spachtel und ein paar Lappen zurück. Bald war sie am Schmirgeln, zuerst das Kabinendach, dann die Handläufe und dann die Seitendecks. Sie schuftete den ganzen Tag in der Sonne. Um zwei Uhr wanderte die gesamte Zuschauergruppe, wie auf ein Signal hin, geschlossen weg. Es war Zeit für die Siesta. Ich zwängte mich zur Maschine durch und ließ mir beim Ölwechsel viel Zeit. Hin und wieder fing ich an zu dösen, aber Sissie weckte Nelson und mich mit ihrem Schleifen und Kratzen leider immer wieder auf. Mit halbgeschlossenen Augen dachte ich, dass es besser sei, sie nicht bei ihrer schweißtreibenden Arbeit zu stören.

Wie auf ein Kommando hin waren alle Zuschauer exakt um halb fünf wieder auf dem Kai, so als wären sie der Chor in einem surrealistischen Drama auf der Bühne. Gegen fünf war fast die ganze Stadt da, um Sissie zuzuschauen, wie sie die Seiten des Schiffes schmirgelte. Ich gab mir Mühe, nach meinem harten Job an der Maschine müde auszusehen. Ich schaute aus dem Niedergang hinaus, als wäre ich völlig geschafft, und ging wieder runter, um mich auf die Koje zu legen und zu dösen.

Als Sissie mich weckte, war es draußen bereits dunkel. In der Kabine leuchtete die Öllampe, und von der Kombüse her kam der köstliche Duft von gebratener Wurst, Spiegeleiern und Bratkartoffeln.

„Auf, auf, mein Liebling!" blökte sie und rüttelte mit dem Griff eines Schwergewichtsringers an meiner Schulter. „Auf, auf, es gibt was zu futtern!"

„Schon gut, Sissie, um Himmelswillen, ich komm' ja schon. Was denkst du denn, wer ich bin? Max Schmeling?" Ich rieb mir die Augen. Nelsons Nase zuckte.

„Ich hab' extra die Porzellanteller vorgewärmt, die Toby geschickt hat ... sie sind so schön – Wedgewood – und nachher vor dem Schlafengehen mach' ich dir heiße Schokolade."

„Okay, schon gut, wo ist das Zeug?"

Wir aßen schweigend, denn ich schlief noch halb. Satt und zufrieden legte ich mich danach auf die Koje und nippte an dem Kakao. Sissie machte den Abwasch, und Nelson döste. Hin und wieder zuckte seine Schwanzspitze ein wenig, wenn er sich im Traum an seine frivole Jugend oder seinen früheren Herrn, Tansy Lee, erinnerte. Sissie verschwand bald danach mit einem „Gute Nacht ... und schlaf' gut ... Tristan ... Liebling!" nach vorn in ihr Verlies. Das Klirren ihrer Ginflasche und das geräuschvolle Umblättern der Bibelseiten bei ihrem nächtlichen Ritual machten mich müde und schläfrig.

Nach einer Nacht mit tiefem ruhigen Schlaf wurde ich am Morgen durch Sissie geweckt, die schon wieder am Kabinendach herumschliff. Ich drehte mich noch für eine Weile auf die andere Seite und stand erst auf, als es Zeit für das Frühstück war. Wieder Wurst und Eier, aber diesmal ohne Bratkartoffeln.

„Was geht denn da vor, an Land?", fragte ich Sissie, als sie schon wieder beim Abwaschen war (ein Gewohnheitstier, unsere Sissie).

„Ach, eigentlich nichts, mein Lieber", antwortete sie und stieg ganz vorsichtig über Nelson der, wie immer im Hafen, auf seinem gewohnten Platz an der Niedergangsleiter lag. Von dort aus hatte er die Kombüse voll unter Kontrolle.

„Hmm, muss wohl ein kirchlicher Feiertag sein oder so was", sagte ich, „heut' ist ein Wochentag und normalerweise sind die Einheimischen schon im Morgengrauen unterwegs. Du kennst dich doch in so was aus, welcher Heilige hat denn heut' Geburtstag?"

„Eigentlich keiner, denk' ich. Muss einer von diesen einheimischen, kleinen Schafhirten sein, der irgendwelche Erscheinungen hatte oder solche Sachen, irgendwo zwischen diesen langweiligen Bauernhügeln. Hat wahrscheinlich zu viel von dem scheußlichen Rotwein getrunken, wenn du mich fragst."

„Ich denke, du solltest mit der Einkaufsliste anfangen. Und zieh' um Gottes Willen etwas Anständiges an, wenn du in die Stadt gehst, hörst du. Eines Tages werden dich diese geilen Spanier noch lynchen, wenn du rumläufst wie Brigitte Bardot in voller Montur!"

Sie zögerte einen Moment lang und dachte nach. Dann hellte sich ihr rotes Gesicht auf, wie das eines Alkoholikers, wenn die Bar endlich aufmacht.

„Ich weiß was, Tristan, Liebling!"

„Was weißt du?"

„Ich zieh' meine Wandersachen an!"

„Gut! Alles außer dem verdammten Turnhöschen, darin siehst du aus wie Oscar Wilde, der sich als Tunte verkleidet hat."

Aber das hörte sie schon gar nicht mehr, denn sie war bereits auf Zehenspitzen nach vorne gegangen. Nach einer ganzen Weile und einigem Rumoren im Vorschiff kam sie zurück. Sie hatte die hässlichsten Klamotten an, die man sich bei einer typischen Britin nur vorstellen kann. Die Kleider waren beige wie zusammengefallener Bierschaum, und genau so appetitlich sah sie selbst darin aus. Der Rock reichte hinunter bis zu ihren Knöcheln. Als Ersatz für den verlorenen Gürtel hatte sie ein altes Tauende um ihre dicke Taille gebunden. Das Jackett hatte Lüftungsschlitze auf dem Rücken und aufgesetzte Lederflicken an den Ellenbogen. Unter dem Rock trug sie dicke Wollsocken und ihre derben Lederschuhe. Ihr rhodesischer Infanteriehut auf dem Kopf, wie immer total schräg aufgesetzt, machte den Aufzug komplett. Sie stolperte mit schwerem Schritt die Niedergangsleiter herunter und drehte in dem engen Raum vor der Kombüse eine Pirouette vor mir. Dabei fegte sie gleich zwei Tassen von ihren Haken herunter.

„Gefällt's dir, Tristan, Lieber?"

„Absolut phantastisch, unglaublich! Siehst aus, als wenn du zu Paddy McGintys Hochzeit unterwegs wärst!"

„Wer?"

Sie drehte noch eine Pirouette; diesmal passte sie auf die Tassen auf und trat dafür Nelson auf den Schwanz. Nelson wollte ihr an die Gurgel, aber sie sprang zurück, schnappte ihren Einkaufsbeutel und verzog sich die Leiter hinauf.

„Mein Gott!", sagte ich zu Nelson, als ich im Schapp nach der Farbe suchte. „Verdammte Weiber!" Nelson wedelte zustimmend mit dem Schwanz und jaulte, immer noch verärgert. Gerade als ich anfing das Kabinendach anzustreichen, war Sissie wieder da.

„Tristan, Liebling! Dieser kleine, bis an die Zähne bewaffnete Soldatenkerl da draußen weigert sich einfach, mich durchzulassen! Er lässt mich nicht durch das Tor hinaus! Ich hab' versucht, ihm alles zu erklären, aber du kennst ja diese Leute. Verstehen kein Wort Englisch!"

„Warum lässt er dich denn nicht hinaus?"

„Ich kann das überhaupt nicht verstehen! Er scheint ja sonst ein ganz süßer Kerl zu sein. Aber jedes Mal, wenn ich ihm meine Einkaufstasche zeige und in Richtung Stadt deute, schreit er mich schrecklich an und richtet seine scheußliche Pistole auf mich. Dann zeigt er auf diesen riesigen schwimmenden Palast da im Hafen. Natürlich, Liebling, ich hab' dafür auf unsere liebe *Cresswell* gezeigt, aber er schreit immer nur *No!* und bedroht mich mit seiner abscheulichen kleinen Pistole!"

„Ach Scheiße", sagte ich und stellte meinen Farbtopf mit dem Pinsel hin, „geht das jetzt schon wieder los. Komm', wir geh'n hin und fragen diesen blöden Aufpasser, was das alles soll!"

Als Sissie und ich in Richtung Hafentor gingen, fiel mir eine große weiße Motoryacht auf, die in der Bucht vor dem Hafen vor Anker lag. Sie war bestimmt achtzig Meter lang, ihre Aufbauten und ihr Schornstein waren blitzblank und alles glänzte wie neu. Dann sah ich, dass der Hafen von Soldaten nur so wimmelte, aber sie hatten andere Uniformen an als die, die ich vorher gesehen hatte. Es waren ausgesprochen große Kerle, ihre Uniformen waren makellos, und die Schulterriemen und Gürtel blitzten in der Sonne. Sie waren allesamt schwer bewaffnet; jeder Soldat trug zwei Pistolen und ein Maschinengewehr. Aber der größte Unterschied zu den mir bekannten Uniformen der Soldaten war der Helm, vorne und hinten nach oben gebogen und mit grauem Stoff überzogen. Alle starrten mich an und Sissie hinterher, als wir vorbeigingen.

„Was meinst du, was soll das alles?", fragte Sissie.

„Das weiß ich auch nicht, zum Teufel! Alles was ich weiß, ist, dass die alle da wie blöd' rumstehen", antwortete ich, als wir bei der Wache am Tor ankamen. Der Soldat war jung, fünfundzwanzig vielleicht und groß gewachsen. Er blickte uns finster an.

„*Hola, amigo!*", rief ich und versuchte, freundlich zu sein. „Was ist los? Weißt du, wir leben auf dem Schiff da, und wir müssen Lebensmittel einkaufen, in der Stadt ...", weiter kam ich nicht.

„*Vaya, Señor ...* Gehen Sie weg. Keiner darf hier aus dem Tor heraus. *El Caudillo* ist auf dem Schiff da, das ist die *Aguila*."

„Wer?"

„*El Caudillo, Generalissimo* Francisco Franco Bahamonde, der Vater Spaniens!"

„Oh, ich verstehe. Also, la *señorita* – ich nickte mit dem Kopf in Richtung Sissie in ihrem Suffragettenaufzug – *la señorita* will ja nur einkaufen gehen, ein wenig Brot und ein paar Eier."

Irgendwie quetschte Sissie zwei Krokodilstränen hervor, die aus ihren stahlblauen Augen über die Wangen rollten.

Dem Soldaten wurde das irgendwie peinlich, und er entschuldigte sich. „Leider kann ich Ihnen nicht helfen, *Señorita*", sagte er zu Sissie. (Nichts ist besser als Frauentränen, um den *caballero* in einem Mann zu erwecken). „Wissen Sie, ich habe meine Befehle. Es ist absolut verboten – keine Bewegung zwischen der Stadt und diesem Tor oder zwischen diesem Tor und der Stadt. Tut mir leid, aber das sind meine Befehle. Morgen ..."

„Aber wir haben HEUTE nichts zum Essen!", protestierte ich, „*No tenemos comida hoy!*"

„Tut mir leid, *Señor*", er fuchtelte wieder mit seinem Maschinengewehr.

Ich lächelte resigniert, drehte mich um, nahm Sissies Ellenbogen und wollte wieder aufs Schiff. Dann sah ich den Hügel hinauf und an der Mauer entlang, die vom Tor abzweigte. Zehn Meter weiter war die Mauer eingefallen und bestand nur noch aus einem Steinhaufen. Die Wache folgte meinem Blick, schaute dann auf Sissie, deren Tränen immer dicker kullerten, und dann wieder auf mich.

„*Bueno, Señor,* meine Befehle sagen nichts über die Mauer. Wenn Ihre *señora amiga* diesen Weg nehmen will, also, wer will sie dann aufhalten?“

„Und was ist mit den anderen Wachen?“, fragte ich ihn.

„Eine Wache bewacht das, was ihr befohlen wurde, und niemand hat befohlen, die Mauer zu bewachen.“ Er zeigte mit dem Kinn in Richtung Steinhaufen.

„*Gracias Señor.* Kommen Sie später auf einen Drink an Bord“, ich lächelte ihn an.

„*Gracias a Usted, Señor.* Aber wir sind *El Caudillos* Leibwache und damit unbestechlich. Geh’ mit Gott und sag’ deiner Lady, sie soll das Wechselgeld nachzählen, wenn sie bei diesen verfluchten Katalanen einkauft!“

„Also los, Sissie, ich helf’ dir über die Mauer.“

Ich ging mit ihr den kleinen Hügel hinauf. Sissie stolperte über den Steinhaufen, machte ihre Einkäufe und stolperte auf dem gleichen Weg zurück.

Franco war drei Tage in Arenys, und die ganze Stadt hatte von Sonnenuntergang bis zum Morgen Ausgehverbot. Der Hafen wurde Tag und Nacht bewacht. Bestimmt einhundertfünfzig Soldaten der Leibwache patrouillierten ständig umher. Unter den wachsamen Augen der Wache benutzten Sissie und ich regelmäßig den Weg über die eingefallene Mauer.

Das sagt schon was über Spanien aus.

I went to an ale house I used to frequent
And I told the landlady my money was spent.
I asked her for credit. She answered me „Nay –
For a custom like yours I can get any day!"

Chorus: And it's no, nay, never ...
No, nay, never, no more –
Will I play the wild rover –
The wild rover no more!

(Ich ging in ein Wirtshaus, wo man mich kannte
Und sagte der Wirtin, mein Geld sei alle.
Ich fragte nach Pump, sie sagte: „Nein–
Einen Kunden wie Dich, den krieg' ich jeden Tag!"

Refrain: Und jetzt heißt's nein, nein, nie wieder ...
Nein, nein, nie wieder, nie mehr –
spiel ich hier den Wilden
nein, den Wilden, nie mehr!")

Aus *The Wild Rover*
(Das Lied ist eine Seemannsballade aus dem 19. Jahrhundert, die in Bristol, England, entstand. Es ist vermutlich das einzige englische Lied, das sieben Verneinungen hintereinander enthält.)

18 Eine Glückssträhne

Da Monsieur Pinet die tausend Dollar für die Überführung von *Quiberon* nicht überwiesen hatte, konnten Sissie und ich nicht besonders viel in *Cresswells* Verschönerung investieren. Gerade mal eine Lage graue Farbe für das Dach und eine Lage blaue Farbe für die Scheuerleiste. Wir konnten es uns nicht leisten, das Schiff aus dem Wasser nehmen zu lassen, um das Unterwasserschiff zu säubern und mit Antifouling zu streichen. Da es in diesem Teil des Mittelmeers keine größeren Gezeiten gibt, konnten wir *Cresswell* auch nicht an eine Mauer lehnen. So machten wir das Beste aus unserem schmalen Geldbeutel, ehe wir Kurs auf Mallorca nahmen, die südlich gelegene größte Insel der Balearen.

Bevor wir ablegten, machte ich noch einen Abstecher nach Barcelona. Ein Bauer nahm mich in seinem kleinen Lastwagen mit. Dort suchte ich im Yachtclub und in den Werften nach einem Überführungsauftrag. Letztendlich und durch die Vermittlung des Oberkellners vom Yachtclub fand ich einen Job. Das Schiff hieß *Antoinette* und war eine 58-Fuß-Yawl. Sie wurde für einen Engländer, Mr. Aubrey Cord-Green, gebaut, der sich als Schauspieler einen Namen gemacht hatte.

Als ich ihn endlich in Barcelona traf, fand ich heraus, dass er ungefähr fünfunddreißig war, ein kleiner, blonder, mausähnlicher Mann mit einem großen Schnurrbart, hellblauen Augen und weibisch anmutenden Gesten. Er trug Strohsandalen und einen mit Farbspritzern übersäten Malerkittel über bretonischen Fischerhosen in rosa.

„Oh, meine Güte, ja, ja natürlich", sprudelte er heraus, als ich mich vorstellte. „Ja, ich brauche wirklich jemand, der meine liebe *Antoinette* für mich überführt."

„Wann und wohin?", fragte ich.

„Irgendwohin, aus Spanien heraus, mein lieber Junge. Am besten in Richtung England. Ich habe schon an die französischen Kanäle gedacht, aber sie hat zu viel Tiefgang, über zwei Meter. Was meinst du?"

„Mhmm, also, Aubrey, ich denke, das Beste wäre ... Ganz nebenbei, warum hast du es so eilig?"

„Also, weißt du, man hat vor zehn Monaten mit dem Bau begonnen – und es soll noch mal einen ganzen Monat dauern, bis sie fertig ist. Sie bauen diesen italienischen Dieselmotor ein, weißt du, und wenn ich sie nicht innerhalb eines Jahres nach Kiellegung aus dem Land bringe, dann muss ich diese riesige Steuer bezahlen – satte dreißigtausend Dollar, zwei Drittel der Baukosten. Also siehst du, ich muss sie einfach rausbringen.“

„Gut. Wann wird sie fertig?“

„Ende Mai.“

„Okay, ich bin Ende Mai hier, und ich bringe noch eine Hand mit.“

„Oh, wir können doch einen einheimischen Seemann dafür nehmen“, sagte Aubrey und betrachtete die maskulinen Körper um uns herum.

„Nicht wenn ich sie nach Gibraltar bringe, Aubrey. Ich kenne keinen Spanier, der gut segeln kann, und eine Segelschule will ich nicht aufmachen. Wenn du eine schnelle und saubere Überführung willst, dann lass' mich meine eigene Crew aussuchen. Und außerdem kostet's dich weniger.“

„Aber diese katalanischen Seeleute sind so gut gebaut ...“

„Das ist mir affenscheißegal. Meine Crew oder niemand, okay Aubrey?“

„Oh, also gut, dann, Tristan. Aber du bist ein Spielverderber.“

„Vielleicht, aber ich will eine Crew und keinen Debattierklub.“

„Also gut, Tristan, ich geb' dir einen Vorschuss von fünfhundert Peseten und erwarte dich Ende Mai. Du kannst über den Yachtclub mit mir Kontakt aufnehmen.“

„Abgemacht, Aubrey!“

Ich schüttelte seine weiche Puddinghand, die sich wie ein nasser Kabeljau anfühlte und machte mich auf den Rückweg nach Arenys.

„Huuhuu Tristan“, rief Sissie, als ich nach einer kurzen Fahrt durchgeschüttelt den staubigen Kai entlang kam. „Hab' Tee und Kekse fertig!“

„Is' gut, hör' mit dem Geschrei auf! Hier ...“ Ich gab ihr die fünfhundert Peseten. „Geh' in die Stadt und kauf' Essenszeug ein. Heut' Abend geht's ab nach Mallorca.“

Sissie war bald zurück mit Brot, Kartoffeln und Fisch. Ich hatte schon die Segel angeschlagen, und die Festmacher waren bereit zum Ablegen.

„Warum haben wir es so eilig, Tristan?“ Sie verstaute den Proviant in der Kombüse. Auf dem Kai stand die übliche Schar ihrer Bewunderer.

„Die fünfhundert Peseten waren alles, was wir hatten. Wenn die Vorräte alle sind, kriegen wir Probleme, altes Mädchen. Aber in Mallorca gibt es Tausende von Touristen, vielleicht können wir mit Tagesausflügen ein bisschen Geld machen. Wir müssen noch den Rest dieses Monats und dann bis Ende Mai überleben ... „

„Was soll' ich sagen, Skipper, was für eine prächtige Idee! Alle Mann an Bord! Kommen Sie mit auf eine Tour zum alten Leuchtturm! Ja? Und ich kann Platten mit Sandwiches machen." Ihre Augen leuchteten, und sie grinste durch den Niedergang zu mir herauf.

„Ein Schlag Burgoo und ein Schuss Rum wäre noch besser. Also ab jetzt! Wirf die Festmacher los! Auf geht's! Wir haben nur noch zwölf Liter Diesel im Tank, und viel Wind gibt's auch nicht. Wir müssen sie sicher auf der ganzen Strecke hätscheln und verwöhnen."

Zum tiefsten Bedauern der lüsternen Augen auf dem Kai liefen wir also aus. Wir verließen Arenys del Mar, die Sonne versank hinter den Bergen über Barcelona und tauchte die blauen Hügel Kataloniens in blutigroten Feuerschein. Bald machte Sissie Fisch und Kartoffeln fertig, während ich mit den Fallen und Schoten herumfummelte, um *Cresswell* bei dem ständig drehenden leichten Wind, einem typischen Mittelmeersommerwind, der sich nicht auf eine Richtung festlegen will, Meter für Meter aus dem Hafen herauszubringen.

Als die Morgendämmerung einsetzte, nahm ich die Sturmlaterne vom Achterstag des Besans runter. Ich bemerkte, dass wir erst zirka acht Meilen vom Land weg waren. Die See war spiegelglatt, nichts kräuselte die Oberfläche. Nur dort, wo ein paar Katzenhaie ihr Hochzeitsritual abhielten, gab es eine Bewegung im Wasser, und manchmal sprang ein Delphin im Morgenlicht hoch und freute sich auf den Tag.

Um die Mittagszeit war es so windstill, dass wir das Großsegel wegnahmen und ein Sonnendach gegen die Hitze und das gleißende Licht hochzogen. Ich fischte mit Leinen auf Grund und hoffte auf ein paar schöne zarte Seezungen. Sissie summte melodielos vor sich hin, lüftete die Matratzen und reparierte ein paar Klamotten. Nelson lag im Schatten des Cockpits und schnappte hin und wieder nach einer einsamen Fliege, die aus der Kabine heraufkam. Wir saßen den ganzen Tag und die nächste Nacht da. Am Morgen des folgenden Tages warf ich endlich die Ma-

schine an und steuerte *Cresswell* über die ruhigste und unbeweglichste
See, die ich je erlebt hatte. Ich wollte endlich von der felsigen Küste Kataloniens wegkommen.

Nur Minuten später, nachdem ich mich der launischen Windgöttin im
Mittelmeer ergeben hatte, kam eine leichte Brise aus Westen auf. Die
wie Öl schimmernde Oberfläche der See fing an, sich zu kräuseln. Blitzschnell hatten wir das Sonnendach runter und das Großsegel oben. Endlich bewegten wir uns so, wie sich ein Segelboot bewegen soll, leise und
geräuschlos. Man hörte nur das Quietschen der Gaffel und das leise
Klappern der Blöcke.

Erfreulicherweise stabilisierte sich der Wind, und bald liefen wir auf
raumem Kurs über eine ruhige See. In der Morgendämmerung des folgenden Tages kamen die hohen Berge auf Mallorca in Sicht. Zuerst waren sie
blassgrau, als sie am südlichen Horizont aufstiegen, dann blau, später dun-
kelgrün. Als die Sonne sich im Westen zur Ruhe setzte, wurden sie beige
und dann goldfarben. In der Nacht zeigten sie mit einem Diadem aus
flackernden Lichtern an, dass sie uns erwarteten. Ich steuerte das Schiff
mit einem Fuß und ließ mir unseren schwindenden Proviant schmecken.

Als der Morgen dämmerte, war *Cresswell* nur noch fünf Seemeilen
von dem kleinen Hafen Sóller entfernt. Um die Mittagszeit lagen wir im
Hafen vor Anker, gerade vor einem Sandstrand, der mit Körpern in allen
Stadien des Sonnenbrands vollgepackt war; Menschenmassen, die nur so
herumlagen, herumrannten, herumwanderten oder ins Wasser sprangen
und auf Deutsch herumalberten.

„Ho Engländer!", rief einer, als wir mit dem Beiboot an Land paddel-
ten. „Willkommen! Wo kommst du her?"

„Das gefällt mir", sagte Sissie begeistert, „das macht schrecklich viel
Spaß."

„Ja", stimmte ich zu. „Sie überwachen immer noch den Strand, sie
haben das „D-Day-Trauma". Schau' mal, wie sie alle eine Verteidi-
gungsphalanx gebildet und sich an strategischen Plätzen zusammenge-
rottet haben, wie die SS-Truppen."

Nelson, der an Bord zurückgeblieben war, patrouillierte auf Deck und
beobachtete mit seinem gesunden Auge die Touristen am Strand. Sissie
und ich zogen das Beiboot einige Meter auf den Strand hinauf und stapf-

ten dann durch den Sand in Richtung des winzigen Dorfs, das sich in einen Einschnitt des Berges einfügte.

„Wie viel Geld hast du noch, Sissie?"

„Zweihundertfünfzig Peseten."

„Gib' mir fünfundzwanzig, ich muss etwas auskundschaften. Geh' nur in den kleinen Läden einkaufen und leg' unser letztes Geld weise an. Geh' nicht in die Touristenläden, die ziehen dir das Fell über die Ohren. Besorg' Trockenfisch, Reis und Bohnen. Kein importiertes Zeugs, verstehst du!"

„Natürlich, du dummer, alter Kerl. Ich versuch' genug zu kriegen für zwei Wochen. Also, jetzt mach' dir mal keine Sorgen, Skipper. Geh' und mach' dir eine schöne Zeit bei diesen Bauerntrampeln."

„Ich werd' versuchen, uns für morgen ein wenig Arbeit zu beschaffen."

„Also, nun mach' schon!"

Sie wedelte mit ihrem Einkaufsbeutel, und bald war ihr blaues Turnhöschen hinter der Horde von rothäutigen blonden VW-Fahrern und ihren Hausfrauen verschwunden.

Ich peilte die nächste Bar an, die mit teutonischen Touristen überschwappte. Der Lärm war ohrenbetäubend. Spanische Kellner rasten mit Tabletts voll San-Miguel-Bier und *tapas* (Häppchen) hin und her. Songs plärrten aus der Musikbox: „Malaguena" und „Spanish Eyes" und „It's later than you think" (das letztere klang auf deutsch wie das Horst-Wessel-Lied). Ich bestellte einen Brandy,und sprach mit dem Mann hinter der Bar in Spanisch.

„Wieso ist es so voll hier?"

„*Señor*, sie sind alle hier wegen dem Endspiel der Fußball-Europameisterschaft im Fernsehen – *un gran juego de futbol*."

„Endspiel – wer spielt denn?"

„England gegen Deutschland."

Er raste weg, um wieder fünfzig Flaschen Bier zu servieren und kam dann zurückgerannt. Ich konnte ihm ansehen, dass er mich für einen Briten hielt.

„Was glaubst du, wer gewinnt, *Señor*?"

„England natürlich."

„*Seguro*, natürlich." Er zwinkerte mir zu, dann nickte er zu der Menge der Deutschen hinüber. „Aber sag's denen bitte nicht!"

Er schenkte mir noch einen Brandy ein und sagte: „*Salud, amigo!*" Als ich meine Hand in die Tasche steckte, um zu bezahlen, hielt er sie fest. „Das geht auf mich, *Señor Ingles!*"

Ein blonder Hüne neben mir, bestimmt zwei Meter groß, mit Schultern wie ein Scheunentor, drehte sich um, als er uns sprechen hörte. Gerade als der Fernseher eingeschaltet wurde und das Spiel begann, sprach er mich an. Aus seinem Benehmen schloss ich, dass er mich in meinen bis zu den Knien hochgerollten alten Cordhosen, meinem verwaschenen blauen Hemd mit Flicken und meinem Strohhut für einen mallorquinischen Fischer hielt.

„*Hola, amigo.* Ich heiße Franz." Er schlug mir kräftig auf die Schulter, so dass ich stöhnen musste. „Du magst auch Fußball, ja?" Er sprach verständliches Spanisch, wenn auch mit deutschem Akzent.

„*Si Señor, me gusta mucho.*" Ich ließ meine Schultern auf mediterrane Weise herunterhängen.

„Deutschland gewinnt." Er schlug mit der Faust auf den Tresen, dann blickte er mich an. „*Si?*"

„England", antwortete ich, „*Inglaterra.*"

Franz knallte eine große Rolle Banknoten auf den Tresen, und sein Gesichtsausdruck bat um Entschuldigung. „Ich sage Deutschland, und ich wette mit jedem hier, mit jedem!" Er starrte herum und brüllte laut, um den Kommentar im Fernsehen zu übertönen. „Mit jedem! – Zehntausend Peseten wette ich, dass Deutschland gewinnt!"

„*Señor*", sagte ich leise, „ich nehme die Wette an."

Der Barkeeper schaute entgeistert. Ich gab ihm ein Zeichen und sagte zu Franz: „Ich hab' das Geld nicht dabei, aber mein Freund Pepe, der Barkeeper da, garantiert für mich, Nicht wahr, Pepe?" Der Mann hinter der Bar fing den Ball auf. „Genau, José!"

Während das Endspiel weiterlief, fingerte ich nervös an den fünfzehn Peseten in meiner Tasche. Der Barkeeper schob mir noch einen kostenlosen Brandy über die Theke. Zur Halbzeit stand es 1:0 für Deutschland. Am Ende der regulären Spielzeit hatte England den Ausgleich geschafft, und es stand 2:2. Die Verlängerung musste die Entscheidung bringen.

Ich stand da und schwitzte. Sollte Deutschland gewinnen, dann müsste ich mein aufblasbares Beiboot unten am Strand verkaufen. Das würde sicherlich zehntausend Peseten bringen, aber dann hätte ich keine Möglichkeit mehr, an Land zu kommen, und schlimmer noch, ich könnte die Leute für die geplanten Tagesausflüge nicht mehr an Bord und zurück bringen. Fünf Minuten der Verlängerung vergingen, die Deutschen, an die Hundert von ihnen, hämmerten mit den Biergläsern auf die Tische. Die Spannung stieg ins Unerträgliche. Ich bereitete mich schon im Geiste darauf vor, die Bar fluchtartig verlassen zu müssen. Dann schoss England plötzlich zwei Tore hintereinander, und dann war das Match vorbei. England hatte gewonnen. Franz brach fast in Tränen aus. Ich bestellte ihm ein Bier, während er zehntausend Peseten auf die Theke blätterte und dem Barkeeper hundert Peseten Trinkgeld gab.

„Wie konntest du wissen, dass England gewinnt?", fragte Franz.

„Weil sie, Herr Franz", sagte ich zu ihm in Englisch, „am Ende immer gewinnen!"

Zuerst war er perplex, doch dann musste er lachen und wurde höflich und lammfromm. „Ich hätte es wissen sollen, ich hätte es wissen sollen", sagte er in Englisch.

Ich streckte ihm die Hand hin, und er schüttelte sie mit seiner Pranke. Dann drehte ich mich zum Gehen um und ließ einen Tausend-Peseten-Schein auf der Theke liegen. „Eine Runde für alle!"

„Si Señor!", rief der Barmann hinter mir her, als ich hinaus in die Sonne trat. Ich trottete durch den pulverigen Sand zum Beiboot, wo Sissie schon wartete. Meine Hosen und mein Hemd waren durchgeschwitzt. Franz war ein großer Kerl, ein verdammt großer Kerl.

„Juuhuu, Tristan, ich sag' dir, ich hab' superguten Trockenfisch gefunden, in dieser dämmerigen Höhle von einem Laden, wie aus einem Bild von El Greco."

„Schmeiß' das Zeugs weg! Hier ...!" Ich gab ihr zweitausend Peseten. Geh' und kauf' Fleisch, Speck und Butter – und Kaviar, wenn du willst. Wir schwimmen im Geld!"

Sissies Gesicht begann zu strahlen, und ihre Apfelbäckchen leuchteten in der Sonne.

„Tristan – wo kommt das her? Du hast doch nichts angestellt, mein Kleiner? Oder?"

Ich erzählte ihr schnell, was passiert war. Sie warf ihre dicken Arme um meinen Hals und lachte laut; dann tanzte sie im Sand herum.

„So ein wunderschöner Tag!", sang sie, und ein paar dralle deutsche Hausfrauen auf Urlaub starrten sie entsetzt an. „Juuhuu, wir schwimmen im Geld, wir haben Geld wie Heu, ta-ta-ta-ta-ta." Sie rannte den Strand hinauf und kickte dabei Sand in alle Richtungen.

„Wart' noch einen Moment!", rief ich hinter ihr her. „Da ist so ein Kerl da drüben in der Bar, ein riesiger Kerl, ein Deutscher, heißt Franz. Du kannst ihn gar nicht verwechseln. Hat gerade zehntausend Peseten verloren, und jetzt hängt sein Gesicht herunter wie die Ohren bei einem Spaniel. Geh' zu ihm und sag' ihm, er wäre heut' Abend zum Essen an Bord eingeladen! Und er soll seine Frau oder sonst was mitbringen! Wir holen ihn um acht Uhr am Strand ab. Und er kann auch noch zwei, drei Freunde mitbringen, wenn er will! Wir werden das Schiff schon voll kriegen!"

„Oh Tristan, Liebling, du bist ein Schatz! Eine Party, eine richtige Party. Ich liebe Parties."

„Und ... Sissie ..."

„Ja, Skipper?"

„Kein Gesang heute Abend!"

„Ach, du Dummerchen, natürlich nicht!" Sie verschwand in der Bar. Als wir mit prima Lebensmitteln beladen an Bord kletterten, begrüßte uns Nelson mit wedelndem Schwanz.

Wir blieben eine Woche lang in Sóller, kauften ein wenig Farbe von unserem neuen Vermögen und pinselten das Deck und das Kabinendach fertig an. An den Nachmittagen hingen wir einfach nur so rum, Sissie am Strand und ich in der Bar – zwischendurch verstärkten wir noch unseren Telegrafenstangen-Großmast.

Unser Ankerplatz in Sóller war durch einen Wall aus grauen und rosa Steinen, an dem die Fischerboote mit dem Heck zur Mole hin festmachten, gut geschützt. Ab und zu kam eine ausländische Yacht herein und blieb über Nacht. Große schlanke Schoner und herrliche Ketschen aus Südfrankreich, normalerweise mit einer großen Crew. Die Franzosen schienen das gerne zu haben. Sie schwenkten die Arme und kletterten ins

Rigg. Es schien mir, als bestände die Lieblingsbeschäftigung der jungen Franzosen darin, möglichst viel Lärm und Radau zu machen. Große Motoryachten kamen herein, üblicherweise mit italienischer Nationalflagge. Auf denen waren die Matrosen in Uniform, sie trugen alle den Schiffsnamen auf ihren T-Shirts. Das Ganze garniert durch ein Dutzend Bikininymphen, Matronen in sackähnlichen Gewändern und einen überfordert aussehenden Eigner.

Selten kam ein britisches Fahrtenschiff herein, dann aber meist mit einer vom Wind zerfransten Nationalflagge und einem vom Wetter gegerbten Deck. Eines von diesen tauchte an einem schwülen Abend auf, eine kleine 24-Fuß-Sloop. Sie hieß *Tea Pot*. Sobald ich die Tausendfüßler an den Wanten sah, erregte es meine Aufmerksamkeit. Tausendfüßler, die man zu jener Zeit im Mittelmeer sehr selten sah, macht man aus den Resten alter Taue. Sie verhindern, dass die Segel an den Wanten scheuern, und sie sind meist das Markenzeichen eines Blauwasserseglers. Auf dem Deck des kleinen Schiffes stand ein etwas verkommen aussehender Kerl von etwa fünfundzwanzig und brachte den Anker aus. Er war sicher nicht größer als einssiebzig. Sein Gesicht und sein Oberkörper waren von der Sonne tief gebräunt, und er hatte nur ein paar vergammelte Hosen an.

Ich rief ihn an: „Hallo! *Tea Pot! Tea Pot*, Ahoi!"

Die Sloop kam näher heran.

„Hallo", kam die Antwort über das von badenden Deutschen besetzte Wasser. „Du bist von der *Cresswell*, he? Hab' schon viel von dir gehört, in Cherbourg letztes Jahr. Komm' rüber!"

Er hielt eine Flasche Bier in die Höhe.

„Bin gleich da!" Ich kletterte ins Beiboot und paddelte hinüber.

„Ich heiße Peter Kelly", sagte er und gab mir eine schwielige Hand. Es war mir aufgefallen, dass *Tea Pot* als Heimathafen Ramsgate (auf der Isle of Man) auf dem Spiegel stehen hatte.

„Freut mich, dich kennen zu lernen, Pete."

„Joe hat mir auch von dir erzählt, hab' ihn in Toulouse getroffen. Joe ist ein Kumpel von mir. Hab' ihn zuletzt in Plymouth gesehen, auf meinem Weg ins Mittelmeer, er kam gerade von Frankreich herauf", sagte Peter und gab mir ein Bier.

„Was machst du in diesem Teil der Welt?", fragte ich, nachdem wir es uns in dem winzigen Cockpit gemütlich gemacht hatten.

„Ach, nur so ein bisschen herumschippern. Von Beruf bin ich Fischer, aber nebenbei hab' ich *Tea Pot* gebaut, in meiner Freizeit. Hat zwei Jahre lang gedauert. Dann hab' ich ein wenig Geld gespart und mich ins Mittelmeer abgesetzt. Auf dem Weg hierher hab' ich einen Überführungsjob bekommen, von Plymouth nach Spanien, hat mir ein wenig Geld eingebracht. Aber im Moment geht's mir nicht so glänzend. Ich lebe hauptsächlich von den Fischen, die ich fange."

An dem Schiff war alles seemännisch und professionell. Die Kabine war piksauber. Alle Leinen waren aufgeschossen, obwohl er erst vor ein paar Minuten geankert hatte.

„Wie wär's mit ein bisschen Arbeit, Pete?"

Seine Augen waren blau, ein ganz spezielles Blau, wie man es nur auf der Isle of Man findet, mit ein paar grünen Flecken, so grün wie die irische See an einem sonnigen Frühlingsmorgen. Er hatte ein dunkelrotes, sonnengebräuntes Gesicht mit harten Zügen, aber Lachfalten um die Augen und um den Mund.

„Kommt drauf an."

„Ich habe einen 58-Füßer zum Überführen, nagelneu, von Barcelona nach Gibraltar, Ende dieses Monats. Und ich brauche einen Kumpel. Kein Kochen, der Eigner kommt mit, und der macht das. Der Kerl scheint in Ordnung zu sein, ein bisschen ungewöhnlich, und er kann Bug nicht von Heck unterscheiden. Aber er zahlt gut – hundertfünfzig Dollar für den kurzen Schlag ist nicht schlecht, oder?"

„Was ist mit *Tea Pot*?"

„Also, komm' mit *Cresswell* mit, nach Andraitx. Ich hab' so ein englisches Vögelchen dabei ..."

Pete sah mich fragend an, dann lächelte er.

„Ach, nicht was du denkst, um Gotteswillen!", sagte ich, „sie ist so alt, sie könnte deine Mutter sein. Und sie ist so hübsch wie der Arsch eines Doppeldeckeromnibusses." Er grinste und gab mir noch ein Bier. „Aber sie kann auf *Cresswell* aufpassen, und Andraitx ist ein sicherer Hafen für alle Windrichtungen, Wir legen *Tea Pot* vor Bug- und Heckanker, und sie passt auf sie auf, während wir unterwegs sind. Sie kann die Bilge lenzen ..." Er ließ mich nicht weiter reden.

„Mein Schiff leckt nicht!", erklärte er stolz.

„Also dann nicht. In jedem Fall kann sie drauf aufpassen. Und wenn sie einkaufen geht, dann hält Nelson Wache, mein guter alter Hund." Ich nahm einen Schluck Bier. „Also, was meinst du?"

„Okay, Tristan, klingt ganz gut. Wann segeln wir nach Andraitx?"

„Sofort!"

Ich erklärte Sissie, dass sie auf die Schiffe aufpassen sollte, während wir *Antoinette* nach Gibraltar überführen würden. Sie war nicht gerade begeistert, bis wir nach Andraitx kamen, an der Südspitze von Mallorca. Als sie den Hafen sah, einen der schönsten Häfen der Welt, verliebte sie sich sofort in ihn. Außerdem gab es dort eine kleine Kolonie von hochnäsigen Ex-Übersee-Briten, und die lagen ziemlich exakt auf Sissies Linie.

Sie konnte auch nicht vom Schiff weg, weil ihr Taschengeld aus England nicht eingetroffen war. Im Moment war sie blank. Ich ließ ihr genug Geld da, damit sie und Nelson für zwei Monate leben konnten ... das war aber auch alles, was ich hatte, nachdem ich die Tickets nach Barcelona für Pete und mich bezahlt hatte.

Has anybody here seen Kelly? –
Kaye, eee, double ell, wye –
Has anybody here seen Kelly? –
Find him if you can!
He's as bad as old Antonio –
Left me all alone-io –
Has anybody here seen Kelly? –
Kelly from the Isle of Man!

(Hat irgendjemand hier Kelly gesehen? –
Ka, E, Doppel-L, Ypsilon –
Hat irgendjemand hier Kelly gesehen? –
Find' ihn, wenn Du kannst!
Er ist so schlimm wie der alte Antonio
Hat mich allein gelassen, einfach so –
Hat irgendjemand hier Kelly gesehen? –
Kelly von der Isle of Man!)

Lied aus der Zeit König Eduards

19 Ein Schauspieler, ein Torero und ein Verräter

*A*ubrey erwartete uns auf dem Flughafen in Barcelona. Aufgeregt sprang er vor der Gruppe der Leute herum, die die Ankommenden abholen wollten. Er trug ein rot-weiß gestreiftes Hemd ohne Kragen, grüne Cordhosen und einen Malerstrohhut.

„Wie geht's dir, Tristan, mein Junge? Sie ist fertig, und bereit fürs Probesegeln." Er schaute Pete taxierend an.

„Aubrey, das ist Peter Kelly, er kommt von der Isle of Man und ist mein Kumpel für diese Reise." Pete streckte seine schwielige Hand aus, und Aubrey schien unter dem harten Händedruck zusammen zu zucken.

„Sehr nett, Sie kennen zu lernen", flötete Aubrey und begutachtete Pete vom Kopf bis zu den Zehenspitzen.

„Hallo!"

Aubrey wurde von einem jungen Mann von etwa dreiundzwanzig, in einem grauen Nadelstreifenanzug, begleitet. Der Anzug war an den Schultern auffällig breit geschnitten und an der Taille ganz eng. Im Knopfloch steckte eine weiße Blume. Mit seinem dunkelhäutigen Gesicht, den zwei Goldzähnen und den zwei großen Goldringen an jeder Hand sah er aus wie ein andalusischer Zigeuner, was er auch war.

„Also Jungs, ich möchte euch Manuel vorstellen", sagte Aubrey. Wir gaben Manuel die Hand – sie war härter als die von Aubrey, aber auch weichlich.

Manuel verbeugte sich von Kopf bis Fuß, als wir uns vorstellten. Am Hinterkopf trug er einen kleinen Pferdeschwanz, wie ihn die Matadoren haben.

„Manuel ist ein aufstrebender Stierkämpfer", sprudelte Aubrey, „er wird jede Woche bekannter – ja wirklich, Woche für Woche!"

Während Aubrey noch redete, bildete sich ein Kreis von mehreren jungen Mädchen und älteren Matronen um Manuel, der sich zu seiner vollen Größe von einmetersiebzig aufreckte, theatralisch einen Fuß vor den anderen stellte und posierte. Er sah Pete an, als wäre dieser etwas, das vom Gepäckwagen gefallen sei, dann zog er langsam und arrogant seine Nase in die Höhe.

„Sehr erfreut, Sie kennen zu lernen", sagte ich zu Manuel in Englisch. Dann gingen wir alle in die Flughafenbar.

„Manuel kommt mit uns mit bis Málaga", sagte Aubrey, nachdem wir uns mit unseren Drinks hingesetzt hatten. „Seine Familie lebt in der Nähe von Granada, also können wir ihn in Málaga ausladen, und er kann dann nach Hause. Wir drei werden dann nach „Gib" weitersegeln. Ist das so in Ordnung, Tristan?"

„Ist mir recht, Aubrey. Ist er schon mal gesegelt?"

„Nein, aber seine Freunde haben Motorboote, und da ist er schon mal mitgefahren."

Ich beobachtete Manuel, der kerzengerade da saß und uns überhaupt nicht beachtete. Mit unbeweglicher andalusischer Miene sah er durch alle Frauen im Umkreis, jung oder alt, hindurch. Die bemerkten seinen Pferdeschwanz und schmolzen in der Anwesenheit des *macho de machos* dahin.

Auf dem Weg zum Taxi, murmelte ich zu Pete: „Was hältst du denn von dem da, Kumpel?"

„Stinkt wie ein Puff in Tanger."

„Ne Leine wird er schon festhalten können, sieht ja doch kräftig aus. Vielleicht ist er auch ganz in Ordnung."

Wir zwängten uns in ein uraltes Ford-Taxi und fuhren zur Werft. *Antoinette* lag am Kai. Sie glänzte weiß und elegant in der Sonne.

„Da ist sie!", rief Aubrey, als das Taxi durch das Tor fuhr. „Meine kleine *débutante*, und bald werde ich ihr Skipper sein, und mit ihr über die blitzende blaue See fahren, in ihrem wunderbaren neuen Ballkleid!" Er hüpfte unruhig auf dem Sitz hin und her.

An Bord, in der frisch lackierten, grellen Kabine, deren Holzausbau nicht besonders war, schenkte er spanischen Sekt ein, der überschäumte und auf die lackierten Bodenbretter tropfte. Aubrey tauchte nach einem Wischlappen, während wir still und steif dastanden. Blitzschnell war Aubrey auf den Knien und wischte die kleine Lache Sekt auf. Dann kam er wieder auf die Beine, hielt sich an einem Schwalbennest fest und brachte einen Toast aus. „Auf meine wunderschöne liebe Königin der tanzenden See!"

„*Salud. Buenas viajes*", intonierte Manuel ernst und maskulin.

„Prost Aubrey", sagte Peter und grinste.

„Möge sie lange leben und fröhlich sterben, und möge man die Haut ihres Arsches nie über ein Banjo spannen." Ich benutzte den uralten keltischen Trinkspruch und schaute in die Luft.

Aubrey berührte mich am Handgelenk und sagte: „Aber, aber, du Schlimmer du!"

„Das ist eine alte Tradition aus Liverpool", sagte ich ihm. „Also Aubrey, Peter und ich werden uns jetzt auf dem Schiff umsehen und herausfinden, wo alles verstaut ist, okay? Während wir das machen, gehst du mit Manuel zum Einkaufen. Hier ist eine Liste, das ist das absolut Notwendige. Zwei Wochen Proviant für vier Leute. Was du zusätzlich noch einkaufen willst, überlasse ich dir. Morgen machen wir einen Probeschlag, und wenn alles gut geht, dann legen wir übermorgen Kurs Málaga an."

„Kann ich nicht hierbleiben und euch alles zeigen?", fragte Aubrey. „Ich war während der gesamten Bauzeit hier und weiß, wo alles ist."

„Wenn wir irgendwas übersehen oder nicht finden, können wir dich immer noch fragen, wenn du zurückkommst. Dann kannst du uns auch den Maschinenraum zeigen."

„Oh, gut. Komm' Manuel, *vamonos a las tiendas*." Aubrey und sein Matador verschwanden.

„Lustiges Pärchen", sagte Pete

„Leben und leben lassen, Pete", erwiderte ich.

Um vier Uhr am nächsten Morgen legten wir ab, um mit *Antoinette* in der Bucht von Barcelona einen Probeschlag zu machen. Als Erstes fanden wir heraus, dass der große italienische Diesel schräg zur Schiffslängsachse unter dem Kabinentisch eingebaut war. Statt ein Kardangelenk einzubauen, hatte man den Propellerschaft mit 25 Grad Abweichung von der Längsachse direkt durch die Heckbuchse geführt. Das hatte den Effekt, dass das Schiff unter Maschine die Tendenz hatte, im Kreis zu laufen.

„Wieder mal typisch!", sagte Pete. Aubreys Gesicht wurde ziemlich lang, als wir ihm beibrachten, dass wir die Maschine nicht gebrauchen konnten.

„Aubrey, du musst die Maschine neu einbauen lassen, wenn wir sie auf der Reise nach Gibraltar benutzen wollen."

„Aber das dauert ein paar Monate!"

„Also, wenn du wegen dem Zoll aus den spanischen Hoheitsgewässern heraus willst, dann müssen wir das unter Segel machen. Es gibt keine Alternative."

„Das geht in Ordnung, Tristan", sagte Pete, „um diese Jahreszeit gibt es ziemlich lebhaften Wind hier, vorherrschend aus Nordost, ablandig."

„Also gut dann, okay", sagte Aubrey.

„Wir seh'n uns noch mal die Segel an. Morgen legen wir ab. Es hat keinen Sinn, nochmals einen Probeschlag in der Bucht zu machen, und dann wieder rein zu müssen. Das kostet uns nur noch einmal Schleppgebühren."

Wir fanden schnell heraus, dass die meisten Fallen und Schoten falsch geführt waren. Pete und ich bauten Blöcke ein, um sie gebrauchen zu können. Dann prüften wir die Bilgepumpen, füllten die Frischwassertanks und waren startklar. Wir konnten die Maschine im Leerlauf laufen lassen, um die Batterien zu laden. Diesen Job gaben wir Aubrey. Pete war für die Segel und das Rigg zuständig. Aubrey hatte die Verantwortung für die Kombüse, die Maschine und die Sauberkeit unter Deck (er war da sehr pingelig). Ich übernahm die Navigation, die Wartung vom Rumpf, das Ankergeschirr, die Einteilung der Wachen und die Gesamtverantwortung als Skipper. Manuel war der Springer und sollte den anderen, wenn nötig, zur Hand gehen.

Am vierten Juni organisierten wir einen Schlepp, der uns aus dem Hafen hinausbrachte, und endlich waren wir unterwegs. Am ersten Nachmittag und während der Nacht hatten wir leichten Wind. *Antoinette* bewegte sich sanft auf ihrem Kurs nach Süden. Wir hatten alle Segel gesetzt – die Genua, das Stagsegel, das Groß, den Besan und ein Besanstagsegel, das zwischen Besanmast und Großmast angeschlagen wird.

Während der Nacht legten wir etwa fünfzig Seemeilen zurück. Als der Wind am nächsten Morgen auffrischte, nahmen wir die Genua weg und setzten die Arbeitsfock. Danach rauschten wir mit einem steifen Nordost auf südwestlichem Kurs voran, querab der Mündung des Ebro.

Dieser Teil Spaniens ist niedrig, und die See ist nicht sehr tief. Auf dem Grund haben sich große Bänke aus Schlamm und Sand gebildet, die der Ebro angeschwemmt hat. Deshalb hielt ich mich gut von der Mündung frei und blieb im tiefen Wasser. Wir hielten uns weit draußen, und in der Abenddämmerung hatten wir Sturm. Der Wind drehte, zuerst auf Nordwest und dann auf West. Das bedeutete, dass *Antoinette* jetzt hart am Wind lief. Der Wind pfiff im Rigg, und das Schiff setzte hart in die kurzen Wellen ein. Das Mittelmeer ist flach. Ein kräftiger Wind baut dort schnell eine unangenehme und steile See auf.

Da *Antoinette* ein nagelneues Schiff war, trauten Pete und ich weder dem Rumpf noch dem Rigg. Beim ersten Anzeichen des kommenden Sturms entschieden wir, dass wir die Nacht an Deck bleiben würden. Am Abend war die See hart und rau, und das Schiff wurde kräftig durchgeschüttelt.

Manuel hing an der Seereling in Lee und kotzte. Aubrey tat sein Bestes, um uns zu helfen, musste aber auch immer wieder opfern. Aber, um ihm Gerechtigkeit widerfahren zu lassen, er gab sich redlich Mühe.

Um Mitternacht hatten Pete und ich die Segelfläche bis auf Sturmfock und Besan reduziert. Das Schiff machte kaum noch Fahrt in Richtung Süden. Mit ihrem großen Kajütaufbau bot *Antoinette* viel Angriffsfläche für den Wind und wurde von einer Welle auf die andere geworfen.

Zwischen seinen Ausflügen an die Seereling rutschte Manuel ins Cockpit zurück, ging in die Knie und murmelte vor sich hin. „Was macht er denn?", rief ich Pete in dem heulenden Wind und der klatschenden Gischt zu.

Pete beugte sich über Manuel, um zu hören, was er murmelte, dann stand er wieder auf und legte seine Hände trichterförmig an den Mund.

„Er spricht den Rosenkranz, Skipper, Ave Maria und das ganze Vaterunser."

„Oh, dann werden wir das hier ja wohl überleben, he?" Ich duckte mich, um einer halben Tonne von grünem Wasser auszuweichen, die über die Seite spritzte.

„Ja, das halten wir schon aus." Pete hielt sich an der Steuersäule fest, als wieder eine See einstieg, die das schwarzgraue Wüten des *tramontana* aufgebaut hatte.

Die ganze Nacht hindurch wechselten Pete und ich uns bei den Wachen ab, machten heißen Kakao und kämpften mit dem bockigen Rad. Im Morgengrauen hatte sich der Wind stabilisiert. Ich wusste, dass das Schlimmste vorbei war. Der Wind drehte wieder auf Nord, und bald danach liefen wir wieder unter Vollzeug auf Kurs Süd.

Nachdem Pete und ich unser aus Burgoo und Tee bestehendes Frühstück hinter uns hatten, tauchte Manuel auf. Grau im Gesicht, mit schwarz umrandeten Augen, sagte er: „*Señor Capitán Tristan*, im Namen Gottes, bitte bringen sie mich in einen Hafen, irgendeinen Hafen. Ich gebe Ihnen zehntausend Peseten, wenn Sie mich in einen Hafen bringen!" Aubrey war in seine Koje gekrochen. Von dort hörte man ihn ab und zu stöhnen. Pete stand im Ölzeug am Rad. Ich war ein wenig müde und vielleicht auch ein wenig nervös, nach der Anspannung.

„Hör' mal, ich kann dich an dieser Küste in keinen Hafen bringen, die sind alle zu klein und zu flach. Nein, mein Freund, du musst aushalten bis Valencia. Beim Versuch, einen Hafen anzulaufen, gehen mehr Schiffe verloren als auf See. Also, mein Freund, da musst du einfach durch!"

Eine weitere See klatschte an Bord.

„Aber ich habe solche Angst, solche Angst!"

Manuel winselte und blickte mit hoffnungslosen Augen nach draußen auf die sich beruhigende See. Dann brach er zusammen. Er weinte leise, und sein Kopf fiel auf die Brust. Pete kam durch den Niedergang herunter.

„Was ist los, Skipper?"

„Es geht ihm nicht so gut ... er hat Angst."

„Vielleicht sollten wir eine Tribüne mit Zuschauern aufbauen, dann kann er den Tapferen spielen", sagte Pete und ging wieder ans Rad.

Am nächsten Tag standen wir vor Valencia. Der Wind war angenehm, aber die See war immer noch rau. Bevor wir in den Hafen einliefen, kam Aubrey nach oben gestolpert. Er sah ziemlich krank aus, aber er gab sich große Mühe. Manuel lag wie ein nasser Sack im Cockpit. Pete und ich mussten jedes Mal über ihn steigen, wenn wir nach unten wollten oder an die Schotwinschen, oder aufs Vorschiff, um die Segel wegzunehmen. Sobald wir im ruhigen Wasser des Hafens waren, ging es Aubrey besser. Er tätschelte das Kajütdach.

„Mein liebes Mädchen, meine wunderschöne Debütantin, was für eine schreckliche See für dich, beim ersten Mal! Aber mach' dir keine Sorgen, du hast deine erste Prüfung gut bestanden!" Pete und ich schauten uns an. Wir mussten uns anstrengen, nicht zu grinsen. Als das Schiff sich an den Steg des Valencia Yacht Clubs heranschob, stand Manuel in Pose an Deck, einen Fuß vor dem anderen und eine Hand vorn ins Hemd geschoben. Jetzt sah er wieder furchtlos und *macho* aus. Schweigend stieg er an Land. Er schaute weder mich noch Pete an, schüttelte Aubrey die Hand und verschwand.

„Werd' ihn vermissen", sagte Pete.

Aubrey kletterte wieder galant an Bord seines Schiffes. „Wie geht's, Aub? Wollen wir weiter?", fragte ich ihn.

„Natürlich, mein Junge. Ich kann doch mein Lieblingsmädchen nicht auf ihrer Jungfernfahrt alleine lassen, oder? So ein bisschen *mal de mer* kann mich doch nicht aufhalten, was?" Als er runter ging, sagte Pete: „Er ist schon ein komischer Kerl, aber man muss ihn bewundern."

Ich nickte. Was immer man über ihn sagen konnte, er war ganz in Ordnung. Er hatte sein Schiff nicht im Stich gelassen, was andere vielleicht getan hätten.

„He, Aub", rief ich ihm nach, als er nach unten verschwand und anfing, Staub zu wischen.

„Jaha?" rief er nach oben.

„Pete und ich gehen an Land. Wir wollen einen draufmachen."

„In Ordnung, mein Junge. Ihr habt meine Genehmigung."

„He, Aub, wir haben nicht nach deiner Erlaubnis gefragt, wir wollen wissen, ob du mitkommst!"

„Also danke! Das ist eine prima Idee, eine tolle Idee!" Aubrey steckte seinen Kopf aus dem Niedergangsluk und lächelte mit seinem Elfengesicht.

Diesen Abend gingen wir also an Land. Aubrey hatte seine Golfhosen an und eine fürchterliche, flache englische Schildkappe auf dem Kopf. Wir fanden ein billiges aber sauberes Restaurant, das Café Balanza, direkt im Zentrum. Wir aßen große Teller mit Reis und Meeresfrüchten, spülten das Ganze mit Taragona-Wein hinunter und erzählten Geschichten von vergangenen Seereisen, während Aubrey die kleinen Tricks auf der Bühne erklärte und so mit Namen der anderen Schauspieler um sich warf wie die einheimischen Valencianer ihre Shrimp- und Muschelschalen auf den Fußboden des Cafés.

Die Bar des Lokals war voll mit Männern, die Wein tranken und *tapas* knabberten. Wie in allen spanischen Bars ging es auch hier sehr geräuschvoll zu. Kellner brüllten ihre Bestellungen über den Tresen, Gläser und Teller fielen beim Abwasch herunter, und die Gäste versuchten durch lautes Schreien den Lärm zu übertönen. Wir saßen da und beobachten interessiert die Szene. Plötzlich schreckte Pete auf.

„Tristan", zischte er.

„Was gibt's, Kumpel?"

„Siehst du den Kerl da an der Bar, in der Nähe der Tür? Der Dünne da, mit der Sportjacke und den braunen Schuhen?"

Ich sah einen jungen Mann, etwa zwei- oder dreiundzwanzig, glattrasiert, mit strähnigem Mäusehaar, einem weichen fliehenden Kinn, einer Stupsnase und unruhigen, nervösen Augen. Er stand alleine da und trank ein Bier, mit einem Schuh auf der Fußstange, die rings um die Bar lief.

„Was ist mit dem?"

„Ich hab' vorhin eine Zeitung von hier gelesen, und da war sein Bild drin. Er kommt aus Gibraltar und er bittet hier in Spanien um politisches Asyl. Sie hatten diesen Artikel in der Zeitung, in dem er sagt, dass Gibraltar in Wirklichkeit zu Spanien gehört, und wie brutal die Regierung von Gibraltar die Leute unterdrückt und Franco in die Knie zwingen will, und dass die Einwohner von Gibraltar lieber Spanier wären."

„Aber das ist doch Scheiße, Pete. Letztes Jahr hat man in Gibraltar ein Referendum abgehalten. Nur zwei Prozent stimmten für eine Vereinigung mit Spanien!"

„Richtig! Aber sie hatten auch einen Artikel über den Kerl, Percy Soundso, in der *London Daily Telegram* vor ein paar Wochen. Hab' ich in Palma gelesen. Darin sagten sie, dass der Kerl ein verdammter Verräter ist. Er war mehrere Male in Gibraltar im Knast für Einbrüche und Diebstahl. Scheint, als wolle er es sich hier gut gehen lassen und sich mit Francos Bande anfreunden."

„Übles Charakterschwein, ein raues Geschäft, würde ich sagen", bemerkte Aubrey, „ignorier' ihn einfach!"

„Einen Scheiß werd' ich tun!", sagte Pete und stand auf.

„Was zum Teufel hast du vor?", fragte ich.

„Ich werd' ihm eine Lektion erteilen!"

„Also, Pete, reg' dich ab", sagte ich leise, „denk' dran, diese Typen benutzen ihn doch nur als ihr Werkzeug, obwohl er lügt wie gedruckt. Aber die werden sicher nicht zuseh'n, wenn ihm einer an den Kragen geht!"

„Ich werde ihn nicht verprügeln, ich werde ihm einen ausgeben!" Er schlenderte hinüber zur Bar.

Aubrey sah etwas verwirrt aus, aber ich lächelte ihn an. „Komm' schon, Aub, wir suchen uns eine andere Bar. Pete passt schon auf sich selber auf." Als wir hinausgingen, sah ich aus den Augenwinkeln heraus, wie Pete mit dem Verräter aus Gibraltar an der Bar stand, lächelte und mit ihm redete. Aubrey und ich zogen in dieser Nacht durch die Bars von Valencia. Um zwei Uhr kamen wir an Bord zurück. Als wir die Niedergangsleiter hinunterpolterten, war unter Deck alles dunkel, aber Pete war offensichtlich an Bord, denn die Luke stand offen. „Psst!", zischte er, als wir runter kamen.

„Was gibt's, Pete?"

Er ergriff meinen Arm und Aubreys Schulter. „Kommt mit nach vorn", murmelte er.

In der Dunkelheit stolperten wir ihm nach. Die Tür zum Vorschiff war offen. In dem schwachen Licht, das durch die Luke kam, konnte ich einen Körper auf der Steuerbordkoje liegen sehen. Pete leuchtete ihm mit der Taschenlampe ins Gesicht. Es war Percy, der Verräter, bewusstlos. Auf seiner Stirn war eine große britische Flagge eintätowiert, von rechts nach links.

„Hab' ihn vollaufen lassen, im Balanza. Hat mich hundert Peseten gekostet, die Tätowierung, drunten am Fischdock", sagte Pete. Er grinste im Schein der Taschenlampe.

Ich drückte ihm die Hand. Aubrey machte: „Ts, ts", und schüttelte den Kopf.

„Was meinst du, Skip?"

„Es gibt eine leichte Brise da draußen, Pete, lass' uns wie die Teufel von hier abhauen!" Pete ging nach oben.

„Willst du ihn nicht an Land bringen?", fragte Aubrey. „Die Polizei wird ihn suchen und uns jagen!"

„An Land bringen? Den Teufel werd' ich tun, Aub! Der geht mit uns nach Gib!"

Als ich die Zeisinge von den Segeln nahm, war Pete bereits auf dem Steg und warf die Festmacherleinen los. Eine halbe Stunde später waren wir auf See. Unseren Gast hatten wir im Vorschiff festgebunden. In der Morgendämmerung waren wir weit außerhalb der spanischen Hoheitsgewässer, mit Kurs auf Gibraltar.

„Pete, du hast die Verantwortung für Percy, also pass' auf ihn auf!", sagte ich.

„Mach' ich", sagte Pete mürrisch, „ich werde auf den Dreckskerl aufpassen."

Aubrey schüttelte den Kopf, als er in der Kombüse sein Gulasch umrührte und mit dem blütenweißen Geschirrtuch eine Fliege wegjagte.

Percy wachte in der Nacht auf, aber er machte keinen Pieps. Er war nur locker in der Koje festgebunden. Er lag einfach so da und starrte in die Luft. Erst als er merkte, was vorging, fing er leise an zu weinen.

„Halt's Maul, du Saukerl!", rief Pete, „jetzt fährst du in die Heimat! Dort liegt nichts gegen dich vor, und wir sind auch nicht im Krieg mit Spanien. Wenn du die nächsten zehn Jahre lang schön im Haus bleibst und dich nicht sehen lässt, wird's dir gut gehen. Also hör' auf zu wimmern, du bist bald zu Haus' bei Mama."

Der Verräter stöhnte bei dem Gedanken an die bevorstehende Ankunft und die Begrüßung durch seine ehemaligen Freunde und Kollegen.

„Ruhe jetzt, du alter Stinker, sonst werde ich dich versenken", brüllte Pete.

Am nächsten Tag war das Wetter gut. Es wehte ein steifer Wind aus Nord. *Antoinette* lief mit achterlichem Wind über eine relativ ruhige See, und wir kamen gut voran. Wir hatten Vollzeug gesetzt. Die Genua zog wie ein Artilleriepferd.

Alles lief ruhig ab. Pete und ich übernahmen das Rad und die Segel, während sich Aubrey um die Mahlzeiten kümmerte und zwischendurch reichlich Tee servierte.

Der Abend war herrlich. Der Wind ließ nach, und der Mond und Tausende von Sterne kamen hervor und hingen am Himmel. Von der spanischen Küste her sah man flackernde Lichter unter den dunklen Schatten der Sierra Nevada.

Nach dem Abendessen sagte Aubrey, dem inzwischen Seebeine gewachsen waren, er wolle gerne eine Wache übernehmen. Pete und ich könnten dann etwas mehr Schlaf bekommen. Ich übergab ihm das Rad, aber es war schnell klar, dass er keine Ahnung hatte, wie man nach Kompass steuert. Einige Leute sind halt so, und sie brauchen eine Ewigkeit, um es zu lernen. Sie können einfach nicht begreifen, dass die Kompassrose stillsteht, während sich das Schiff drum herum dreht.

Nach einem einstündigen Lehrgang, sagte ich zu ihm: „Also, hör' mal zu, Aub. Die Nacht ist klar – keine Wolke am Himmel. Wie wär's, wenn du nach einem Stern steuerst? Schau, ich leg' einen Kurs an, und du suchst dir einen Stern aus, möglichst direkt voraus. Dann hältst Du einfach diesen Stern immer in gleichen Winkel zum Schiff. Siehst du, das ist ganz einfach."

„Gute Idee", stimmte Aubrey zu.

Ich legte den Kurs an, und Aubrey suchte sich Sirius aus, der im Westen, zirka 60 Grad hoch, über dem Horizont stand. Ich schaute ihm eine Weile beim Steuern zu und war zufrieden. Dann ging ich nach unten und war schnell eingeschlafen, oder wenigstens im Halbschlaf, halb wach, halb schlafend. Das kennen alle Segler. Plötzlich saß ich aufrecht und hellwach auf der Koje. Das Schiff lief im Kreis herum! Die Segel knallten, und die Blöcke vibrierten. Die Segel füllten sich, dann knallten sie wieder. Ich sprang aus der Koje und raste die Leiter hinauf.

„Was ist los, Aub?", rief ich, während der Großbaum überkam und quer über das Cockpit sauste. Aubrey hatte das Rad hart nach Steuerbord gedreht, und das Schiff lief einen perfekten Kreis.

„Nichts, Tristan, ich mach' es genau so, wie du es mir beigebracht hast!" Er starrte wieder ins Leere. „Ich folge dem Stern."

Das Groß füllte sich wieder. Ich schnappte das Rad. „Welchem verdammten Stern folgst du denn?", wollte ich wissen.

„Na dem da, kannst du ihn nicht sehen?" Er streckte seinen Arm nach einem hellen Objekt aus, das sich gleichmäßig über dem Horizont bewegte.

„Aub, du Rhinozeros, das ist ein verdammtes Flugzeug!", schimpfte ich und brachte das Schiff wieder auf Kurs. „Vielleicht ein Suchflugzeug, das im Kreis herum fliegt. Kannst du denn nicht das grüne Positionslicht sehen?"

„Ach, das tut mir aber wirklich schrecklich leid", sagte Aubrey.

„Kein Problem, Aub. Ich mach' dir einen Vorschlag. Wie wär's, wenn wir beide jetzt eine schöne heiße Tasse Kakao trinken würden?"

„Klar, Skipper!" Er sprang hinunter und warf den Herd an.

„Aub!"

„Ja?"

„Mach' auch eine Tasse für Pete, in einer Viertelstunde hat er Wache."

„Was ist mit unserem Gast da vorne?"

„Vergiss' es! Lass' ihn pennen, wenn es sein Gewissen zulässt."

Aubrey mogelte Percy trotzdem eine Tasse Kakao zu, aber ich tat so, als hätte ich es nicht gesehen. Aubrey war halt so.

Am folgenden Morgen tauchte aus dem Dunst und den niedrig hängenden Wolken der mächtige Felsen von Gibraltar auf. Ein guter Südostwind schob *Antoinette* auf die Straße zu, und in der Abenddämmerung waren wir bei den ehemaligen Docks für die Unterseeboote festgemacht.

Percy greinte, als er von einem eifrigen und grinsenden Bobby mit stahlharten Augen abgeholt wurde.

Aubrey hatte sein Schiff sicher und sauber aus Francos Zoll heraus, Pete und ich hatten jeder einhundertfünfzig Dollar verdient, Manuel war wieder bei seinen Bewunderern, und der kleine Percy war wieder heil zu Hause, in fast vollkommener Sicherheit und außerhalb jeglicher Versuchung.

For South Australia we are bound;
Heave away! Haul away!
For to sail the Horn around;
We're bound for South Australia!
Heave away you rolling kings,
Heave away! Haul away!
Heave away you rolling kings,
We're bound for South Australia!

(Südaustralien ist unser Ziel
Hebt, Leute! Zieht, Leute!
Für die Reise um Kap Hoorn,
Wir fahr'n nach Südaustralien.
Zieht, ihr rollenden Könige
Hebt, Leute! Zieht, Leute!
Zieht, ihr rollenden Könige
Wir fahr'n nach Südaustralien.)

Gangspillshanty aus der Mitte des 19. Jahrhunderts
(Tansy Lee, 1886–1958, kannte noch die Originalversion des Liedes, er sang nicht „Rolling Kings" sondern „rollikins". Das ist ein altes englisches Wort für Trunkenbolde. Doch ein betrunkener Australier ist ein „rolling King".)

20 Ein Affengeschäft

*G*ibraltar ist einer der Hauptkreuzungspunkte in der Welt der Segler. Fast alle Schiffe, die ins Mittelmeer wollen oder aus dem Mittelmeer kommen, machen hier fest, um Vorräte einzukaufen, Reparaturen ausführen zu lassen oder einfach, weil es (im Allgemeinen) eine Oase ist in einer Wüste der Korruption, Ungerechtigkeit, Geschmacklosigkeit und Unfähigkeit. Gibraltar ist nur 5,8 Quadratkilometer groß und besteht aus einem großen querliegenden Felsen, der in die kabbelige Straße von Gibraltar hineinragt. Der Felsen selbst, dessen Gipfelwolken oft einen bevorstehenden Sturm voraussagen, ist eine Bastion des „Habeas corpus", die einzige in einem Umkreis von tausend Meilen.

Damals, im Jahr 1965, waren die Habeas-Corpus-Akte und Gibraltar im Allgemeinen wieder einmal unter politischem Druck. Die Franco-Regierung hatte die Grenze geschlossen, einmal um zu verhindern, dass Spanier sich in den großen Schiffswerften Arbeit suchten, und zum anderen, dass Lebensmittel aus Andalusien in das Land eingeführt werden konnten. Das ging so weit, dass Franco sogar versuchte, das Wasser abzusperren, das sich durch Regenfälle in den großen betonierten Auffangbecken, die fast die gesamte sonnenverbrannte seewärtige Seite des Felsens bedecken, gesammelt hatte.

Für die Bewohner von Gibraltar gab es nur drei Ausgänge vom Felsen in die Außenwelt, erstens den Flughafen, dessen Landebahn direkt bis zum Stacheldraht der Grenze reicht, zweitens die Fähre über die Straße nach Marokko, und drittens kleine Schiffe, die meist Besuchern aus England gehörten. Viele von denen machten gute Geschäfte, indem sie frisches Obst, Gemüse und andere Lebensmittel aus Marokko und Portugal heranschafften. Deshalb herrschte in dem Yachthafen Hochbetrieb, als *Antoinette* dort festmachte.

Percy, der Spitzbube, wurde unter den wachsamen Augen eines Beamten der Einwanderungsbehörde von zwei Bobbys mit Helmen abgeführt, die ihn die enge Hauptstraße hinauf eskortierten. Nach dem Abschied von einem dankbaren Aubrey gingen Pete und ich hinterher. Ansammlungen von Maltesern, Indern, arabischen Händlern und Touristen jeder Nationalität applaudierten und schüttelten die Fäuste gegen den

Möchtegern-Freund Francos. Beim Café Suisse, einem bekannten Treffpunkt für Segler, mit einer langen Bar, schnellem Service und Tanz-
mädchen verließen wir die Prozession und gingen hinein, um unseren
Durst zu löschen.

Das Café war groß, schäbig, laut und sehr voll. Wir zwängten uns
durch die schiebenden Menschenmassen zur Bar durch und standen
plötzlich hinter einem kleinen, etwas abgewetzt erscheinenden Kerl, der
einen uralten schmierigen Filzhut auf dem Kopf und eine gebrochene
Nase im Gesicht hatte.

„Entschuldigung, Kumpel", sagte ich und streckte meinen Arm aus,
um an die Bar zu kommen.

Er drehte sich um, musterte mich mit einem schnellen Blick und sagte: „Aber ja, Alter. Ich will keinen aufhalten, der dringend was zu trinken
braucht."

Ich bestellte zwei kühle Bier. Eines davon gab ich nach hinten zu
Pete, der gerade intensiv die Mädchen beobachtete, die an Tischen am
Rande des Raumes saßen. Nachdem er einen großen Schluck von seinem
Bier genommen hatte, sprach der kleine Mann weiter.

„Hab' gehört, dass ihr dem verdammten Schmutzfink einen schönen
Streich gespielt habt!"

„Wird ihn lehren, das nächste Mal das Maul zu halten, nicht wahr?"

Der Mann streckte seine Hand aus. „Willy Clossard heiß' ich, aus
Adelaide, Australien. Man nennt mich Closet. Wie wär's, wenn ihr mal
mit rüberkommt, du und dein Kumpel, zu meinem Skipper. Er sitzt da
drüben."

Ich blickte über die vielen Köpfe hinweg und sah einen etwas traurig
aussehenden älteren Herrn im Schatten der Bar sitzen. Er hatte eine Le-
sebrille auf und studierte die Zeitung. Sein dichtes graues Haar fiel in
Strähnen über die Stirn.

„Gut, Willy – eh, Closet." Ich drängte mich nach hinten durch und
nahm Pete am Ellenbogen mit. Der Herr schaute auf, als wir auf ihn zu
kamen. Er blickte uns etwas kurzsichtig durch seine Halbbrille an. „Bist
du das, Closet?", fragte er mürrisch.

„JA, ICH BIN'S HENRY. HAB' EIN PAAR FREUNDE MITGE-
BRACHT, DIE KERLE, DIE DEN VERDAMMTEN SCHMUTZFINK

AUS SPANIEN MITGEBRACHT HABEN, MIT DER BRITISCHEN FLAGGE AUF DER STIRN."

Der alte Mann grinste über das ganze Gesicht und streckte seine schwielige Hand aus.

„Freut mich, dich kennen zu lernen. Bin Henry Willon. Du musst lauter reden, bin schwerhörig!"

Während er auf meine Antwort wartete, legte er eine Hand muschelförmig ans Ohr, und sein Mund unter dem zerzausten Schnurrbart stand offen. Ich stellte mich und Pete vor, und wir setzten uns. Während Henry mit Pete sprach, wendete ich mich an Closet.

„Wie schwerhörig ist er denn?"

„So taub wie ein Zaunpfahl, Kumpel – wenn er will!", sagte Closet leise. Ich schaute auf Henry, der sich bemühte, Pete zu verstehen. Henry schien ungefähr fünfundsechzig zu sein.

„Von welchem Schiff kommt ihr?", fragte ich Closet, der gerade Bier bestellte.

„*Cuatro cervezas, por favor*", rief Closet.

„Okay, Kumpel", rief der Kellner zurück, „vier Bier."

Closet drehte sich zu mir um. „Wir gehören zur *Fanny Adams*, einem Motorboot. Ihr müsst sie gesehen haben, als ihr in den Hafen reingekommen seid. Sie liegt gleich am Ende des Piers, in der Nähe der Einfahrt. Fünfundfünfzig-Füßer, eine Ex-Marinebarkasse".

„Nee, ist mir nicht aufgefallen. Was macht ihr? Kreuzfahrt?"

Nach ihren Klamotten zu urteilen – Henry in einem zerknitterten Tropenanzug mit Nadelstreifen, ohne Socken und mit Ledersandalen, und Closet in einem öligen, ehemals weißen Overall und seinem verschlissenen Filzhut, beide mit Viertagebärten – ähnelten sie eher Landstreichern.

„Kreuzfahrt? Ja, so kann man es auch nennen! Henry ist schon fast seit Ende des Krieges im Mittelmeer. Weißt du, er macht mal dies, mal das. Im Sommer in Gib und in Tanger, im Winter in Barcelona oder Ibiza. Hab' ihn in Südfrankreich getroffen, so vor fünfzehn Jahren. Seitdem sind wir zusammen, mehr oder weniger. Bin sein Maschinist. Hab' gerade Henrys Maschine überholt.

„Und was habt ihr jetzt vor?"

Closet zögerte eine Minute lang. „Also, wir denken, wir werden gen Osten gehen, nach Formentera. Henry hat da ein paar Freunde."

„Wann denn?", ich spitzte die Ohren.

„HEY HENRY!", brüllte Closet über den Tisch. Henry war inzwischen wieder dazu übergegangen, die Zeitung zu studieren. Er schaute ruckartig nach oben, und hielt die Hand ans Ohr. „WANN LEGEN WIR AB?"

„Keine Ahnung, kommt drauf an, wann wir genug Diesel haben." Seine mürrische Stimme verklang, irgendwie sorgenvoll. Er sah aus wie ein pensionierter Bluthund.

„WIEVIEL BRAUCHST DU DENN?", schrie ich über den Tisch.

„Wir haben genug für die halbe Strecke, ich brauch' noch vierhundert Liter."

„UND WAS KOSTET DAS?"

„Zirka achtzig Dollar. Aber in Spanien kriegt man es billiger, in Algeciras. Hab' einen Kumpel da, kann es für fünfzig Dollar kriegen." Henry hob sein Bier hoch und nahm einen herzhaften Schluck.

„WENN PETE UND ICH DIE HÄLFTE DAVON BEZAHLEN, ALSO FÜNFUNDZWANZIG DOLLAR, UND DANN NOCH DIE VERPFLEGUNG FÜR SECHS TAGE, NIMMST DU UNS DANN MIT NACH IBIZA? DAS IST GANZ IN DER NÄHE VON FORMENTERA ... UND WIR ARBEITEN AUCH ALS CREW."

„In Ordnung, Kumpel, abgemacht!"

„Aber wir wollen ERST das Schiff sehen. Und WENN wir mitkommen, wann legen wir dann AB?", fragte Pete.

„Wann immer ihr wollt", warf Closet ein.

„Wie wär's mit jetzt sofort?", fragte ich mit leiser Stimme.

„Was sagt er?", brüllte Henry.

„ICH SAGTE, WIE WÄR'S MIT SOFORT?"

„Richtig, Kumpel", sagte Henry und stand auf. Sein vergammeltes Hemd hing aus den Hosen raus, die mit einem schwarzen Hosenträger an Backbord festgemacht waren, an Steuerbord war nichts. „Richtig, Kumpel!" Er humpelte in Richtung Ausgang.

Pete schaute mich an und dann Henry hinterher.

Closet klopfte mir auf die Schulter und sagte: „Ist schon in Ordnung, Kumpel, Henry läuft schon seit Jahren so – hatte mal Kinderlähmung.

Früher war er Autorennfahrer. Das einzige Problem ist, dass er außer seiner Lähmung und seiner Schwerhörigkeit keine drei Schritte weit sehen kann. Er ist ein prima Kerl, vollkommen geradeaus und ehrlich."

Als wir schließlich bei *Fanny Adams* ankamen, wollten wir kaum unseren Augen trauen. Es gab keinen Tropfen Farbe an diesem Schiff, nur an den Resten in den Ritzen der Holzplanken konnte man erkennen, dass es früher einmal eine hatte. Außerdem war sie dreckig! Ihre Ankerwinde war nur noch ein Block verrostetes Metall, ihre Decks waren mit Abfall übersät, und die Scheiben des Ruderhauses waren vom Staub vieler Jahreszeiten undurchsichtig geworden. Drinnen, im Ruderhaus, war es ähnlich. Haufen schmutziger Socken und Hemden waren auf Kartons mit alten Zeitungen verteilt, außerdem hing feuchte, schmutzige Unterwäsche auf einer Leine quer durch den Raum, ob gewaschen oder nicht, sei dahingestellt. Die kardanische Aufhängung für den Kompass aus Messing, die vorn ins Fenster des Ruderhauses eingebaut war, glänzte feucht und grün vor Korrosion, und das Fenster drum herum hatte Risse und einen Belag aus fettigem Dreck. Der Navigationstisch, der die Einrichtung der Brücke vervollständigte, war schmutzig und ölgetränkt. Der in der Mitte des Ruderhauses stehende alte Liegestuhl, von dem der Stoff nach allen Seiten herunterhing, schien der einzige bequeme Platz zu sein.

„Gutes altes Mädchen", murmelte Henry, und streichelte die Tür zum Ruderhaus.

Unter Deck war eine ekelhafte Mischung aus schmierigem Unrat und feuchtem Schmutz. Die Kombüse war schulterhoch mit ungespültem Geschirr, Töpfen und Pfannen zugebaut und wimmelte von Kakerlaken. Der Anstrich war unbeschreiblich vergammelt, und es stank wie auf einer Müllhalde. Auf Henrys Drängen hin gingen wir weiter und kamen zum Maschinenraum. Der Kontrast war umwerfend. Im Zentrum dieser Hölle aus Schmutz und Unrat saß ein auf Hochglanz polierter Achtzylinder-Diesel. Closets Augen leuchteten. Das war sein Liebling, und man konnte es sehen!

Das ganze Schiff war ein Abfallhaufen. Der Dreck und der Müll unter und über Deck hatte sich über Jahre hinweg angesammelt. Und hier, in der Mitte eines Alptraums für jeden Seemann, saß diese wunderbar gepflegte Maschine. Jedes Messingteil war poliert, der Boden der Bilge war weiß gestrichen und blitzblank. An der Seite des Maschinenraums gab es ein Vermögen an Werkzeugen und Ersatzteilen, sauber aufgeräumt und eingefettet. Es blitzte im Schein der Beleuchtung. „Mein Gott!", murmelte Pete, der aussah, als hätte er gerade Aladins Schatzkammer entdeckt.

Closet öffnete die Pressluftflasche, um die Maschine zu starten. Nach ein paar Sekunden schnurrte sie wie eine Nähmaschine. Ich schaute mich nach der Bilgepumpe um und fand, dass sie gepflegt und in Ordnung war. Erstaunlicherweise war auch sehr wenig Wasser in der Bilge.

„Wann hast du sie das letzte Mal gelenzt?", fragte ich Closet.

„Vor drei Tagen, aber es war kaum nötig. Henry kann das nicht verstehen. Eigentlich sollte sie lecken wie ein Sieb, aber das hat sie nie getan. Sie ist doppelt diagonal geklinkert, Teak auf Eichenspanten. Sie wurde vor dem Krieg für die britische Marine gebaut. Sie war einmal ein Dampfschiff."

„Ja, das erklärt einiges. Damals haben sie die Schiffe so stabil gebaut wie die Kirchen", sagte ich und kletterte die Leiter hinauf. Ich wollte nur raus aus dem stinkenden Bauch der *Fanny Adams*.

„Also, Tristan ... Pete, wollen wir ablegen?"

„OKAY, WARUM NICHT? Aber was ist mit VERPFLEGUNG?", rief ich.

„Kriegen wir in Algeciras – viel billiger!" Henry drehte sich zu Closet um und brüllte: „Leinen los, vorn und achtern!" Dann hinkte er ins Ruderhaus und starrte angestrengt durch die vom Schmutz undurchsichtigen Scheiben. Ich schaute ihm verwundert zu, denn ich selbst konnte nicht nach draußen sehen, ich sah nur ein paar undefinierbare Schatten. Closet raste zurück an Bord, und schnappte das Rad von Henry.

„ICH BRING SIE JETZT RAUS, HENRY."

„In Ordnung, Closet!"

Henry setzte sich in den vergammelten Liegestuhl, entspannte sich und starrte düster in die Luft. Closet manövrierte das Schiff aus dem Hafen heraus, indem er den Kopf alle paar Sekunden aus der Tür des Ruderhauses hinausstreckte und dann zurück zum Rad rannte und den Kurs korrigierte.

Dann waren wir draußen. Die Maschine brummte, und das Schiff bewegte sich sanft über die flache See in der Bucht von Gibraltar. Dreißig Minuten später waren wir am Treibstoffdock in Algeciras festgemacht. Es war eine einfache Reise gewesen, nur unterbrochen dadurch, dass Henry nach unten humpelte und mit einem großen Einkaufsbeutel aus Papier zurückkam. Er war vollgestopft mit schmierigen Pornoheften. „Das sind meine Mitbringsel", sagte er, „hab' sie in Tanger gekauft."

Die Polizei ließ uns ziemlich schnell durch. Henry war hier wohlbekannt, und alle hielten ihn für einen exzentrischen Spinner. Damit hatte er – für spanische Augen – etwas von einem Heiligen. Wir entschieden uns dafür, erst morgen auszulaufen. Pete säuberte die Kojen im Vorschiff für uns beide. Nach einem Abendessen mit *Shepherds's Pie* gingen wir alle an Land auf ein paar Drinks in die Bar am Kai. Wir saßen im Freien und betrachteten die tausend flackernden Lichter auf dem dunklen Schatten des Felsens gegenüber der Bucht. Als sich der Mond über *Europa Point* erhob, kamen wir mit einem wohlhabend aussehenden Spanier ins Gespräch, der offensichtlich ein Bekannter von Henry war.

„Leute, das ist Alfy", sagte Heny und winkte seinem Freund, er solle sich setzen. Der Spanier betrachte jeden von uns der Reihe nach genauestes.

„*Señor Alphonso Rodriguez Lopez, a sus ordenes*".

Er verbeugte sich zu mir und Pete, der Reihe nach. Er war gut angezogen und gut genährt. Sein Parfüm und seine Haarpomade brachten den Unterschied zu der Armut in Südspanien und um uns herum erst richtig zu Geltung.

„Nimm' einen Drink!", sagte Henry.

„*Con mucho gusto*", antwortete Señor Alphonso.

„Was sagt er?", murmelte Henry, starrte Closet an und hielt die Hand ans Ohr.

„ER SAGT OKAY, HENRY", brüllte Closet.

Als er sich hingesetzt hatte, sprach Señor Alphonso ausgezeichnet Englisch. „Mir gehören große Weinberge im Hinterland, in Richtung Jerez. Aber wissen Sie, *Señores*, jeden Abend fahre ich hier herunter, um mir die Lichter anzusehen, auf meinem geliebten Gibraltar ... *Gibraltar español* ... weil dieser wunderbare Felsen genau so zu Spanien gehört, wie meine Weinberge und ich selbst. Und trotzdem ist Gibraltar seit vielen Jahren in den Händen der Engländer. All die Jahre haben diese Eindringlinge diesen gesegneten heiligen Boden, das Zentrum der zivilisierten Welt, mit Füßen getreten. *Dios Mio!*".

„Aber vorher waren die Araber da, Jahrhunderte lang", warf ich leise ein. Closet stieß mich unter dem Tisch ans Bein. „Den Spaniern hat Gibraltar nur ein paar Jahre lang gehört, und außerdem ist es durch eine königliche Heirat an England gefallen! Ich erinnere mich ... „

„Gibraltar ist trotzdem spanisch!", antwortete er. „England hat kein Recht auf dieses Land, es grenzt an Spanien!" Die Augen des *Señors* blitzten, als er die Worte ausspuckte.

„Aber Frankreich und Portugal grenzen auch an Spanien", sagte Pete, „wollt ihr die auch beanspruchen?"

Aufgeregt schluckte Lopez seinen Sherry hinunter und bestellte noch einen.

„Schauen Sie, *Señores*", sagte er. „Ich weiß, dass Henry hier ein guter Freund Spaniens ist." Henry schaute über die dunkle Bucht hinüber auf den mit elektrischen Lichtern flimmernden Felsen. „Vielleicht kann ich euch einen Vorschlag machen."

Closet spitzte die Ohren, Pete streckte die Beine aus und verschränkte die Arme auf der Brust.

„Ihr könnt dabei viel Geld verdienen. In Gibraltar gibt es zweiundzwanzig Affen, richtig?"

„Mhmm", sagte Closet und nickte mit dem Kopf.

„Und wenn die Affen den Felsen verlassen, so sagt die Legende, dann tun es die Briten auch!"

„Mhmm."

„Und wenn jemand die Affen stiehlt und nach Spanien bringt?"

Lopez fingerte an seiner goldenen Krawattennadel herum. Closet steckte sich eine Zigarette an.

„Heißt das, wir sollen ... „

„*Si, ¿Por qué no?* Ich zahle euch tausend Peseten für jeden Affen, den ihr mir hierher nach Algeciras bringt." Er rieb Daumen und Zeigefinger aneinander.

„Aber sie werden von der britischen Armee bewacht! Sie haben dort einen Spezialstützpunkt, droben auf dem Felsen", sagte Pete.

„So ein Problem kann man immer irgendwie umgehen", sagte Lopez, „bestecht einfach die Soldaten!"

„Mhmm", sagte Closet, und stand auf. „Also gut *Señor*, wann wollen Sie sie haben?"

„Jederzeit, jederzeit!", sagte der Spanier schnell, „bringt sie nur her, zur Außenmole. Da hinten, könnt ihr das sehen? Geradeaus, die Straße entlang!"

„Also gut, *Señor*, in zwei Nächten kommen wir zurück, mit den Affen!"

Er schüttelte Henry, der laut vor sich hin schnarchte. Dann verabschiedeten wir uns und gingen zum Kai hinunter.

„Was für ein Spinner", sagte ich zu Closet, „der denkt wirklich, dass wir so etwas Verrücktes machen würden!"

„Dumm von ihm, vielleicht, aber nicht für uns, mein Freund!"

„Was hast du denn vor?", fragte Pete.

Closet sprach ganz leise. „Also, seht ihr, diese Affen auf dem Felsen sind Berberaffen, richtig? Die gleichen gibt's in Marokko, sie wurden wahrscheinlich von den Mauren auf den Felsen herübergebracht. Also, wenn wir uns hinüberschleichen, nach Spanisch-Marokko, und auf den Markt in Tetuan gehen, da können wir Hunderte von Affen kaufen, die genau so aussehen wie die auf dem Felsen. Und man kriegt sie da für hundert Peseten das Stück!"

Er grinste, als er nach unten ging, um die Maschine anzuwerfen. Pete pfiff leise durch die Zähne, ich lächelte, und Henry schnarchte in seinem Liegestuhl im Ruderhaus. Fünf Minuten später waren wir unterwegs, dreißig Meilen bis Tanger.

Von Algeciras nach Ceuta im damaligen Spanisch-Marokko sind es nur zwanzig Meilen. Aber diese zwanzig Meilen trennen völlig unterschiedliche Welten. Zuerst Spanien – der Süden Spaniens – wo es damals nur ein paar Lastwagen und einige Züge gab, die marschierenden Soldaten der Falangisten und die Polizei. Das ganze Land lebte in der Vergangenheit, der manchmal glorreichen Vergangenheit im 16. bis 18. Jahrhundert. Immer noch war das Land stolz auf den Sieg über die Mauren, auf seine mutigen Navigatoren, Seefahrer und Entdecker und die darauf folgende Zeit der Unterdrückung der eroberten Länder und Kolonien.

Dann Gibraltar. Durch Francos Arroganz eine künstliche Insel, ein Stück moderne Entwicklung im Stil des zwanzigsten Jahrhunderts, mit wohlgefüllten Läden, ein Einkaufsmekka für konservierte Lebensmittel und Unterhaltungselektronik, mit gut gekleideten Einheimischen, die unter dem Schutz der britischen Krone lebten.

Schließlich, im Süden, im Schatten der neblig-blauen Berge des Atlas, Marokko, genauer gesagt, Spanisch-Marokko. Mit Fliegen, Dreck, Krankheiten und kletteähnlichen Bettlern an jeder Ecke. Mit Muezzinen, die von den Moscheen heulten, mit Männern, die in Kaftanen und *bournouses* herumsaßen, mit Frauen, die sich in ihrer *purdah* verhüllten oder in kokonartigen *yashmaks* über die Straße gingen.

Viele misstrauische Blicke wurden uns vier „Ungläubigen" zugeworfen, als wir uns auf dem staubigen Marktplatz (dem *souk* von Tetuan) umsahen und nach Affen fragten. Aber wir hatten bares Geld – bei hundertzwanzig Peseten pro Affe erinnerten sich die Berber plötzlich an eine Weisheit Mohammeds: „Wenn Allah dir einen Spinner schickt, dann nimm sein Geld und mach' dich aus dem Staub! Allah sei groß, Allah sei mächtig!"

Am Abend, als die Gläubigen zum Gebet gerufen wurden und sich die Tanzboys und ihre Schwestern auf eine harte, arbeitsreiche Nacht vorbereiteten, fuhr ein verrosteter, quietschender Lastwagen über die staubige Landstraße in Richtung Küste. Geladen hatte er eine Fracht von fünfzehn Affen und vier Ungläubigen, darunter ein pensionierter Autorennfahrer, ein ehemaliger australischer Krokodilfänger und zwei britische Seeleute. Am nächsten Morgen pflügte sich eine verschrammte und farblose *Fanny Adams* durch den sonnigen Morgen ihren Weg zurück über die Straße von Gibraltar, mit fünfzehn Affen an Bord.

Das waren freundliche Kerlchen, sechzig bis neunzig Zentimeter groß. Sie schnatterten und grinsten die ganze Zeit. Wir hatten sie mit Tauen an Deck festgebunden, um sie daran zu hindern, das ganze Schiff auseinander zu nehmen. Ihr Geschnatter war ohrenbetäubend, und der Preis für die Bananen, die sie für einen Moment zum Schweigen brachten, war haushoch.

Im Mondlicht liefen wir nach Algeciras ein und warteten. Closet ging an Land und fragte nach Señor Lopez, der bald darauf zum Kai geeilt kam. Er war in Begleitung des hiesigen Vorsitzenden der Falangistenpartei, in voller Uniform, und drei Soldaten als Leibwache. Pete, Henry und ich schafften die Affen die Gangway runter, hin zu einem spanischen Armeelaster, der auf dem Kai wartete und vorsichtshalber die Lichter ausgeschaltet hatte. Die Affen kletterten die Gangway hinunter, der taube Henry ging voraus. Das Ganze erinnerte mich an Noah und seine Arche.

„Nur fünfzehn?", fragte Señor Lopez nach der Begrüßung, „aber es gibt zweiundzwanzig auf Gibraltar!"

Closet erklärte. „Die anderen bringen wir morgen. Wir mussten die Soldaten bestechen, und dabei ging uns das Geld aus. Aber mit den fünfzehntausend Peseten, die du uns gibst, ist das kein Problem!"

Während die Soldaten der Leibwache die Affen auf die Ladefläche des Lasters schafften, gab Lopez Closet zähneknirschend ein Bündel Geld in die Hand. Closet zählte nach.

„Aber das sind nur zehntausend, Señor!"

„Si, den Rest bekommt ihr, wenn die anderen Affen da sind. Ihr müsst sichergehen, dass ihr auch alle bekommt! Wir haben Freunde drüben, die uns sagen werden, ob welche zurückgeblieben sind, irgendwelche Babys und so."

Er schaute Closet düster an, und die Soldaten lockerten ihre Pistolen. Einer von ihnen spuckte ins Hafenbecken, und hätte um ein Haar *Fanny Adams* getroffen. Henry starrte ihn an.

„Mach' dir keine Sorgen", sagte Closet. „Wir haben die ganze Horde in zwei Tagen hier. Also los, Jungs, wir wollen Treibstoff bunkern, und weg hier, bevor uns die Polizei in Gibraltar vermisst."

Als wir die Leinen loswarfen und in die Dunkelheit hineinglitten, sahen wir, wie Lopez, der fette, mit Orden bedeckte Parteibonze und die Soldaten uns hinterher winkten. Wie auf Kommando brachen die fünfzehn Affen auf dem Lastwagen in ein gemeinsames Geheul aus.

„Closet", murmelte ich, als das Schiff Fahrt aufnahm.

„Mhmm?", er schob mir fünftausend Peseten in die Hosentasche.

„Wir gehen doch nicht zurück nach Marokko und holen neue Affen?"

„Was glaubst du, was ich bin? Ein Idiot?" Er drehte sich vom Kompass weg und grinste. „Nein, Kumpel, wir laufen um den Felsen rum, und dann nichts wie weg hier, Richtung Osten. Wir werden so viel Salzwasser wie möglich zwischen uns und den verdammten Señor Lopez bringen. Wir nehmen direkt Kurs auf Ibiza."

„Aber werden sie uns dort nicht suchen?"

„Was – und sich zum Gespött von ganz Spanien machen? Verwendung von Parteigeldern zum Kauf von Berberaffen aus Spanisch-Marokko? Du machst mir Spaß!"

Der taube Henry wachte plötzlich aus seinem Nickerchen im Liegestuhl auf und sah Closet im Schatten der schummrigen Kompassbeleuchtung schläfrig an. „Closet!", rief er, „hast du auch bestimmt keinen von diesen verdammten Affen an Bord gelassen?" Henrys müde Augen fielen wieder zu.

„Mein Gott", sagte Pete, der an meiner Seite stand, und seinen Anteil Peseten zählte, „und ich dachte, ich hätte schon alles gesehen!"

„Ja", sagte ich, „das wird uns sowieso keiner glauben."

„Was, das mit den Affen?"

„Nee, das mit denen!" Ich nickte zu Closet und Henry hin.

Fanny Adams pflügte und rollte unbeeindruckt weiter durch die See. Radio Gibraltar spielte ein bekanntes englisches Lied, und Pete und Closet grölten den Refrain mit. Ich bediente das Rad und legte Kurs Ost an. Henry grinste im Schlaf.

Fanny Adams motorte durch die warme Nacht. Sie lief über die spiegelglatte See, unter einem Dach aus Millionen von Sternen und Planeten. Das Leuchtfeuer von Gibraltar, ein Lichtstahl über einem dunstigen Horizont aus Kristall, wurde schwächer und versank dann im Westen hinter unserem Heck. Voraus stieg der Mond auf, groß und majestätisch, er kam aus dem Wasser der See, der See von Odysseus. Drüben im Norden und im Süden, an beiden Seiten, breiteten sich lange schwarze Schatten aus. Sie warfen sich vom dem ewig drehenden Rand der Welt hinaus in die Unendlichkeit des Universums, hin zu den flimmernden Sternen. Die Säulen des Herkules, auf denen der Himmel ruht.

The days are sick and cold, and the skies are gray and old,
And the twice breathed airs grow damp;
And I'd sell my tired soul for the bucking beam-sea roll
Of a black Bilbao tramp;
With her load-line over her hatch, dear lass,
And a drunken Dago crew,
And her nose held down on the old trail, our own trail, the out trail,
From Cadiz bar on the Long Trail – the trail that's always new.

There be triple ways to take, of the eagle and the snake,
Or the way of the man with a maid;
But the sweetest way to me is a ship's upon the sea
In the heel of the North East Trade.
Can you hear the crash of her bows, dear lass,
And the drum of the racing screw,
As she ships it green on the old trail, our own trail, the out trail,
As she lifts and 'scends on the Long trail – the trail that's always new?

(Die Tage sind krank und kalt, der Himmel ist grau und alt,
Und die ausgeatmete Luft wird feucht;
Ich verkaufe meine müde Seele für das Rollen in der stampfenden See
Auf einem schwarzen Bilbao-Vagabunden
Beladen bis über die Luken, liebes Mädchen,
Und einer betrunkenen Dago-Crew.
Und mit der Nase auf dem alten Weg – unserem Weg, dem Weg nach draußen,
von Cadiz auf dem langen Weg, der sich ewig erneuert.

Es stehen drei Wege zu unserer Wahl, der Weg des Adlers, der Weg der Schlange,
Und der Weg des Mannes mit einer Maid;
Aber der schönste ist der Weg eines Schiffes durch die See
In Lage durch die Passatwinde aus Nordost.
Kannst Du das Einsetzen ihres Bugs hören, liebes Mädchen?
Und das Dröhnen der rasenden Schraube?
Wie sie das grüne Wasser aufwühlt, auf dem alten Weg, unserem Weg,
dem Weg hinaus?

Das Schiff hebt sich, es senkt sich, auf dem langen Weg – dem Weg, der
sich ewig erneuert?)

Rudyard Kipling
L'Envoi

21 Begegnungen

$\mathcal{D}$er taube Henry und ich lösten uns bei den Wachen am Rad der *Fanny Adams* ab. In der Nacht konnten Pete und ich im Vorschiff etwas schlafen, indem wir voll angezogen auf den blanken Brettern lagen. Henrys stinkende Decken und Matratzen hatten wir in einen Verschlag im Bug verbannt und hofften, dass die Bewohner, etwa tausend Kakerlaken, in ihrer gewohnten Umgebung bleiben und uns in Ruhe lassen würden. In seiner Freiwache döste Henry in seinem Liegestuhl vor sich hin. Wenn er am Rad stand, blieben entweder Pete oder ich bei ihm, denn er konnte kaum den Kompass sehen und fuhr in Schlangenlinien.

Als die ersten schwachrosa Schimmer der kommenden Morgendämmerung über den Horizont huschten, kam Closet aus der Kombüse die Leiter herauf. In der Hand hielt er einen rostigen Eimer, obendrauf war ein Stapel aus gelben Blechtellern mit rostigen Rändern, darunter eine Lage gummiartiger Spiegeleier und wiederum darunter eine Lage Schnittbrot. Ganz am Boden des Eimers waren etwa drei Pfund gebratener Speck, jetzt aber schon kalt. Mit einer Verbeugung knallte er das Ganze auf den Boden des Ruderhauses und sprintete dann nach unten, um eine Kanne mit dampfendem Tee heraufzuschaffen, stark und mit reichlich Kondensmilch versetzt. In Kürze hatten wir alles weggeputzt.

Am frühen Morgen standen wir alle im Ruderhaus herum und erzählten von vergangenen Reisen und gemeinsamen Bekannten. Der Wind legte zu, und bald hatte *Fanny Adams* es schwer, gegen den frischen Ostwind voranzukommen. Mit voller Kraft lief sie bei ruhiger See etwa acht Knoten, aber ihr Freibord und ihre Aufbauten waren so hoch und klotzig, dass sie in dem Zwanzigknotenwind, der ihr auf die Nase blies, nur noch schäbige drei Knoten machte. Der Bug tauchte in die See ein und förderte jedes Mal zwei bis drei Tonnen Wasser mit nach oben, das nach hinten flog und gegen die Scheiben des Ruderhauses klatschte.

Henry schnarchte in seinem Liegestuhl, Closet war unten und ich ging auch runter, um ihm ein wenig Gesellschaft zu leisten. Er summte leise vor sich hin. Mit der Ölkanne in der Hand bastelte er an der Maschine, während das Schiff sich hob und senkte, rollte, gierte und stöhnte. Das Bilgewasser schwappte in seine Turnschuhe. Ab und zu, wenn das Schiff einen Satz machte, kamen eine Dose, ein Blechteller oder ein Kochtopf aus der vollgestopften Kombüse heruntergepoltert. Alles rollte und schwappte dann eine Weile in dem öligen Bilgewasser des Maschinenraums umher, während Closet eine Schraube nachzog oder ölte. Danach warf er alles, was heruntergekommen war, zurück ins Abwaschbecken, das ohnehin bis über den Rand hinaus beladen war. Der Gestank da unten war unbeschreiblich. Die von Hand geflickte Abgasleitung leckte und ließ einen Teil der Auspuffgase heraus, das Bilgewasser stank zum Himmel. Der Geruch, der in der feuchten Atmosphäre aus Henrys Matratzen und Decken kam, warf einen fast um. Bei dem Lärm, den die Maschine machte, war an Unterhaltung nicht zu denken. Selbst ich, mit meinem Magen aus Gusseisen, musste nach ein paar Minuten in das relativ saubere Ruderhaus flüchten.

„Alles in Ordnung, Kumpel?", fragte Henry, als ich am Kopf der Leiter meinen Kopf schüttelte, um den Gestank aus meiner Nase zu vertreiben.

„FEIN, HENRY, ABSOLUT PHANTASTISCH, PRIMA!", brüllte ich ihm zu, während ihm schon wieder die Augen zufielen.

„Sie ist ein wunderbares altes Mädchen, Kumpel", murmelte er im Einschlafen.

In der ersten Nacht nach Algeciras, und den ganzen Vormittag lang, machten wir keine Standortbestimmung. Wir waren nur ausgelaufen, hatten eine Linkskurve gemacht und Kurs Ost angelegt. Closet hatte eine gerade Linie gezogen von *Europa Point* auf Gibraltar nach Osten. Die Karte, auf der er diese Linie eingezeichnet hatte, war das öligste, schmutzigste, verschlissenste und zerrissenste Stück Papier, das ich je im Leben gesehen hatte. Als Closet unten war, um nach der Maschine zu sehen, schaute ich es mir an. Es war zuletzt im Jahre 1948(!) berichtigt worden. Es war eine Karte für das gesamte westliche Mittelmeer, im Maßstab eins zu einer Million. Auf der Seite, wo Spanien lag, war eine mit rotem Kugelschreiber hingeschriebene Einkaufsliste: 5 Pfund Kartoffeln, 2 Dosen Bohnen, 5 Pfund Mehl. Gegenüber, im Gebiet von Italien und Malta, gab es zahlreiche Notizen und Graffittis wie: „Mit Closet über Frischwasserpumpe reden", und „Pass verlängern, Problem: wo ist er – suchen in Bilge von Achterkajüte". Der Rest der Karte war mit den zahlreichen Kurslinien versehen, die *Fanny Adams* einmal gelaufen war. Einige dieser Kurslinien erschienen mir irgendwie komisch, sie liefen einfach so von einer Seite des Mittelmeers zur anderen, zum Beispiel von Algerien nach Spanien und zurück. Als Henry kurz vor Mittag aufwachte, um das Ruder zu übernehmen, fragte ich ihn danach.

„WAS SIND DAS FÜR LINIEN, DIE ALLE SO IN AFRIKA ENDEN?"

„Ach, diese, Kumpel", sagte Henry und legte seine großen plumpen Finger auf die Karte. „Das ist, wo wir uns ab und zu verfranzt haben und unsere Position nicht mehr wussten. Aber im Mittelmeer ist das nicht so schlimm. Du gehst einfach auf Kurs Süd oder Kurs Nord, bis du an eine Küste kommst. Dann weißt du, wo du bist."

„WIE MEINST DU DAS? WOHER WEISST DU, WO DU BIST?"

„Also wenn die Küste nördlich von dir ist, dann ist das Europa." Henry putzte seine Brille mit dem Daumen. „Und wenn die Küste südlich liegt, dann ist es Afrika. Closet kann ganz gut mit dem Sextanten umgehen, also kriegen wir unsere Breite, und danach können wir ab und zu auch unsere Länge bestimmen. Und außerdem kann man sich kaum verirren, es sei denn, man fährt unbeabsichtigt in einem Regenschauer durch die Straße von Gibraltar hinaus."

Ich schaute wieder auf die Karte. Es gehört nun mal zu den unhöflichsten Dingen, sich als Gast in die Navigation eines Schiffes einzumischen, es sei denn, man wird dazu aufgefordert, das Schiff befindet sich in höchster Not, der Navigator fällt tot um, ist stockbesoffen oder bewusstlos. Also hielten Pete und ich uns zurück und schauten neugierig zu, wie die Routine der Standortbestimmung auf *Fanny Adams* vor unseren verwunderten Augen ablief.

Der Mittag verging, ohne dass Closet oben war, bis er dann endlich eine rostige Keksdose voll mit Corned-Beef-Sandwiches durch die Luke hindurch auf die Bodenbretter des Ruderhauses stellte. Aber das Schiff rollte plötzlich, und die Keksdose schlitterte in Richtung Tür. Noch bevor ich die Dose fassen konnte, schwappte eine große Ladung Seewasser, die der Bug hochgebracht hatte, über die Sandwiches und ertränkte sie. Henry, der in seinem Liegestuhl saß, winkte mir, ihm die Keksdose zu geben. Er ließ das Wasser ablaufen, schnappte sich ein aufgeweichtes Sandwich und gab mir die Dose zurück. „Geht nichts über ein bisschen Salz zum Fleisch", grinste er.

„DU SAGST ES, HENRY!"

Nachdem er am Nachmittag gegen vier Uhr eine große Kanne Tee gemacht hatte, war Closet bereit für eine astronomische Standortbestimmung. Er tauchte im Navigationsschapp nach dem Sextanten und den Tafeln. Den Sextanten nahm er aus einer auseinanderfallenden Holzkiste; er war grün vor Patina, mit Salz weiß überkrustet und so alt wie der Mond. Er brauchte etwa fünf Minuten für einen Schuss der Sonne, balancierte dabei auf dem Seitendeck, in der Nähe der Tür zum Ruderhaus und versuchte, sein Instrument vor dem überkommenden Spritzwasser zu schützen. Dann stolperte er über die Türschwelle hin zum Navigationstisch und blätterte in schmierigen HO-Tafeln. Nebenbei machte er sich Notizen auf einem Fetzen braunen Packpapier und murmelte vor sich hin, während er rechnete.

Plötzlich tauchte aus dem nebligen Dunst voraus eine Insel auf, ein langgestreckter dunkelgrauer Bergrücken. Pete machte Henry darauf aufmerksam. „LAND VORAUS!"

Henry hinkte unsicher zu der verschlissenen Karte und fuhr mit dem Finger über die Kurslinie, die von Gibraltar aus nach Osten führte. Ein paar Mal fuhr er mit dem Finger hin und her. „Hmmm" sagte er nach einer Weile, „da sollte kein Land sein." Closet war immer noch über seine Berechnungen gebeugt, er hatte inzwischen Runzeln auf der Stirn.

Als Henry immer noch die Existenz von Land infrage stellte, sichtete ich durch die offene Ruderhaustür an Steuerbord ein kleines Fischerboot, ziemlich in der Nähe. Ich klopfte Henry auf die Schulter.

„Was ist los, Kumpel?"

„SCHIFF AN STEUERBORD VORAUS, HENRY. ZIEMLICH NAHE!"

„Gut aufgepasst!", rief Henry, „wir fahren rüber und fragen ihn, wo wir sind. „Halt' auf das Boot zu, Sohn!" Pete änderte den Kurs und starrte durch die salzverkrusteten und fast undurchsichtigen Scheiben.

Als wir näher kamen, sahen wir zwei Männer in dem Boot, die mit Leinen fischten. Beide trugen blaue Hemden, schwarze Hosen und Strohhüte wie spanische Fischer. Noch näher sahen wir, dass sie von der Sonne tief gebräunt waren und eigentlich recht freundlich aussahen. Closet ging mit der Fahrt herunter und schaltete die Maschine auf Leerlauf. *Fanny Adams* rollte fürchterlich in der See, fünfzig Grad nach jeder Seite. Henry stolperte nach draußen auf Deck und hielt sich an der Reling fest. Dann brüllte er in Englisch: „Hallo da! Darf ich fragen, wie der Name dieser Insel da ist?"

„*Buenos dias, Señor*", kam die Antwort.

Henry hielt die Hand ans Ohr und drehte sich zu Closet um. „Was sagt er?"

„ER SAGT *BUENOS DIAS*."

„Oh, *buenos dias!*"

Henry machte eine Pause, füllte seine Lungen und brüllte wieder in Englisch: „Wie heißt diese Insel da?"

„No comprendo!", kam die Antwort laut und deutlich.

„Was sagt er?", rief Henry zu Closet.

„ER SAGT, ER VERSTEHT NIX!"

„Diese Insel – welcher Name?", brüllte Henry noch einmal.

„*Sordo?* (taub?)", der Fischer zeigte mit dem Kinn auf Henry.

„Was sagt er?" Henry schaute wieder Closet an.

„Sordo. Er sagt, sie heißt Sordo", sagte Closet und beugte sich über die Karte.

„Sordo ... mmm ... Sordo ... kann keine Insel Sordo finden, Henry."

Henry starrte erst auf Closet, dann auf Pete.

„Oh, Pete, versuch' du es mal."

Pete hielt seine Hände trichterförmig vor den Mund und rief: „*Como se llama esta isla, Señores?*"

„*Alboran ... Isla de Alboran!*"

„*Gracias, Señores. Buenas tardes!*"

„Was sagt er?", brummte Henry.

„ALBORAN!".

„Oh, was ist das?"

Closet ließ die Reling los und stolperte in Ruderhaus, um wieder die Karte zu studieren. „Zum Teufel!", sagte er nach einer Weile, während ich ihm über die Schulter sah, „das ist komisch, wir sind viel weiter südlich, als ich dachte. Ich kann das nicht versteh'n!"

Ich schaute auf die Seiten des nautischen Jahrbuchs, mit denen er gearbeitet hatte. „He, Closet ...", tippte ich ihn an.

„Was is', Tris?"

„Hast du die Seiten da benutzt, die aufgeschlagen sind?", ich deutete mit dem Finger auf den schmierigen Almanach.

„Ja, warum?"

„Ach, nichts, es ist für den Monat Mai aufgeschlagen, aber jetzt ist Juni!"

„Oh mein Gott!" Er tippte mit einem verschwitzen öligen Finger an seine Stirn. „Kein Wunder, dass ich keine richtige Position bekommen habe. Schau, das ist der Standort, den ich ausgerechnet habe."

Er legte seine Hand mit abgebissenen Fingernägeln auf die Karte. Er hatte *Fanny Adams* in die Biscaya platziert, nördlich von Spanien, im Atlantik, gerade außerhalb des Hafens von Santander!" Er nahm das Lineal, und zeichnete eine neue Linie ein, von Alboran nach Ibiza, Kurs Nordwest.

„Kurs 0-4-5, Pete."

„Kurs 0-4-5 liegt an", rief Pete und drehte am Rad.

Fanny Adams lief nun einen weit angenehmeren Kurs. Sie schlug nicht mehr direkt mit dem Bug in die Seen ein, vielmehr kreuzte sie die Wellen jetzt in einem Winkel von 45 Grad. Leicht rollend lief sie aus der im Mittelmeersommer schnell verschwindenden Morgendämmerung hinaus in den neuen Morgen. Gegen Abend färbte sich die Sonne im Westen blutrot, und wir sahen die schneebedeckten Konturen der Sierra Nevada mit einem rosafarbenen Schein auf den Gipfeln, über dem leichten blauen Dunst, der aus einer smaragdfarbenen See aufstieg. Hin und wieder sprang ein Delphin im Wasser. Closet brachte erneut eine große Kanne Tee nach oben ins schwankende Ruderhaus der *Fanny Adams*.

Am Morgen standen wir bei *Cabo de Palos*, und am folgenden Abend hatten wir *Cabo de la Nao* in Sicht. Es war windstill, eine typische Sommernacht im Mittelmeer, mit einer See wie gemalt und einem wolkenlosen Himmel. Closet nahm die Fahrt auf drei Knoten herunter. *Fanny Adams* glitt durch die Dunkelheit der Nacht. Gegen Mitternacht bekamen wir das Feuer von *Es Vedra* an der Nordwestspitze Ibizas in Sicht, und in der Morgendämmerung glitten wir in den Hafen hinein. Wir machten mit Heck zur Pier im Hafen fest.

Henry und Closet wollten uns hier absetzen. Sie wollten weiter nach Süden, nach Formentera, wo sie viele Freunde hatten. Dort wollten sie ein paar Tage bleiben und dann einen östlichen Kurs auf Malta absetzen.

„Malta ist der richtige Platz", sagte Henry, lehnte sich in seinem Liegestuhl zurück und schloss die Augen wie zum Träumen. „Weißt du, Tristan, da bekommst du eine gute, nahrhafte Suppe fast umsonst, für ein paar Pfennige."

„Eigentlich warte ich drauf, dass meine Tante stirbt. Sie ist schon zweiundneunzig, und ich bin der einzige Erbe. Wenn sie abkratzt, dann kann ich *Fanny Adams* überholen und schön anstreichen. Dann fahren Closet und ich zum Nil! Wollte schon immer mal die Pyramiden sehen!"

Er quasselte weiter und weiter, ein Mann von achtundsechzig, der seine Jugendträume nie verloren hatte und sie in der Tat auslebte. Closet, Pete und ich hörten seinem Garn zu, und ich träumte meinen eigenen Traum: das Tote Meer, der Amazonas, der Paraná. Eines Tages ...

Pete unterbrach die Träumerei. „Also, Tristan, wollen wir unsere Sachen an Land bringen? Wir können noch ein Bier trinken und von diesem Platz gebührend Abschied nehmen, bevor die Fähre nach Mallorca heut' Abend ablegt. Weißt du, das hier ist ein richtig heißer Platz, Touristen aus allen Ländern, Schweden, Engländer, Amerikaner. Der Platz schwappt über mit Weibern!"

Er ging zur Leiter, und verschwand nach unten. Ich folgte ihm. Danach schüttelten wir uns im hellen Sonnenschein auf Deck die Hände. Beim Abschied von Closet und dem tauben Henry versprachen wir uns gegenseitig, uns in ein paar Wochen wieder zu treffen.

„Macht's gut, Kumpels!", rief Closet.

„Cheers, Closet, SO LONG HENRY!"

Danach habe ich Henry nie wiedergesehen. Closet und er machten *Fanny Adams* am Kai von Formentera fest, und besuchten Freunde im Hinterland der Insel. Drei Tage später kam ein Sturm aus Norden. *Fanny Adams* wurde an den Felsen zerschlagen, nachdem die Festmacher gebrochen waren. Als ich nach drei Monaten nach Formentera zurückkam, gab es nur noch die Erzählungen. Alles was von ihr übrig geblieben sei, so sagte man, sei der alte rostige Eisenkiel, der jetzt bei ruhigem Wasser auf dem Boden des sonnendurchfluteten Hafens zu sehen ist.

Angeblich hatten Henrys Freunde, meist Amerikaner, die von seinen Problemen gehört hatten, den Hut herumgehen lassen und eine Fahrkarte nach England zusammengebracht. Seine Tante starb ein paar Monate später, und Henry erbte genug Geld, um sich eine kleine schnucklige Slup zu kaufen. Das Letzte, was ich von ihm hörte war, dass er an Bord seines Schiffes in England lebte, auf dem ruhigen Fluss Itchinor in der Nähe von Southampton. Sicher träumte er immer noch von einer Fahrt den Nil hinauf, zu den Pyramiden.

Closet traf ich elf Jahre später in St. Thomas wieder, auf den Virgin Islands. Ich war gerade mit der 38-Fuß-Ketsch *Sundowner* durch das so genannte Bermuda-Dreieck gesegelt. Closet war Passagier auf einem russischen Schiff, das ihn nach New York brachte. Er wollte weiter nach San Francisco, um sich in einer Organisation zur Rettung der Wale zu engagieren.

Pete und ich schlenderten also durch die hippieverseuchte Stadt Ibiza, tranken Brandy auf der Terrasse des Hotels Montesol im Zentrum und schauten uns die Parade der mit Drogen vollgestopften Seelensucher an, die ihr Selbstmitleid zur Schau stellten und sich einbildeten, sie wären Kinder einer zerfallenden Kultur. Sie lungerten zwischen den Fischern und Bauern herum, die in der Welt der Realität und der harten Arbeit lebten, und schwätzten dummes Zeug. Wir saßen da und beobachten die Zurschaustellung von kindischem Exhibitionismus, Angst und Zweifel.

„Sie seh'n alle ein wenig aus, als hätten sie gerade Kap Hoorn umrundet", sagte Pete, „schau' dir mal diese langen Haare an und die zerrissenen Jeans! Nur dass sie zarte weiche Händchen haben."

„Sieht mehr danach aus, als hätte man sie durch eine Hecke gezogen. Mein Gott, sieh' dir nur diese vergammelten Mädchen an!" Ich bestellte noch eine Runde.

„Sind meist Amerikaner ... hier können sie billig Pot kriegen, kommt von Marokko herauf."

„Jetzt komm' nicht auf irgendwelche Ideen, Pete! Das einzige, was wir aus Marokko herausgeholt haben, war eine Bootsladung Affen."

„Is' viel Geld drin, Pot zu schmuggeln!"

„Schon möglich, aber schau' dir mal das Resultat an, verdammt noch mal! Schau' Dir die idiotischen Ketten an, und wie sie ihre Neurosen mit sich herumtragen. Schau' auf das Mädchen, Pete – Augen wie zwei Pisslöcher im Schnee! Sieht aus wie ein Schäferhund, dem man die Kehle durchgeschnitten hat ..." Es war das erste Mal, dass ich die neue Generation so aus der Nähe sah.

Pete zögerte. „So schlimm sind sie auch wieder nicht, Tris. Sie sind einfach nur unsicher. Die meisten von ihnen wissen gar nicht, was um sie herum passiert."

„Was passiert denn um sie herum?"

„Die Welt ... die westliche Zivilisation", Pete knallte die Hand auf die Tischplatte.

„Wie kommen sie hierher, Pete?"

„Die, mit denen ich gesprochen habe, kamen mit dem Flugzeug, aber andere zigeunern schon Jahre lang durch Europa."

„Und wie kommen sie weiter?"

„Die meisten sind Tramper. Einige sind bis nach Indien gekommen, sogar bis Nepal."

„Wozu?"

„Viele von ihnen sind am Buddhismus interessiert und am Hinduismus. Die Europäer unter ihnen sind meistens Existenzialisten – überzeugte Marxisten. Und sie können ohne große Probleme Drogen bekommen. LSD kommt aus der Schweiz. Aber ihr Hauptinteresse liegt bei den östlichen Religionen – als Alternative zur westlichen Zivilisation."

„Ist das wahr?"

„Ja, und in den USA gibt es zur Zeit eine Bewegung unter den Jugendlichen, einen richtigen Aufstand – sie wollen alles ändern."

„Ändern?"

„Ja, sie bauen Kollektive auf, um die Universitäten zu besetzen, weißt du, einfach nur Unruhe stiften."

„Indien, he? Also Pete, wenn sie so für den Hinduismus schwärmen, warum machen sie es nicht wie die alten Brahmanen und gehen zu Fuß? Wenn sie die westliche Zivilisation so anekelt, warum reisen sie dann auf westliche Art, mit dem Flugzeug oder dem Auto? Wenn sie die westliche Welt so sehr ablehnen, warum zum Teufel stehen sie dann jeden Morgen Schlange vor der Post, um den Scheck vom guten alten *Daddy* abzuholen? Wenn Hinduismus oder Buddhismus die Antwort ist auf alle Leiden der Welt, warum muss ich dann über so viele kranke Menschen und Leichen steigen, wenn ich in Bombay oder Kalkutta an Land gehe?"

„Aber du lebst ja selbst außerhalb der normalen Gesellschaft!"

„Einen Scheiß mach ich, Kumpel! Ich verwende auf meinem Schiff die Produkte der westlichen Industrie. Ich nehme rostfreien Stahl für mein Rigg. Mein Kocher wurde von irgendeinem armen Kerl gemacht, der jeden Morgen um sechs aufsteht und an einem nebligen Wintermorgen zu einer Fabrik pilgert. Meine Seekarten sind das Resultat einer fortwährenden Anstrengung der Menschen im Westen. Zwei Jahrhunderte lang hat man versucht, Klarheit in diese Sache bringen. Sogar die Kleider, die ich anhabe – ja und die sie auch anhaben", ich deutete auf eine Dreiergruppe von Hippies in *djellabas* und Jeans. „Sogar diese Klamotten wurden von einem Arbeiter irgendwo gemacht."

„Aber, Tristan, du hast doch auch schon von Umweltverschmutzung auf See gehört!"

„Umweltverschmutzung?", das war ein neues Wort für mich.

„Ja, weißt du, all der Abfall und die Ölklumpen in der See."

„Was ist damit?"

„Darüber regen sie sich auch auf."

„Das sollten sie auch! Und viele andere Leute sollten sich auch darüber aufregen! Aber mir will absolut nicht in den Kopf, wie sie die Öltanker aufhalten wollen, mit Ketten um den Hals und der Gitarre in der Hand. Ganz besonders dann nicht, wenn die Autos und die Flugzeuge, mit denen sie umherreisen, die Ursache dafür sind, dass die Öltanker überhaupt fahren."

„Ja, so hab' ich das eigentlich noch nie gesehen", Pete nippte an seinem Brandy.

„Wenn du mich fragst, Pete, dann ist das Ganze nur eine Auswirkung des Babybooms nach dem Krieg. Schau sie an ... was meinst du, wie alt sind sie im Durchschnitt?"

Pete dachte einen Moment lang nach. „Sagen wir, so zwischen zwanzig und fünfundzwanzig."

„Richtig! Das heißt, sie kamen so zwischen 1945 und 1950 auf die Welt."

„Stimmt."

„Und jetzt denken sie, die Welt sei überfüllt. Ihre Schulklassen waren sicher auch überfüllt – und du weißt, was passiert, wenn zu viele Menschen oder Tiere zusammengepfercht werden. Sie fangen an, höllischen Ärger zu machen, nicht wahr?"

„Ich denke schon", sagte Pete und grinste über einen vorbeigehenden Guru.

„Okay, so sind diese Leute hier. Und vergiss' nicht, Pete, sie sind auch unsere Leute. Sie sind wie eine Ausbuchtung in einem Schlauch – wenn die Ausbuchtung nach oben wandert, das heißt, wenn sie älter werden, dann werden sie versuchen, sich Gehör zu verschaffen und die Herrschaft zu übernehmen. Die Jugend war immer schon rebellisch. Oft auch mit gutem Recht, aber manchmal ist es auch nur ein Haufen Unsinn, weil sie die meiste Zeit gar nicht wissen, über was sie eigentlich reden. Sie sind noch zu unreif, und es fehlt ihnen an Erfahrung. Sie wissen noch nicht, warum manche Bräuche, Sitten und Restriktionen sich so entwickelt haben, wie sie heute sind. Aber wart' mal ab, Kumpel, wenn dieser Haufen in die Dreißiger geht! Wart' mal, bis sie eigene Kinder haben und etwas besitzen. Mir blutet das Herz, wenn ich an ihre Kinder denke, die armen Würmer."

„Dieser Haufen soll mal Häuser besitzen und heiraten? Du machst wohl Witze?"

„Nein, kein Witz, Pete. Wart' nur zehn Jahre ab. Dann kannst du sehen, wie sie in Anzügen herumlaufen und wieder in die Kirche gehen. Der Hinduismus ist dann nicht mehr so wichtig! Wart's nur ab ... die französischen Philosophen werden auch noch irgendwann den guten alten Marx versenken!"

„Was ist, wenn sie dann noch älter werden?"

„Gott helfe denen, die nach ihnen kommen. Die müssen dann viele von diesen Brüdern unterstützen. Die Geburtenrate wird sinken, und immer weniger Leute werden in die Rentenkasse einzahlen. Sozialismus ..., der faule Zauber von Wohlfahrt wird an Altersschwäche eingehen."

Pete trank sein Glas aus. „Und diese Überbleibsel des Babybooms werden nach mehr und mehr Rente schreien, während die Arbeiter immer weniger werden?"

„Absolut richtig, Kumpel! Die meisten davon werden so narzisstisch werden, wie du es kaum glauben kannst. Und jetzt hängen sie hier herum, voll bis zu den Haarwurzeln mit dem Zeug, das Asien und Afrika jahrzehntelang in Hunger und Armut gestürzt hat. Ihre Religion ist der Tanz der wirbelnden Derwische und der Medizinmänner."

„Was ist mit den Kommunisten unter ihnen ... ich meine die Franzosen?"

„Alles, was das Abendessen eines Franzosen stört, hat von vornherein keine Chance und ist so tot wie eine Maus – das gilt für Sartre und das gilt für Marx. Aber es wird schon einen kleinen Schock brauchen, ehe sie den Marx wegwerfen – vielleicht den Zusammenbruch eines kommunistischen Landes oder die Emigration eines Künstlers oder eines Schriftstellers ... eines ehemaligen Stars des Ostens. Auf andere würden sie gar nicht erst hören. Und danach wird die Welt dem Beispiel Frankreichs folgen – das machen sie letztendlich sowieso immer."

„Du möchtest nicht heute geboren werden, 1967, nicht wahr, Tris?"

„Wenn ich die Wahl hätte, nein. Ich würde so bis 1997 warten, bis diese Generation", ich nickte zu den Hippies hinüber, „ausgestorben wäre, wenn ich zwanzig wäre. Sonst müsste ich meine Zeit damit verbringen, diesen Haufen zu ernähren, und je älter sie werden, desto unverschämter werden sie auch. Das war immer so und wird auch so bleiben ... aber für diese Generation gibt es einen Unterschied ... die Ressourcen werden immer weniger. Und deshalb werden sie sich mit zunehmenden Alter immer weiter nach rechts orientieren. Die nächsten dreißig Jahre werden viele Probleme bringen ... aber danach ... das wäre die Zeit um zu leben! Heiliger Neptun, was würde ich dafür geben, in hundert Jahren zu leben. Um da hinaufzufliegen zu den Sternen und meinen Schwanz in den Astralnebel zu stecken. Ich würde gerne nach dem Jahr zweitausend geboren werden."

„Und du meinst, das alles wird durch die Bevölkerungsexplosion ausgelöst?", fragte Pete, um meinen walisischen Redeschwall zu unterbrechen.

„Natürlich ... das, und die kommende Auswanderung ins All ... es wird so werden, wie es in Europa im dreizehnten und vierzehnten Jahrhundert war. Damals kamen auch Tausende verschiedener Sekten auf, die Leute tanzten auf den Straßen und aßen drogenhaltige Pilze und schäumenden Sauerteig, bis sie beduselt waren. In der Geschichte passierte das immer vor einem Zeitalter der großen Reisen und der Entdeckungen. Aber die gute alte Welt hat das immer ausgehalten – zum Glück hatten die Edwardianer keine Atombombe, das waren die Schlimmsten!"

„Und jetzt?"

„Es ist die Zeit vor dem Aufbruch ins Weltall."

„Wie meinst du das?"

„Die Leute wissen, dass etwas passieren wird, aber sie wissen nicht genau, was. Sie haben natürlich Angst. Das passiert immer, wenn wir prüfend nach innen in uns hineinschauen, und dieser verrückte Deutsche ... Nietzsche, hat auch nicht viel geholfen."

„Also meinst du, dass es den Amis gelingt, einen Mann auf den Mond zu bringen?", fragte Pete zweifelnd.

„Wenn sie es nicht schaffen, werden es die Russen machen, und wenn nicht die Russen, dann andere."

„Dann meinst du, dass es unausweichlich ist, dass wir zu den Sternen ziehen werden?"

„So sicher, wie Gott die Ozeane geschaffen hat, und so sicher, wie abends die Sonne untergeht."

„Und meinst du, dass das der Menschheit etwas Gutes bringt?"

„Also erst musst du mir erklären, was du mit „Gutes" meinst. Ich meine, für mich hatte unser kleiner Abstecher mit dem tauben Henry und Closet in vieler Hinsicht etwas Gutes. Für dich war es vielleicht nur eine langweilige Reise. Die Reise ins All wird ähnlich sein, aber gehen müssen wir! Es gibt da keine anderen ... keine kleinen grünen Männchen ... nur die Menschheit ... und je früher wir uns dieser Aufgabe stellen, desto besser werden wir alle werden, Pete. Das ist gar keine Frage – entweder scheißen oder das Scheißhaus räumen – nix anderes. Wenn die Menschheit kneift, dann betrügt sie Gott!"

Pete schob mir noch einen Brandy über den Tisch. „Prost, Tris, du bist schon 'ne irre Type! So einen wie dich habe ich noch nie getroffen."

Ich lachte. „Ah, komm' schon, wir machen einen Abstecher zu Waunas Bar. Da hängen vielleicht noch ein paar heiße Tussis rum! Der Wind ist stärker als das Öl, und wir Seeleute können warten ...“

In der Abenddämmerung verließen wir Ibiza mit der Nachtfähre nach Mallorca und kamen am nächsten Nachmittag in Puerto Andraitx an.

„Juuhuuu!“, blökte Sissie, als wir mit unseren Seesäcken auf dem Rücken im Sonnenschein den Kai entlang getrottet kamen. Ich sah, wie Nelson müde aufstand und hechelte.

„Juuhuu!“, rief sie und winkte in ihrem farbverklecksten blauen Turnhöschen und den derben Schuhen. Sie hatte einen Eimer Farbe in der Hand. „Meine Lieblinge! Hab' sofort Tee und Plätzchen bereit!“

„Mein Gott!“, sagte Pete. Sein Mund stand offen, seine Augenbrauen standen hoch. Er zeigte mit dem Kinn auf *Tea Pot*.

„Was gibt's, Kumpel?“

„Schau' dir das an!“, er ließ seinen Seesack fallen, „Schau' dir das an, Tris!“

Tea Pot war vom Bug bis zum Heck neu bemalt. Der Mast, der noch vor einem Monat grau gewesen und von dem der Anstrich abgeblättert war, strahlte jetzt unter mehren Schichten Firnis. *Cresswell* sah ebenfalls picobello aus: alle Messingbeschläge waren auf Hochglanz poliert und glänzten wie auf einer königlichen Barkasse.

„Gute alte Sissie!“, sagte Pete.

„Amen, sag' ich“, erwiderte ich und horchte, wie Nelson mit dem Schwanz auf das Deck klopfte.

Tiger, tiger, burning bright
In the forests of the night,
What immortal hand or eye
Could frame thy fearful symmetry?

In what distant deeps or skies
Burnt the fire of thine eyes?
On what wings dare he aspire?
What the hand dare seize the fire?
And what shoulder and what art
Could twist the sinews of thy heart?
And, when thy heart began to beat,
What dread hand and what dread feet?

What the hammer? What the chain?
In what furnace was thy brain?
What the anvil? What deep grasp
Dare is deadly terrors clasp?

When the stars threw down their spears,
And water'd heaven with their tears,
Did He smile His work to see?
Did He who made the lamb make thee?

Tiger, tiger, burning bright
In the forests of the night,
What immortal hand or eye
Could frame thy fearful symmetry?

(Tiger, Tiger, brennend hell
In dem dunklen Wald der Nacht.
Welch unsterbliche Hand, welches Auge
Konnte deine furchtbare Symmetrie gestalten?

In welchen fernen Tiefen, welchen Himmeln
Brennt das Feuer deiner Augen?
Auf welchen Flügeln strebt er empor?
Welche Hand traut sich, das Feuer zu fassen?

Und welche Schulter, welche Kunst
Kann die Sehnen deines Herzens dehnen?
Und als dein Herz begann zu schlagen
Welche schreckliche Hand, welch' schrecklicher Fuß?

Welcher Hammer, welche Kette?
In welchem Feuer war dein Gehirn?
Welcher Amboss? Welcher tiefe Griff?
Wagt die tödlichen Schrecken zu umklammern?

Als die Sterne Speere herabsandten
Und den Himmel mit ihren Tränen wässerten
Hat Er gelächelt, als Er sah Sein Werk?
Hat Er, als er dich zum Lamm machte?

Tiger, Tiger, brennend hell
In dem dunklen Wald der Nacht
Welch unsterbliche Hand, welches Auge
Konnte deine furchtbare Symmetrie gestalten?)

William Blake *Der Tiger*

22 Menschenliebe – Hundeliebe

*P*ete segelte am nächsten Morgen in *Tea Pot* weg, denn er wollte nach Südfrankreich. Er hoffte, dort einen Job als Segellehrer zu finden.

„Mach's gut, Kumpel, danke für die Reisen! Vergiss' nicht, mir ab und zu ein paar Zeilen zu schreiben, an meine Adresse in London."

„Sissie! Mach's gut! Und danke für das Anstreichen!"

„Wiederseh'n, Peter, mein Liebling!", rief ihm Sissie nach, „und überbring' meine Grüße an den lieben Robin Maugham!"

„Und auch an Aga Khan und Prinzessin Gracia ... und an Norah Docker", knurrte ich und wollte nach unten gehen. Im Niedergang kraulte ich Nelson am Kopf, aber der gute Kerl bewegte sich kaum.

Am Nachmittag war ein Brief für Sissie auf der Post. Als sie zurückkam, war sie rot im Gesicht und strahlte.

„Was jetzt?", murmelte ich zu Nelson, als ich sie den staubigen Kai entlang schweben sah, mit drei Bewunderern im Schlepptau.

„Tristan, Liebling, ich muss dich hier zurücklassen und nach Ibiza fahren. Weißt du, meine Bank, diese unfähigen Blödmänner, haben mein Taschengeld für ganze sechs Monate geschickt. Aber sie haben es zu der Bank in Ibiza geschickt. So ein Pech! Aber ich brauch' nur ein paar Tage, um mit der Fähre rüber zu fahren und zurück. Dann kann ich bei dir meine Schulden bezahlen."

„Was heißt das, zum Teufel, mit der Fähre rüberfahren? Wir können mit *Cresswell* in acht bis zwölf Stunden rübersegeln! Dann sparst du dir das Geld für die Fahrkarte, und ich wollte sowieso dahin." Ich dachte an den tauben Henry und an Closet. „Hab' Freunde da drüben, die Kerle, die uns in Gibraltar mitgenommen haben."

„Oh, Skipper, du willst mich wirklich da hinüberbringen, in der lieben alten *Cresswell*?" Sie hielt sich mit ihren sonnenverbrannten Händen an den Wanten fest und sprang von einem Fuß auf den anderen. Ihre derben Lederschuhe trampelten auf dem Deck herum.

„Natürlich! Und hör' um Gotteswillen auf zu trippeln, denk' an die schöne neue Farbe!" Ich begann, das Sonnendach herunterzunehmen. „Wir segeln, wenn die Sonne ein wenig tiefer steht. Hol' die Segel rauf!"

„Hey hoo hoo", sang Sissie, „jetzt geht's wieder los!" Sie zwängte sich durch das Luk hinunter.

Nelson hob kaum den Kopf trotz der Aufregung und der Aktivitäten um ihn herum. Sein gutes Auge war trübe und wässrig verschwommen. Ich beugte mich hinunter und wischte es sauber. Ich streichelte seinen Hals, und er hechelte leise. „Gleich sind wir draußen auf See, mein Alter", sagte ich leise. Er leckte mein Handgelenk.

Bald hatten wir alle Segel angeschlagen. Sissie zog mit aller Kraft die lange schleimig-grüne Ankerkette an Deck, während ich mit der Maschine leicht dagegen hielt, damit sie den Anker besser aus dem Sandboden ausbrechen konnte. Als der Anker schließlich an Bord war, zog ich die Gaffel hoch und nahm die Fock dicht. Die Segel füllten sich, und wir zogen mit einer schwachen Brise aus Nord davon. Nach einer Minute waren wir aus dem Hafen heraus und beobachten das Spiel der Abendsonne auf den goldenen Hügeln von Mallorca. Die Olivenbäume um die kleinen weißgetünchten Häuser bewegten sich leicht und leise im Wind.

Cresswell hob und senkte sich sanft in der schwachen Dünung. Im Norden ragte der große Felsbrocken Dragonera aus dem tiefblauen Wasser auf, die Sonnenseite schien aus Gold zu bestehen, und die Schattenseite war azurblau gefärbt. Droben zogen ein paar kleine Wolkenfetzen wie Wattebäusche nach Süden. Im Südosten tanzten die schwachgelben milchigen Schatten der Insel Cabrera über den kleinen Wellen. Sissie hatte Sandwiches und eine Kanne Tee gemacht. Sie kam zu mir ins Cockpit und machte es sich gemütlich. Ich genoss die Sonne, steuerte lässig mit einem Zeh und kraulte Nelsons Hals. Er liebte das.

„Was machen wir, wenn wir nach Ibiza kommen, Sissie?"

„Oh, heut' Abend bleiben wir an Bord, und morgen geh' ich auf die Bank und bezahle meine Schulden bei dir. Und dann kauf' ich mir ein Ticket nach Marokko. Ich will mich dort mit meinem Bruder, dem lieben Willie, treffen. Wir werden zusammen Fotos machen, von der *Kasbah* in Tanger und von diesem schrecklich schönen Platz in Fez. Ich denke, ich werde sechs Wochen dort bleiben. Dann geht's für mich zurück ins alte Southchester. Wie langweilig, stell' dir das mal vor, wieder so ein ekelhafter Winter in England!"

Nelson kroch nach hinten auf das Poopdeck, wo ich zwei Fischleinen nachzog. Ich hatte dazu den Bootshaken quer zum Schiff festgemacht, und an jedem Ende hing eine Leine achteraus. Diese Methode verhinderte, dass sich die Leinen untereinander oder im Propeller verhedderten. In diesen Gewässern bestand immer eine gute Chance auf den einen oder anderen Fisch, falls die Katzenhaie nicht vorher die Leinen zerrissen.

Der Nachmittag schritt voran, und der Wind spielte sanft in den Segeln. *Cresswell* zog in der glatten See mit etwa drei Knoten lässig und lautlos ihre Bahn, so herrlich und wunderbar, wie Segeln nur sein kann. Die Sonne senkte sich, und drüben am Horizont stieg die Insel mitsamt der Stadt Ibiza ganz langsam am Horizont auf. Sissie und ich redeten weiter über ihre Pläne.

„Und du musst auf diese verdammten Berber aufpassen!", sagte ich spaßig, „sie sind wahnsinnig trickreich, speziell wenn es um hübsche englische Lehrerinnen geht. Dann bist du in einem Harem eingesperrt, bevor du noch „nein, danke" sagen kannst."

„Dann hau' ich denen aber mit meinem guten alten Hockeyschläger gewaltig auf die Rübe, Skipper!"

„Also, in jedem Fall kann ja der liebe gute Willie auf dich aufpassen!"

Sissie ging runter, um das Teegeschirr abzuwaschen, und ich schaute träumend in die Ferne. Das Schiff lief weiter über die federleichte See.

Ich schaute nach achtern. Nelson passte auf die Angelleinen auf. Seine Vorderpfote lag auf einer der Leinen, und die schwache Brise kräuselte sein schwarzes Fell. Als ich mich nach ihm umdrehte, schaute er mir direkt und gerade in die Augen. Er hechelte, hob seine Pfote leicht in die Höhe und schnaufte so tief, dass sein ganzer Körper bebte. Dann fiel er plötzlich um, sein Kopf rollte zur Seite. Ich sprang auf und schob mich über das Achterdeck zu ihm hin. Ich fühlte nach seinem Herzschlag, dann streichelte ich seinen Kopf und sagte immer wieder seinen Namen vor mich hin. Er war tot – einfach so! In diesem Moment dachte ich, dass mein eigenes Herz auch stehen blieb.

Ich hob seinen Körper auf, so sanft wie ich nur konnte, und trug ihn ins Cockpit. In wirren Fetzen schossen die Erinnerungen durch meinen

Kopf, alles was wir zusammen durchgemacht hatten, seine Liebe und seine Treue – seine starke und ehrliche Treue, selbst in Zeiten, in denen die ganze Welt sich gegen mich zu wenden schien. Zeiten, in denen das Schicksal sich höhnisch abwendete, von mir und meinen fruchtlosen, brotlosen Bemühungen, es zu meistern, und mich verloren und verlassen einfach so dastehen ließ. Wenn ich keine andere Aussicht mehr vor mir hatte als einen einsamen kalten und nassen Tod. Aber Nelsons Treue zu mir war unerschütterlich gewesen und nie und nimmer ins Wanken geraten.

Ich kraulte seinen Kopf und dachte: „Man wird sagen, er war nur eine dumme Kreatur, nur ein Tier", dann sagte ich zu Sissie: „Aber er hat es gewusst, Sissie, er hat's gewusst! Und er war standhaft! Weißt du, wenn ich Angst hatte, dann hatte er auch Angst, und wenn ich gelacht habe, dann hat er auf seine Art auch gelacht! Und seine Liebe war so groß und ohne Hintergedanken, er hat nie etwas zurückverlangt außer einer Schüssel Burgoo ... mein Gott!"

„Ach Tristan, Liebling", sagte Sissie und legte ihre Hand auf meine Schulter. Ich versuchte, meine Tränen zurückzuhalten.

„Sissie", sagte ich und versuchte, das Zittern in meiner Stimme zu verbergen.

„Ja?", fragte sie, und Tränen liefen über ihr Gesicht.

„Hol' meinen schweren Eskimoparka. Er ist im Schapp vorne, auf der Steuerbordseite."

Sie kam aus der Kabine und hielt meinen feuchten, leicht verschimmelten Parka aus Karibufell in den Händen. Sie reinigte ihn mit einer kleinen Handbürste vom grünen Schimmel, dann legte sie ihn auf das Seitendeck, langsam und vorsichtig, als hätte sie Angst, er würde auseinanderfallen.

„Und meine Hosen vom Ölzeug, die alten. Die sind im selben Schapp." Sie brachte auch diese nach oben, ebenfalls verschimmelt und klopfte sie aus, bis sie wieder schwarz und nicht mehr hellgrün waren. Ich sagte nichts zu ihr, aber ich sah die zugenähten Bissspuren am Hosenbein, wo mein lieber alter Freund mich festgehalten hatte, damals, als ich bewusstlos ins Wasser gefallen war, auf meinem Weg hinauf nach Island.

Ich wickelte den alten Kerl in den Parka und die Hosen ein und schnürte alles mit einer Nylonleine zusammen, damit die Fische nicht an ihn kommen konnten. Dann beschwerte ich das Ganze mit dem Brecheisen, mit dem ich damals, vor so langer, langer Zeit, das Schiff an einem Eisberg festgemacht hatte. „Mach's gut, Kumpel", sagte ich zu ihm, als ich ihn über die Seite in die See gleiten ließ.

Sein Körper versank in den blauen Fluten, und ein Delphin sprang in der Nähe. Er zog einen Bogen aus perlender Gischt in der Luft hinter sich her. Mit Tränen in den Augen sah ich zu, wie Nelsons Körper langsam in der Tiefe versank.

Den Rest der Reise nach Ibiza legten wir schweigsam zurück. Ich dachte an Nelson, an Tansy Lee, meinen alten Skipper und an meine letzten Verbindungen mit der Berufsschifffahrt unter Segel.

Cresswell schob sich am späten Nachmittag langsam in die breite glänzende Bucht von Ibiza hinein. Zehn Stunden zuvor waren wir in Andraitx aufgebrochen. Zehn lange, traurige Stunden. Ich hatte keine Lust, an Land zu gehen, auch nicht, als Sissie sich auf den Weg machte. Überall, wo ich mich auf dem Schiff umschaute, sah ich Nelson, und ich wollte nicht von ihm weg.

In ihrem Tweed-Kostüm, ihrem Schlapphut mit Federn drauf und ihren Trampelstiefeln, mit ihrem Hockey- und Tennisschläger unterm Arm und der riesigen Reisetasche neben sich an Deck fummelte sie in ihrem Geldbeutel herum. Ich schob ihre Hand weg, als sie bezahlen wollte.

„Is' schon gut, Mädchen, du wirst es brauchen, wo du hingehst. Und außerdem schulde ich dir etwas für die Arbeiten an *Cresswell* und *Tea Pot*. Und natürlich auch dafür, dass du auf Nelson und mich aufgepasst hast."

Durch das krampfhafte Lächeln auf ihrem Gesicht kamen Tränen durch. „Wiederseh'n Tristan, mein Liebling. Oh, wie werd' ich dich vermissen! Ich hab' so viel Spaß gehabt, so schrecklich viel Spaß, mein Kleiner!" Sie zielte mit einem Kuss auf meine Wangen, verfehlte sie und traf meine Nasenspitze.

„Bis dann, Siss. Schreib' mal ab und zu!"

„Das werd' ich bestimmt, ganz sicher, keine Angst!", rief sie. Der Taxifahrer schleppte ihre Klamotten und ihr Zubehör in den Wagen. Sie setzte sich hinein, kurbelte die Scheibe herunter und winkte. Dann nickte sie zu dem schnaufenden *taxista* hin. „Netter kleiner Kerl, nicht wahr?"

„Sissie", rief ich, als sich das Taxi auf dem Kopfsteinpflaster in Bewegung setzte.

„Was is', mein Lieber?"

„Danke für alles, Kumpel!"

Sie hängte ihren kompakten Oberkörper aus dem Fenster und winkte den ganzen Weg am Ufer entlang, zum Erstaunen der Sonntagsspaziergänger und ihrer Kinderschar auf der Mole.

Müde und innerlich leer ging ich in die Kajüte hinunter, um über die Zukunft nachzudenken. In der Ferne spielte jemand auf einer Gitarre.

Als die Tage vorbeizogen, verblasste die scheinbare Anwesenheit Nelsons auf dem Schiff mehr und mehr, bis nur noch meine Dankbarkeit an ihn zurückblieb.

Die in Holland gebaute Slup *Two Brothers* stand in Vigo, im Nordwesten Spaniens, zum Verkauf. Ein Deutscher hatte sie für eine Weltumsegelung ausgebaut, hatte aber dann seine Meinung geändert. Ich hatte sie vorher schon einmal in Holland gesehen und kannte sie als stäbiges Schiff. Mit dem Geld, das ich aus der Überführung der *Antoinette* hatte, plus dem, was ich für *Cresswell* bekommen würde, konnte ich es mir leisten, *Two Brothers* zu kaufen.

Ich reiste über Land nach Vigo und schaute mir *Two Brothers* und ihre Ausrüstung an. Dann ging ich zurück nach Ibiza und verkaufte *Cresswell* mit Pütt und Pann an einen englischen Geschäftsmann, mit Ausnahme meiner Logbücher und Aufzeichnungen. Er gab mir 2500 Dollar für das Schiff.

Eine Woche nach dem Kauf ankerte er sein Schiff in der Bucht von San Antonio, auf der Nordseite der Insel. In der Nacht kam ein starker *tramontana* auf, *Cresswells* Anker hielt nicht, und sie wurde auf den Strand hinauf gespült. Ich war bereits fertig zum Abreisen und zur Übernahme von *Two Brothers*, als ich die Gerüchte über *Cresswells* Strandung hörte. Ich konnte mit jemand nach San Antonio mitfahren und half bei der Rettungsaktion (mit der Einwilligung des neuen Eigners – aber ich hätte es sowieso getan). Wir gruben sie aus und flickten sie, aber sie hatte wieder einmal den Mast gebrochen. Der Geschäftsmann, der die Nerven verloren hatte, verkaufte sie an eine englische Schauspielerin, die versprach, gut auf *Cresswell* aufzupassen, wenn ich sie nach Arenys del Mar auf dem Festland bringen würde, wo sie eine Villa besaß. Also segelte ich *Cresswell* mit einem Notrigg hinüber und verlor dabei viel kostbare Zeit. Aber andererseits konnte ich *Cresswell* auch nicht bewusst verloren und allein zurücklassen. Also unternahm ich alle Anstrengungen, sie sicher und gemütlich unterzubringen.

In Arenys ging ich von ihr weg, ohne mich noch einmal umzudrehen. Ich konnte den Gedanken kaum ertragen, dass Nelson nicht schwanzwedelnd und hechelnd auf sie aufpasste und sie beschützte. Dann nahm ich den Zug nach Vigo.

Eigentlich war ich ganz froh, an der Atlantikküste Spaniens zu sein. Im Mittelmeer hatte ich so viele Abenteuer erlebt, einige episch, andere heiter und wieder andere tragisch. Es ist ein unberechenbares Meer, es ändert sich ohne jede Vorwarnung, es ist unzuverlässig, trügerisch, manchmal sogar direkt verräterisch, aber zuweilen wunderschön. Ich fragte mich verwundert, ob sich vielleicht die klimatischen Bedingungen in einem Gebiet irgendwie auf den Charakter der dort lebenden Menschen auswirken. Ruhiges Wetter – ruhige Leute, und so weiter.

Nachdem ich mich in *Two Brothers* häuslich eingerichtet hatte, fand ich, dass sie im Vergleich zu *Cresswell* mehr Raum und Bequemlichkeit bot, obwohl sie kürzer war. Ich begann, Pläne zu schmieden für etwas, das ich schon immer tun wollte. Ich wollte hinauf zu den höchstgelegenen schiffbaren Wassern dieser Welt – zum Titicacasee! Drei Meilen hoch in den wilden Anden Südamerikas!

In Vigo bereitete ich mich eilig drei Wochen lang auf die Reise vor. Es war September 1967 und die ideale Zeit, um den Atlantik von Ost nach West zu überqueren. In der Zeit, während die Verhandlungen um *Cresswells* Verkauf und um den Kauf von *Two Brothers* im Gange waren, hatte ich drei Überführungen gemacht und hatte Ausrüstung für zwei Jahre und Proviant für fünf Monate an Bord. Dazu hatte ich noch 1800 Dollar auf einem Konto der *Banco de España* liegen. Das würde ich dort lassen und mir Geld schicken lassen, nachdem ich in der Karibik angekommen war.

Two Brothers war ein richtiges Blauwasserschiff. Sie hatte einen tiefgehenden Kiel und einen modernen Segelplan, sie lief hoch am Wind, wie eine Hexe. Sie war aus feinstem indonesischen Teak auf Eichenspanten gebaut und karweelgeplankt. Sie hatte eine Menge raffinierter Ausrüstung, die mir von *Cresswell* her unbekannt war, viele Schapps, sogar eins für das nasse Ölzeug, und eine Toilette in einem kleinen Verschlag. Aber die baute ich als Erstes aus. Ein Eimer macht viel weniger Ärger und ist draußen auf dem Ozean bei weitem hygienischer.

Alles an ihr war stäbig und solide. Der Deutsche, dem sie vorher gehört hatte, war ein sorgfältiger Segler. Er war so vorsichtig, dass er niemals über die Planung seiner Weltumsegelung hinauskam, obwohl er mit dem metrischen System gearbeitet und vier Jahre dafür gebraucht hatte. Aber er hatte das Schiff absolut seetüchtig gemacht – kein Bolzen, der nicht exakt auf seinem Platz war. Zuerst war es in der Kajüte wie im leeren Schaufenster eines Möbelladens, aber nach einer Woche oder so hatte ich mich drunten ganz gemütlich und häuslich eingerichtet. Ein wenig Ruß über der Kombüse und ein Bild der Queen am vorderen Schott.

Die Maschine war ein französischer Couach-Diesel und hatte so einen wunderbaren kleinen elektrischen Anlasser, obwohl man sie auch von Hand anwerfen konnte. Die Segel waren so gut wie neu und sahen ungebraucht aus. Sie waren auf preußische Art und mit teutonischer Präzision makellos zusammengefaltet. Natürlich würde das kein Blauwassersegler so machen, denn synthetisches Tuch wird an den Kanten, wo es gefalzt war, schwächer. Ein Blauwassersegler stopft alles einfach so in den Segelsack, und es gibt keine Falzkanten.

Ich verließ Vigo Anfang Oktober und legte direkten Kurs auf Horta auf den Azoren an. Die Überquerung des südwärts laufenden Portugalstroms war etwas rau, mit stürmischem Wind, aber das Schiff hielt sich äußerst gut. Ich war mit meiner neuen Behausung durch und durch zufrieden.

Nach acht Tagen lag ich im Hafen von Fayal, auf der Insel Horta. Ich trank einen Abend lang mit Don Enrique, dem uralten Besitzer der Bar Sport. Dann verließ ich diesen Knotenpunkt der Ozeansegler wieder und nahm Kurs auf Antigua.

Zuerst war es eine typische Atlantiküberquerung. Das Schiff lief am Wind, hob und senkte sich. Tag für Tag, Nacht für Nacht, unter einem sternenflimmernden Himmel. Ich bewegte mich am südlichen Rand eines Azorenhochs entlang. Dann, vier Tage nach meiner Abreise aus Horta, lag ich in der Flaute.

Auch am folgenden Tag gab es keinen Wind. Ich blies das Beiboot auf und machte es sorgfältig mit einer langen Leine an dem sich leicht bewegenden Schiff fest. Dann paddelte ich weg, um ein paar Fotos zu machen. Ich machte vier oder fünf Schnappschüsse und, als ein wenig Wind aufkam, paddelte ich zurück an Bord.

Wegen der nur leichten Brise entschloss ich mich dazu, das Beiboot aufgeblasen zu lassen. Vielleicht könnte ich am nächsten Tag noch ein paar Fotos schießen, wenn es wieder heller war.

Die ganze Nacht hindurch segelte das Schiff langsam voraus, hob und senkte sich sanft, wenn die lange, lange Dünung des Atlantiks unter ihm hindurchrollte, es hochhob und dann wieder herunterließ. Das Heck zog eine Spur phosphorisierenden Wassers hinter sich her.

Nach einigen Stunden am Rad stellte ich die Segel so ein, dass sie sich selber nach Südwesten steuern konnte, und ging nach unten, um zu schlafen. Bald war ich eingeschlafen, oder wie man das bei einem Schiff auf dem Ozean nennt. Es ist nicht der gleiche Schlaf wie an Land. Auf See spüre ich selbst im Schlaf die Bewegungen des Schiffes und höre die Geräusche. Aber trotzdem erholen sich die müden Knochen.

Der Knall kam für mich wie ein Schock. Ein Erzittern, ein Knallen und ein Beben, das mich gegen das vordere Schott schleuderte. Dann krachte mit einem ohrenbetäubenden Geräusch von splitterndem Holz das Kajütdach zusammen. Es folgte ein weiterer explosionsartiger Knall. Das ganze Schiff wurde hochgehoben und fiel dann zurück in die See. Wasser drang ein.

Ich kann mich nicht mehr daran erinnern, was mir in diesem Moment alles durch den Kopf schoss. Was ich noch weiß, ist, dass ich an Deck stand und zusah, wie eine riesige schwarze Schwanzflosse, bestimmt sieben Meter breit, das Vorschiff zerschlug. Dann fiel der Mast in einer großen Schleife auf die Seite. Zischen – Schwappen – Knallen – Gurgeln.

Ich kletterte in das Beiboot und machte es los. Mit dem einen Riemen, der noch auf dem Boden lag, paddelte ich wie ein Irrer. Nach einer Ewigkeit, wie es mir schien, schaute ich mich um. Das Schiff war weg. Die gesamte Oberfläche der See um mich herum war absolut leer. Es gab keine Geräusche, nur das Schwappen des Wassers an die Seiten des Beiboots.

Das Erste, was ich dachte, war: Gott sei Dank ist das Beiboot relativ neu. Es war unwahrscheinlich, dass das Ventil die Luft nicht hielt. Dann, mit großem Schrecken, bemerkte ich, dass ich keine Luftpumpe für das Beiboot hatte. Wenn seine Gummihaut verletzt oder es sonst irgendwie die Luft verlieren sollte, dann würde ich versinken. Ich suchte in meinen Taschen. Kein Messer, keine Leine, nichts! Zwei spanische Fünf-Peseten-Münzen und ein portugiesischer Escudo. Und, Gott im Himmel, kein Essen und kein Wasser!

Nach ein paar Momenten der wilden Verzweiflung fing ich an nachzudenken. Ich wusste, dass der Strom am südwestlichen Rand des Golfstroms nach ONO lief, aber ich hatte nicht die geringste Ahnung, mit welcher Geschwindigkeit. Der Wind war leicht und kam aus Nordwest. Ich war weit außerhalb der Schifffahrtsrouten, aber wenn der Strom mich am Tag fünfundzwanzig Seemeilen nach Osten versetzte, und mit Unterstützung des Windes, dann hätte ich eine bessere Chance. Wenn es mir gelänge, zehn Tage lang zu überleben, dann würde ich auf die Schifffahrtsroute vom Kap der Guten Hoffnung nach Europa treffen. Ich musste mich jetzt darauf besinnen, meine Kräfte so gut wie möglich zu schonen und zu versuchen, durchzuhalten. Aber irgendwie wusste ich, dass ich sterben würde.

Den Rest des Tages verbrachte ich damit, mich zu erinnern, an Tansy, an *Cresswell*, an Nelson und sogar an Sissie. Ich fragte mich, was sie wohl in einer solchen Situation machen würde. Einen bitteren Moment lang ging mir die Bewusstheit durch den Kopf, dass ich den Titicacasee jetzt nie erreichen würde, aber dann tröstete ich mich mit dem Gedanken, dass ich wenigstens alles versucht hatte. Mann kann nicht immer gewinnen – aber es ist gut daran zu glauben, dass man es könnte.

Bei Anbruch des Tages begann ich zu der Stelle hinzupaddeln, wo ich meinte, dass das Schiff versunken wäre. Vielleicht, so dachte ich, ist ein halbleerer Wasserkanister nach oben gekommen und schwimmt jetzt da herum. Nach einer desperaten Suche, den ganzen Tag lang, fand ich nur zwei Stücke „wunderbares" burmesisches Teakholz, zerbrochen und zersplittert. Keines war länger als zwanzig Zentimeter.

In den ersten drei Tagen bemühte ich mich, die Zeit im Kopf zu behalten. Zuerst begann ich leise vor mich hin zu singen, dann sagte ich die Gedichte auf, die ich auswendig konnte. Am vierten Tag war mein Mund so trocken und ausgedörrt, dass ich das aufgab, nur noch so da lag und nachdachte. Ab und zu setze ich mich auf und suchte den Horizont ab. In der heißen Mittagssonne schützte ich abwechselnd die Beine und den Oberkörper mit meiner Hose; es war das einzige Kleidungsstück, das ich hatte. Ich musste verhindern, dass die gnadenlose Sonne mich verbrannte, dann in der Nacht Salzwasser in die Blasen auf meiner Haut eindrang und es zu Infektionen kommen würde. Täglich wurde ich schwächer, alles um mich herum wurde verschwommen und neblig. Ich versuchte, so viel wie möglich zu schlafen.

Am Abend des vierten Tages hatte ich mich mit dem Tod abgefunden und hoffte, dass es bald vorbei sein würde. Ich konnte nur noch durch die Nase atmen, denn meine Zunge war so angeschwollen, dass sie meinen gesamten Rachen ausfüllte und mir nach vorne aus dem Mund heraus in den Bart hing – wie bei einem Hund, wenn es heiß ist. Dann fiel ich in Schlaf und wusste, dass ich nicht mehr aufwachen würde.

Mir wurde bewusst, dass es irgendwelche Geräusche um mich herum gab. Mit großer Anstrengung öffnete ich ein Auge. Ich war in einem hellen weißen Raum, und weiß gekleidete Figuren liefen herum. Dann verging eine Ewigkeit, in der die stechenden Schmerzen in meinen Augenbrauen langsam nachließen.

Ich war in einem Eiscafé – hell und sauber. Nein ... in einer Molkerei. Das war's, eine Molkerei ... Eine jahrzehntelange Pause und eine Million schmerzhafter Stiche ... nein, in einer Apotheke war ich, oder einem Krankenhaus. Ja – ein Krankenhaus!

Dann wurde alles schwarz, nur noch das Murmeln einer leisen Stimme in meiner Nähe. Ich fiel in einen langen, schwarzen Tunnel.

Sechs Tage, nachdem *Two Brothers* von einem Wal versenkt worden war, kam ich wieder zu mir. Ich konnte jetzt wieder alles sehen. Aufgrund der Uniformen der Leute, die durch die Tür ein- und ausgingen, wusste ich, dass ich auf einem portugiesischen Kriegsschiff war. Ich hatte starke Schmerzen. In einem Arm steckte eine Nadel, und ich hatte eine Art Rohr im Hals. Eine Hand und ein Bein waren in der Luft an einem Gestell über dem Bett aufgehängt. Ich war total nackt, und meine Haut war so schwarz wie die Pikkönigin.

An dem Nachmittag, an dem ich wieder zu mir gekommen war, besuchte mich der Kapitän auf der Krankenstation. Er war ein großer starker Mann und strahlte Autorität und Verantwortung aus. Mit einer lauten, aber sanften Stimme sprach er zu mir in Portugiesisch. Als ich mit dem Kopf schüttelte, bis mir der Rücken weh tat wie verrückt, und ihm damit zu verstehen gab, dass ich kein Portugiesisch verstand, drückte er mir vorsichtig einen Bleistift in die Hand. Dann fragte er mich in Spanisch, was ich mache. Ich drehte wieder den Kopf seitwärts, diesmal ganz vorsichtig. Dann sprach er mich in ordentlichem Englisch an.

„Was zum Teufel machst du mitten auf dem Atlantik in einem Gummiboot?"

Ich schrieb langsam auf das Papier, der Bleistift wog sicher eine Tonne. Als er das Papier in die Hand nahm und versuchte, meine zittrige Schrift zu entziffern, zuckte er. Dann legte er seinen großen Kopf mit dem schwarzen Bart zurück und lachte schallend. Er zeigte den anderen, was auf dem Blatt stand:

„Bibeln verkaufen."

Farewell and adieu to you Spanish ladies,
Farewell and adieu to you ladies of Spain,
For we've received orders to sail for old England,
And we hope in a short while to see you again.

Chorus: *We'll rant and we'll roll,*
Like true British sailors,
We'll rant and we'll roll all across the salt seas,
Until we strike the soundings in the Channel of old England
From Ushant to Scilly is thrirty-five leagues!

So let ev'ry man raise up his full bumper,
Let every man drink up his full glass,
For we're laugh and be jolly
And chase melancholy,
With a given toast to each true-hearted lass!

(Lebt wohl und adieu ihr spanischen Damen,
Lebt wohl und adieu ihr Damen von Spanien,
Wir haben Befehle, wir segeln nach England,
Wir hoffen, wir sehen Euch wieder, bis bald!

Refrain: Wir fluchen, wir rollen,
Wie englische Segler,
Wir fluchen, wir rollen, über salzige See.
Bis wir tiefes Wasser finden im Kanal von England
Von Ushant nach Scilly sind's hundert Meilen!

Auf dass jeder Mann seinen Humpen hebe,
Lasst jeden Mann trinken sein volles Glas,
Denn wir lachen, und wir singen
Und treiben hinweg die Melancholie,
Mit einem Trinkspruch auf jedes ehrliche Mädchen!)

Seemannslied, 18. Jahrhundert
(Es war der einzige „Arbeits-Shanty" in der britischen Marine.)

276

23 I don't know why you say goodbye – I say hello!

*D*er Pfleger auf der Krankenstation des portugiesischen Fischerei-schutzschiffes schirmte mich ein wenig von dem ständigen Strom der vorbeikommenden Besucher ab, die von meinem Treffen mit dem Skipper gehört hatten. Auf einem kleinen Schiff verbreiten sich Gerüchte schnell. Bis zu unserer Ankunft in Ponta Delgada auf den Azoren wurde ich wie eine Art Maskottchen behandelt.

Das Schiff kreuzte in langsamer Fahrt durch die Gewässer der Azoren. Nachdem es nach zwei Wochen seine Patrouillenfahrt beendet hatte, ging es mir schon viel besser; fast war ich wieder normal. Ich konnte wieder sprechen und sehen, hören und fühlen und gut genug gehen, um die Gangway aus eigener Kraft zu bewältigen. Ich verließ das Schiff in Kleidern, die mir die Offiziere und die Crew spendiert hatten. Der Kapitän stand am Ende der Gangway und gab mir einen Briefumschlag in die Hand.

„Im Namen meiner Offiziere und von mir, nehmen Sie das als Zeichen unserer Wertschätzung!"

„Ich danke Ihnen vielmals, *Senhor*, darf ich es ansehen?"

„Natürlich, was denn sonst?"

Ich öffnete den Umschlag. Darin waren etwa hundert Dollar in portugiesischen Escudos und ein Flugticket nach London via Madrid. „Aber ...", protestierte ich, „mein Konsulat hätte mir ein Ticket gegeben, nachdem sie meine Nationalität überprüft hätten." Er unterbrach mich und hob die Hand.

„Wir wissen, wie lange das dauert. Geh' und zeig deinem Konsul das Schriftstück von mir, das in dem Umschlag ist, hol' dir einen neuen Pass, geh' nach Hause und komm' wieder auf die Beine!"

Er lächelte: „Und Gott sei mir dir!"

„Ich danke Ihnen, Kapitän!"

„*Bom sorte*, Tristan, und danke für die Geschichten, die du uns erzählt hast. Wir haben selten so viel Spaß gehabt auf einer Fahrt."

„Ich auch nicht, Kapitän!"

Auf dem Konsulat gab es erstaunlich wenig bürokratischen Aufwand. Nach zwei Tagen hatte ich meinen neuen Pass und flog nach Madrid. Auf dem Flug fragte ich mich, ob es nicht besser wäre, an die spanische Küste zu gehen. Vielleicht wartete dort ein Schiff darauf, überführt zu werden. Und wenn ich keines fände, dann könnte ich es immer noch in Gibraltar versuchen.

Aber es war spät im November, und alle Schiffe, die über den Atlantik nach Westen wollten, waren längst weg. Sie würden auf den Kanarischen Inseln sein und die milden Winde im Dezember abwarten, bevor sie Kurs auf die Karibik nehmen würden.

Wenn es auf den Balearen nichts gab, dann würde ich nach Gibraltar gehen. Wenn es da auch nicht klappen sollte, dann könnte ich immer noch nach London und mich dort irgendwie bis zum kommenden Frühling durchschlagen. Dann würde ich über ein neues Schiff nachdenken.

Als wir in Madrid landeten, stand mein Entschluss fest. Ich nahm einen Flug nach Valencia und fuhr dann mit der Fähre nach Ibiza. Dann hatte ich eine neue Idee.

Beim letzen Mal, als ich auf Ibiza gewesen war, hatte ich ein hübsches kleines Folkeboot dort gesehen. Genau wie *Two Brothers* war es in Holland gebaut und karweelgeplankt, Pechtanne auf Eichenspanten. Das Schiff war klein, nur fünfundzwanzig Fuß lang, aber es hatte einen tiefen Kiel und war schnell. Willi, der Deutsche, war ein paar Mal damit an meiner stäbigen *Cresswell* vorbeigezischt, und es war mir aufgefallen, wie seetüchtig es durch die Wellen ging.

Willi war Segellehrer in einer Feriensiedlung in der Nähe von Santa Eulalia. Den Gerüchten nach war er im Begriff, sich selbständig zu machen und seine eigene Segelschule zu gründen. Vielleicht würde er mir *Pancho* verkaufen? Ich hatte ja noch 1500 Dollar in Peseten auf meinem Konto bei der *Banco de España*. Sofort nach meiner Ankunft in Ibiza machte ich mich mit einem Taxi auf den Weg zu ihm.

Drei Tage später, und nachdem ich Willi 1400 Dollar bezahlt hatte, war ich der neue Besitzer von *Pancho* – sofort gab ich ihr den neuen Namen *Banjo*. Ihre Schale war gesund, und die Ausrüstung war gut. Willi hatte das Schiff regelmäßig gepflegt. Ich segelte sie von Santa Eulalia zu dem Stadthafen in Ibiza und machte sie dort römisch-katholisch mit dem Heck zum Kai fest. Hafengebühren musste ich keine bezahlen, sofern ich es schaffte, vor dem den Kai entlang kassierenden Hafenmeister schnell auszulaufen.

Banjo war kein bequemes Schiff, um darauf zu leben. Die Deckenhöhe in der Kajüte betrug nur ungefähr einen Meter. Sie hatte ein ziemlich flaches Deck und kaum Kajütaufbau. Aber das störte mich wenig. Dafür bot sie dem Wind in schwerem Wetter weniger Angriffsfläche und erlaubte den Seen, die an Deck kamen, ein ungehindertes Ablaufen. Am Wind war sie eine noch größere Hexe als *Two Brothers*. Sie lief mühelos 45 Grad hoch am Wind, bevor ihre schmale hochgeschnittene Fock zu killen anfing. Sie war leicht, agil und leicht zu handhaben. In einer Flaute konnte ich sie durch kräftiges Hin- und Herbewegen der Pinne mit einem Knoten Geschwindigkeit voranbringen. Außerdem hatte sie noch einen 6-PS-Seagull-Außenborder am Heck, mehr als ich je brauchte, denn mit dem lief sie sechs Knoten.

Im November und Dezember drehte ich sorgfältig jede Münze um. Ich ernährte mich von Trockenfisch mit Reis und trank spanischen Wein, die Flasche für dreißig Pfennig. Ich verschickte viele Anfragen nach Überführungen. Schließlich bekam ich über eine britische Agentur einen Auftrag. Es war ein italienischer 40-Füßer, den ich von Malta nach Mexiko überführen sollte. Sorgfältig überprüfte ich *Banjos* Festmacher, bat ein paar Fischer, auf sie aufzupassen, und weg war ich.

Viereinhalb Monate war ich weg. Anfang Mai 1968 kam ich mit fünfhundert Dollar in der Tasche zurück und machte es mir auf *Banjo* gemütlich. Willi, der Deutsche, besuchte mich.

Aufgeregt erzählte er mir, dass ein stinkreicher Franzose aus Paris ein Schiff suchte, das er eine Woche lang chartern könne, um damit um die Insel zu segeln. Er hatte im Jahr zuvor *Pancho* gechartert (wie *Banjo* damals hieß), und Willi hatte dafür gutes Geld bekommen. Der Franzose sei ein guter Segler, und ich müsste mir um mein Schiff keine Sorgen machen.

Am nächsten Tag besuchte mich der Franzose, seine Brieftasche war voll mit Tausend-Peseta-Scheinen. Wir machten das Geschäft, und als der Franzose mit seinem Sohn am nächsten Tag aus dem Hafen hinaus segelte, war ich dreihundert Dollar reicher. Der Prozess war absolut schmerzlos, ich schlief auf dem Schiff eines Freundes, der schwedischen *Amiga Mia*, bis der Franzose am Ende der Woche zurückkam. Mein Schiff war unbeschädigt und makellos. Das gab mir zu denken!

Ich könnte noch ein paar von diesen Chartergeschäften vertragen. „Geld für nix", schien es mir. Sagen wir, noch fünf solcher Geschäfte, und ich hätte genug, um im Herbst nach Südamerika und zum Titicacasee zu gehen.

Also machte ich im Sommer und im Herbst 1968 genau das. Ich hängte ein paar Zettel in den Bars von Ibiza auf und wartete. Ich verdiente ebenfalls etwas dazu, indem ich kleine Gruppen auf Tagesreisen zu den nahen Inseln Formentera und Espartel mitnahm. Das bezahlte mein Essen und hielt das Schiff in Form. Und außerdem konnte ich noch etwas für mein großes Abenteuer zurücklegen. Ich konnte mir sogar einen Bootsmann leisten, der mir half. Es war fast unmöglich, mit einer Gruppe von fünf oder sechs Leuten auf dem Schiff allein zurecht zu kommen.

Steve, mein Handlanger, war ein junger Bursche aus London, ein Cockney, etwa sechzehn. Sein Vater arbeitete in einer der Bars in Ibiza, die einem Ausländer gehörte. Steve war ein ehrlicher fleißiger Junge, und wir kamen gut miteinander aus.

An einem Tag kam Steve aufgeregt zu mir und erzählte mir von einem „amerikanischen Filmregisseur". „Schau'", sagte er, „er will ein Schiff chartern, um eine Woche lang damit um die Insel zu segeln!"

„Okay, Steve, sag' ihm, *Banjo* kostet dreihundert amerikanische Dollar die Woche. Maximal vier Personen, inklusive ihn selbst."

„Nee, Skipper, der hat keinen dabei, aber er will, dass ich mitkomm' und ihm helfe."

„Für mich geht das in Ordnung, Steve, solange er für deine Verpflegung sorgt – falls du überhaupt mitgehen willst."

„Na klar, Skip, ich geh' rauf, und sag's ihm."

„Und sag' ihm, er soll mir seine Segelscheine zeigen, wenn er welche hat."

Ich bewegte mich auf dünnem Eis. Die Versicherung für *Banjo* war nicht erneuert worden, seit ich sie von Willi übernommen hatte. Ich war sowieso nie versichert, das konnte ich mir gar nicht leisten.

Eine oder zwei Stunden später kam Steve wieder und hatte den „amerikanischen Filmregisseur" im Schlepp. Es war ein Mann mit dunkelhäutigen Zügen und einem schweren Schnurrbart. Er war so um die dreißig herum. Er sah ein wenig aus wie Groucho Marx. Er hatte einen teuren Anzug und Lederschuhe an, trug einen Goldring und eine goldene Armbanduhr. Bald hatte er mich überzeugt, dass er Mitglied in einem Dutzend namhafter und feiner Yachtclubs an der Westküste der USA war. Er zeigte mir seine Mitgliedsausweise und eine Liste von Clubs, so lang wie mein Arm.

„Will um die Insel herumsegeln und mir die Gegend ansehen. Wenn es okay aussieht da draußen, werd' ich hier einen Film drehen. Dann sagen wir im Vorspann, dass wir dein Schiff benutzt haben, und du wirst gute Geschäfte machen!"

Und so weiter ...

Bis zum heutigen Tag schäme ich mich dafür, dass ich es ihm erlaubte, mich so einzuwickeln – ich vercharterte ihm mein Schiff.

„Steve!", rief ich, während sie die Segel setzten.

„Was is', Skip?"

„Komm' her, eine Minute."

Steve kam auf den Kai, damit ich ungestört mit ihm reden konnte. „Ja, Skip?"

„Denk' dran. Was immer er macht – lass' ihn in der Nacht nicht draußen vor der offenen Küste ankern! Sorg' dafür, dass ihr in einen Hafen reingeht! Der Wind hier und überall im Mittelmeer ändert sich schnell. Ehe ihr euch verseht, bläst euch der Wind die Eier weg, und ihr seid auf Legerwall." Diese Anweisung hatte ich auch schon dem Filmregisseur gegeben – schriftlich.

„Okay, Skip, kapiert!"

Sie legten ab, und ich machte mich auf den Weg zum Haus einer Freundin, um die Woche herumzubringen. Ich baute einen Käfig für die Tauben ihrer Kinder.

Freitagnacht ging vorbei, und alles war in Ordnung. Über die Gerüchteküche erfuhr ich, dass *Banjo* die Nacht in einer schnuckligen Bucht an der Nordküste verbracht hatte, in Sicherheit. Samstagnacht verging, nichts passierte. Aber dann hörte ich von anderen, dass ihnen das Petroleum für den Kocher ausgegangen war. Ich schickte ihnen welches mit dem Taxi über die Insel hinüber. Dann lud ich meine Freundin zum Abendessen in die Stadt ein. Aus einem unerklärlichen Grund war ich sehr unruhig.

In der Nacht erwachte ich mit einem wahnsinnigen Gefühl der Nervosität. Fünf Minuten später hörte ich den Wind von Norden her über die Dächer pfeifen.

„Was ist denn los?", fragte meine Freundin schläfrig.

„Das ist los ... der Wind hat gedreht – sie ist weg! Sie ist weg!"

„Wer ist weg?"

„Mein Schiff! Ich weiß es, ich kann's fühlen! Ich spür's in den Knochen!"

„Oh, sei nicht so dumm, geh' wieder schlafen! Morgen kannst du hinüber zur Nordküste und dich davon überzeugen, dass alles in Ordnung ist. Dein amerikanischer Freund ist ein guter Segler, ein kräftiger Mann." Sie legte ihren Arm um mich. „Schlaf' wieder ein, und mach' dir keine Sorgen!"

Ich versuchte zu schlafen, aber es war unmöglich. Nach einem plötzlich einsetzenden und nur zehn Minuten langen Wüten hatte sich der Wind, ein *tramontana*, wieder vollkommen gelegt. Ich starrte auf das Mondlicht, das durch das Fenster hereinfloss, und auf die Wolken, die am Himmel vorbeizogen. Dann döste ich irgendwie bis zum Tagesanbruch.

Ich ging in die Stadt, um zu sehen, ob Post da war. Ich saß an einem Tisch in einem Straßencafé beim Hafen und wartete auf den klapprigen Bus, der zur Nordküste fuhr. Ich fingerte mit meiner Tasse auf dem rotweiß karierten Tischtuch herum und wartete eine halbe Stunde.

Und dann sah ich Steve! Ich erkannte ihn an seinem Gang, aber er war noch zu weit weg, und ich konnte sein Gesicht nicht sehen. Als er näher kam, sah ich, dass er elend aussah, aber er kam schnurgerade an meinen Tisch.

„Ho, Skip!"

„Was'n los, Steve?"

Ich nickte ihm zu, dass er sich setzen solle. Er trug nur eine Hose und eine Rettungsweste. Sein blondes Haar war noch feucht vom Seewasser.

„Sie ist weg, stimmt's?"

„Hör' zu, Skip. Ich hab' getan, was ich konnte. Aber der Kerl hat überhaupt nicht auf mich gehört ..." Tränen traten ihm in die Augen.

„Ich sag' ihm, er soll' nicht vor der Küste ankern, er soll' in den Hafen von San Antonio reingeh'n. Aber der verdammte Saukerl hat einfach nich' zugehört. Er is' ein Riesenkerl und ich nur ein kleiner Junge und dünn ... und ..."

„Wo ist sie?"

„Und ich sag' zu ihm, der Anker wird' nich' halten, und er sagt, ich red' Blödsinn, und ich soll' in meine Koje geh'n. Und das nächste was ich weiß, wir knallen auf die verfluchten Felsen, und der Ami springt an Land, und der Wind pfeift, und große Brecher kommen rein, und das Schiff schlägt sich kaputt. Ich versuch' nach vorn zu kommen und den Anker dichter zu nehmen, um sie wegzuhalten, aber da war keine Leine, nix mehr, die Ankerleine war weg, Skip, wie ..."

„Wo ist sie, Steve?"

„Und ich renn' zurück zum Heck, das versinkt, weil sie hat ein großes Loch, und ich werf' dem Arschloch eine Leine zu, sie lag nur einen halben Meter neben ihm, und der Sauhund hat sich noch nich' mal danach gebückt. Er hätt' mich einfach so absaufen lassen."

Ich bestellte Steve einen Kaffee.

„Schau, Kumpel! Es bringt nichts, über verschüttete Milch zu weinen. Wenn sie weg ist, ist sie weg. Alles, was ich wissen will, ist, wo sie liegt und wo ich hin muss, um noch zu retten, was es zu retten gibt."

„Große Bucht, vielleicht acht Meilen von San Antonio weg. Ich bin die verdammte Klippe hoch geklettert, wahnsinnig hoch. Und droben stand dieser kleine Spanier. Fragte ihn, wo ich bin. Er sagte *Ensenada Hondo*."

„*Ensenada Hondo* – weißt du, was das heißt?", fragte ich bitter.

„Was?"

„Tiefe Bucht ... verdammt ... tiefe Bucht." Ich stand auf. „Wo ist der große Held (der Filmregisseur)?"

„Er sagt, er will' kommen und mit dir abrechnen."

Steve lief wie ein verängstigter Hund hinter mir her. Seine dünnen Rippen schauten unter der Rettungsweste hervor. Ich ging in die Empfangshalle des Hotels Montesol hinein. „Bleib' da einen Moment sitzen", sagte ich und ging zum Telefon. Bei der Schnelligkeit der staatlichen Telefongesellschaft brauchte ich eine Dreiviertelstunde, um zum Flughafen durchzukommen.

„*Si, si, Senor. Si, el Americano he partido ... Si, no. Gracias.*"

Der große Held war geflüchtet. Ich habe nie mehr etwas von ihm gehört. Ich hoffe, dass es ihm nie mehr gelingen wird, eine andere nicht versicherte arme Seele mit seiner pompösen Yacht-Club-Nummer hereinzulegen.

„Er ist abgehauen, Steve."

„Aber Skip!" Er hatte neue Tränen in den Augen. Ich legte meinen Arm auf seine Schulter, und er schaute mich verwundert an.

„Komm', Kumpel, ich geb' dir ein Bier aus." Wir trotteten zur Bar. „Weißt du, man verliert nicht jedes Jahr im Leben zwei Schiffe hintereinander, und dazu noch alles, was man zum Leben hat."

Zuerst versuchte Steve mühsam ein Grinsen. Dann lächelte er. Unsere Augen trafen sich, und dann lachte er. Er hob sein Bier hoch, und verschüttete dabei etwas Schaum auf die Rettungsweste, die er anhatte. Er wischte ihn ab.

„Kein Problem, Steve, die kannst du behalten."

„Danke, Skip!"

„Kannst sie vielleicht gebrauchen, wenn du das nächste Mal mit so einem verdammten Filmregisseur rausfährst."

Er lachte wieder. Dann lehnte er sich zu mir herüber und sagte mir ins Ohr: „Weißt du was?"

„Was?"

„Wenn das wieder passiert, dann bin ich bestimmt der erste, der an Land springt!"

Ich grinste. „Wenigstens hat's dir etwas gebracht – du hast was gelernt!"

Willi, der Deutsche, fuhr mich in seinem schnellen Motorboot nach *Ensenada Hondo*. Alles, was wir von *Banjo* fanden, war ihre britische Nationalflagge. Sie schwamm an dem abgebrochenen Flaggenstock. Ich schenkte sie Willi als Dekoration für die Wand in seiner Segelschule. „Eine Trophäe für dich, als Wiedergutmachung für die *Scharnhorst!*"

284

Willi lachte und klopfte mir auf die Schulter.

Steves Vater brachte mich für ein paar Nächte unter, bis ich mein Ticket nach London zusammen hatte. Ich hatte kein Geld mehr, um eine Suche nach einem Überführungsjob zu unternehmen, außerdem war ich nicht in der Stimmung. Es war Ende September und immer noch Hurrikansaison im Atlantik. Nichts würde in den nächsten zwei Monaten diesen Ozean überqueren. Als mein Flug mit Hilfe von Steves Vater bezahlt war, hatte ich noch genau drei Dollar in Peseten übrig. Ich kaufte Steve und Willi davon am Flughafen ein Bier.

„Prosit!", sagte Willi und schaute mir in die Augen.

„Skol, Kumpel", antwortete ich und hielt meine Augen so aufrecht und trocken wie Stahlbolzen aus Glasgow.

Als ich in London ankam, ging ich direkt zu *Harrod's*. Nicht durch die prächtigen Türen des Haupteingangs, die für die Kunden in ihren glänzenden Limousinen weit offen standen. Ich ging durch einen schmalen Seiteneingang und suchte den Weg zum Technischen Büro.

Viele der Leute, die in der Wartung der großen Londoner Warenhäuser arbeiten, sind Ex-Marine-Soldaten, speziell bei *Harrod's*. Als ich dem Chefingenieur von meinen Problemen erzählte, bekam ich einen Job. Ich konnte essen, schlafen und mich von dem Schlag erholen, den mir das Schicksal übergezogen hatte. Ich bekam den Job eines Heizers in der Müllverbrennungsanlage.

All die frischen Lebensmittel, die nicht mehr verkäuflich waren, warf man in den Müll. Und damit war das Ganze für die Angestellten droben vergessen. Aber weiter unten, am Ende eines langen dunklen Tunnels, kam der ganze Müll aus allen Abteilungen zusammen auf einen Haufen. Da lagen angeschlagene Orangen, Zitronen, Tomaten, etwas aufgeweichter Salat, ein paar Tage altes Fleisch, gleich kiloweise, ganze Pakete altes Brot – alle nur denkbaren Lebensmittel, die sie oben nicht mehr haben wollten – Tonnen davon! Für einen ausgesetzten hungrigen Seemann war das wie Manna vom Himmel.

Neben dem Essen waren auch Tonnen über Tonnen von Altpapier auf dem Haufen. Alte Akten, Rechnungen, Lieferscheine, Gehaltslisten, Farbbänder von Schreibmaschinen, Kartons, Kisten, Umschläge – all die

Papierabfälle, die ein Großbetrieb mit siebentausend Angestellten so produziert.

Ich stand mit dem Rechen in der Hand vor dem Haufen und sortierte mir die feinsten Sachen zum Essen aus, die ich dann auf dem Gasofen im Aufenthaltsraum zubereiten konnte. Dort schlief ich auch und las in meiner Freizeit die Zeitung.

Das Hineinschaufeln der Abfälle in den Verbrennungsofen war eine einfache und angenehme Sache – das Herausnehmen der glühenden Asche, die in einen anderen Schacht musste, schon weniger. Asche flog überall in der Luft herum, eine feine, pulvrige Asche, die überall eindrang. In meine Nase, meinen Mund, meine Augen, selbst in meine Unterwäsche. Aber es gab viel heißes Wasser (heißes Wasser!) und Duschen im Aufenthaltsraum.

Jede dritte Woche hatte ich Nachtschicht, aber weil das Warenhaus in der Nacht geschlossen war, gab es dann nicht viel zu tun. Es gab nur den Abfall, den die Putzkolonnen herunterschickten, und das war wenig. In den Pausen zwischen dem Beschicken der drei großen Öfen hatte ich viel Zeit.

Hinter der Verbrennungsanlage war eine große Stahlplatte an der Wand angebracht. Während die Boiler um mich herum zischten und prasselten, rechnete ich auf der Platte mit Kreide die Monddistanzen für die Jahre 1970 und 1971 aus und notierte Winde und Strömungen, die ich auf einer Reise zum Titicacasee zu erwarten hatte. Ich erarbeitete die verschiedenen Phasen der Reise, welche Distanzen ich auf verschiedenen Routen zurücklegen müsste und wie viel Zeit ich dazu brauchen würde. Auf dieser verrosteten Stahlplatte, tief drunten in den Eingeweiden des Kaufhauses Harrod's, arbeitete ich unermüdlich an meinem Traum – an jedem Detail, das mir in den Kopf kam.

Ganze vier Wochen lang ging ich kaum an die frische Luft; ich lebte unter dem Pflaster von London wie ein Höhlenbewohner. Mit meinen Kollegen diskutierte ich über Fußball, Pferdewetten und Gewerkschaften, aber ganz selten nur über das Segeln. Ich bewahrte mein Geheimnis, das in skurrilen Symbolen und Zahlen auf der Stahlplatte hinter den Boilern geschrieben stand.

Ich sparte meinen Lohn und meine kleine Pension, oder vielmehr das, was nach dem Zugriff der Steuerbehörde noch davon übrig blieb, für ein

Schiff. Wann immer mir Gott eines schicken würde. Als meine Kollegen sich am Heiligabend auf einen Umtrunk im Pub gegenüber trafen, übernahm ich die Schicht eines anderen und arbeitete weiter an den Monddistanzen auf meiner Stahlplatte.

Im Kopf löste ich bereits die Astronavigationsprobleme der Reise und wanderte im Geiste über die großen Entfernungen der Weltmeere. In meinen Gedanken fühlte ich auf meiner Schulter den Schatten eines Engelsflügels, hatte einen Traum im Herzen und ein stäbiges Schiff unter den Füßen, die im Moment noch in den drückenden Heizerstiefeln steckten.

Dann kam plötzlich eine Nachricht über den westlichen Ozean ... aber das ist eine andere Geschichte!

Epilog

All the words that I utter,
And all the words that I write,
Must spread out their wings untiring,
And never rest in their flight.
Till they come where your sad, sad heart is,
And sing to you in the night,
Beyond where the waters are moving,
Storm-darkened or starry bright.

(All die Worte, die ich spreche,
Und all die Worte, die ich schreibe,
sollen unermüdlich ihre Flügel ausbreiten,
Und nicht rasten in ihrem Flug.
Bis sie kommen zu Dir, in Dein trauriges Herz,
Und singen zu Dir in der Nacht,
Bis über die wogenden Wasser hinweg,
In sturmdunkler oder sternklarer Nacht.)

William Butler Yeats *Where My Books go*